utb 5755

AF636305

Eine Arbeitsgemeinschaft der Verlage

Brill | Schöningh – Fink · Paderborn
Brill | Vandenhoeck & Ruprecht · Göttingen – Böhlau Verlag · Wien · Köln
Verlag Barbara Budrich · Opladen · Toronto
facultas · Wien
Haupt Verlag · Bern
Verlag Julius Klinkhardt · Bad Heilbrunn
Mohr Siebeck · Tübingen
Narr Francke Attempto Verlag – expert verlag · Tübingen
Psychiatrie Verlag · Köln
Ernst Reinhardt Verlag · München
transcript Verlag · Bielefeld
Verlag Eugen Ulmer · Stuttgart
UVK Verlag · München
Waxmann · Münster · New York
wbv Publikation · Bielefeld
Wochenschau Verlag · Frankfurt am Main

Helga Berger

444 Stolpersteine der deutschen Sprache

Schnelle Hilfe bei häufigen Fehlern

BRILL | SCHÖNINGH

Die Autorin:
Helga Berger studierte Mittlere und Neuere Geschichte, Theater-, Film- und Fernsehwissenschaft sowie Niederländische Philologie an der Universität zu Köln. Im Anschluss absolvierte sie zwei Verlagsvolontariate beim Böhlau Verlag und beim DuMont Buchverlag. Zudem führte sie Lehrveranstaltungen an der Universität zu Köln durch. Seit über 25 Jahren arbeitet sie als freiberufliche Lektorin in Gütersloh.

Von Helga Berger ist bei UTB auch das Buch „Schritt für Schritt zur Abschlussarbeit" erschienen.

Bibliografische Information der Deutschen Nationalbibliothek

Die Deutsche Nationalbibliothek verzeichnet diese Publikation in der Deutschen Nationalbibliografie; detaillierte bibliografische Daten sind im Internet über http://dnb.d-nb.de abrufbar.

Internet: www.schoeningh.de

Printed in Germany.
Herstellung: Brill Deutschland GmbH, Paderborn
Einbandgestaltung: Atelier Reichert, Stuttgart

UTB-Band-Nr: 5755
ISBN 978-3-8252-5755-2

Inhalt

Einleitung

„Die Regeln sind nicht stets parat – man schreibt, auch wenn man keine hat“, sagt Wilhelm Busch.

Recht hat der Mann. Andererseits ist es auch nicht schlecht, ein paar Regeln zu kennen – und häufig gemachte Fehler zu vermeiden. Darauf zielt dieses Buch ab.

Wie kam die Auswahl der „Stolpersteine“ zustande?

Bei der Auswahl der Schwierigkeiten konnte ich auf eigene Erfahrungen zurückgreifen – in meiner langjährigen Arbeit als Lektorin konnte ich manche Fehler schon fast als liebgewonnene Kumpel begrüßen.

Eine weitere wichtige Quelle war eine Duden-Aufstellung (www.duden.de/Liste-der-rechtschreiblich-schwierigen-Woerter) mit mehr oder weniger abenteuerlichen Schreibungen, wie sie bei der Eingabe der Suchbegriffe vorkommen.

Die Aussagen im Buch über die Regeln gehen auf das amtliche Regelwerk des Rats für deutsche Rechtschreibung zurück, ebenso die Angaben, wie eine im Zuge der Rechtschreibreform eingeführte Schreibweise aufgenommen wurde. Bei den manchmal vorhandenen Aussagen über Vorlieben beim Sprachgebrauch orientierte ich mich an der Dudenredaktion.

Noch ein Wort zur **Rechtschreibreform** – ist die nicht längst Geschichte? Ja und nein. Zum einen beobachtet der Rechtschreibrat die Entwicklung und zieht missglückte Neuschöpfungen wie *Majonäse* auch schon mal zurück. Zum anderen werden Sie in älteren Texten noch auf frühere Schreibungen treffen – da ist es nützlich, auch die Veränderungen, die die Reform mit sich gebracht hat, zu kennen. Auch für ältere Studierende, die etwa ein berufsbegleitendes Studium absolvieren, könnten die Hinweise auf neuere, vielleicht ungewohnte Schreibweisen nützlich sein.

Ohne Fachbegriffe geht es nicht

„Substantiv“, „Adjektiv“ oder gar „Infinitiv“ – das erinnert viele Menschen an ihren ungeliebten Deutschunterricht. Ganz ohne Fachbegriffe geht es jedoch nicht. Ich habe mich allerdings bemüht, ihre Zahl auf ein Minimum zu beschränken.

Ich wollte niemandem mangelnde Kenntnisse unterstellen und gehe deshalb davon aus, dass die Begriffe **Substantiv** (Hauptwort, Nomen), **Adjektiv** (Eigenschaftswort) und **Verb** (Tätigkeitswort) bekannt sind. Bei den etwas spezielleren Wortarten **Adverb, Konjunktion, Präposition** und **Pronomen** habe ich diese Bezeichnungen jedoch beim jeweiligen Wort angegeben; ebenso bilden sie eigene Stichwörter mit weiteren Erläuterungen. Am Ende des Buches befindet sich zudem ein kleines Glossar der verwendeten Fachbegriffe.

Kompass und Erste Hilfe

Bei manchen Zweifelsfällen fragen Sie sich vielleicht, unter welchem Stichwort Sie nachsehen sollten. Dafür habe ich unter **Wo finden Sie …** einige Fragen zusammengestellt und gebe an, unter welchem Stichwort Sie dazu Erläuterungen finden können.

Unter **Erste Hilfe und Literatur** finden Sie u. a. Hinweise auf nützliche Online-Adressen und gedruckte Werke, die Ihnen bei der schnellen Suche, aber auch bei einer vertieften Beschäftigung weiterhelfen.

Einige Anmerkungen zum Schluss

Gelegentlich verweise ich auf Schreibweisen in der **Schweiz.** Das soll aber keine Missachtung der **Liechtensteiner** sein: Die Ausführungen beziehen sich auch auf sie.

Sie werden hier nichts über das **Gendern** finden. Der Grund: Hier ist die Entwicklung in vollem Gange – das reicht von der Ablehnung der Sternchen- und Unterstrichvarianten durch den Rechtschreibrat bis zu verwegenen Vorschlägen wie *das Arzty,* ganz zu schweigen von den Schwierigkeiten bei *er/sie* – oder doch *er*sie*? Hier müssen wir einfach die weitere Entwicklung abwarten.

Bei der **alphabetischen Sortierung** werden *ä, ö* und *ü* behandelt wie *a, o* und *u.*

abhandenkommen

Beim Verb (Tätigkeitswort) **abhandenkommen** gilt die Zusammenschreibung: *Es soll nicht abhandenkommen, es ist uns abhandengekommen.*

Abkürzung

- Bei manchen Abkürzungen werden die Buchstaben einzeln ausgesprochen. Am Ende steht kein Punkt.

  BGB, NGO, PC, GmbH

  Diese Abkürzungen bereiten Schwierigkeiten bei der Bildung des Genitivs (*Wes*-Falls) und des Plurals (Mehrzahl).

  Beim **Genitiv** hat man die Wahl: *des BGB* oder (seltener) *des BGBs.* Die Endung *-s* kann vor allem dann entfallen, wenn aus dem Satzzusammenhang klar ist, was gemeint ist.

  In § 8 **des BGB** wird erläutert, wie ...

  Den **Plural** (Mehrzahl) bildet man mit *-s,* auch wenn das nicht dem ursprünglichen, ausgeschriebenen Wort entspricht. Es heißt also nicht *AGen* (von *Aktiengesellschaften*), sondern *AGs*. Ebenso:

  CD-ROMs, NGOs, PCs

  Auch hier kann man das *-s* am Ende weglassen, wenn keine Verwechslungsgefahr besteht:

  „Auf den beiliegenden **zwei CD-ROM** finden Sie ..."

- Ein sehr häufiger Fehler: Wenn eine Abkürzung mit Punkt am Ende eines Satzes steht, setzen viele Leute zwei Punkte, einen für die Abkürzung und einen als Satzschlusspunkt. Das ist gut gemeint, aber falsch: In diesem Fall fällt der Abkürzungspunkt mit dem Schlusspunkt zusammen.

> Das betonte die **Zolloberamtsrätin a. D.** In ihrer Rede erläuterte sie …
> Im Jahr 1002 n. Chr. starb der deutsche Kaiser **Otto III.** Er wurde nur 21 Jahre alt.

- Wird beim Genitiv (*Wes*-Fall) und beim Plural (Mehrzahl) ein *-s* eingesetzt, wird es nicht durch einen Apostroph abgetrennt: *des PCs, die PCs,* nicht *des/die PC's.* Lassen Sie sich nicht davon irritieren, dass diese Schreibweise sehr häufig zu sehen ist – falsch bleibt sie trotzdem. Das Gleiche gilt für Abkürzungen wie *Kripo,* die als Kurzwörter ausgesprochen werden. Auch hier heißt es: *die Kripos,* ohne Apostroph.
  → *Apostroph*.

- **Z. T. geht die Autorin?**
  Mehrteilige Abkürzungen wie *z. B.* werden immer mit einem Abstand geschrieben, also nicht *z.B.*
  Stehen sie am Satzanfang, müssen sie großgeschrieben werden. Weil diese ungewohnte Form der Abkürzung aber irritierend wirkt, schreibt man sie in der Regel dann aus. Das ist keine Rechtschreibregel (Sie müssen das nicht tun), aber es ist einfacher beim Lesen.

> **Z. T.** wirken die Beispiele sehr konstruiert. → **Zum Teil** wirken die Beispiele sehr konstruiert.

Das gleiche Prinzip gilt für **einteilige Abkürzungen:** Sie dürfen zwar am Satzanfang stehen, aber die ausgeschriebene Form ist hier angenehmer.

Lt. dieser Quelle erzielten die Delegierten keine Einigung. → **Laut** dieser Quelle erzielten die Delegierten keine Einigung.

Eine Ausnahme: Bei Fußnoten ist es üblich, **vgl.** am Anfang nicht auszuschreiben. Das hat sich so eingebürgert.

Vgl. dazu Müller 2007.

Absorption

Es muss **Absorption** geschrieben werden, auch wenn man durch das dazugehörige Verb (Tätigkeitswort) *absorbieren* leicht zu einer falschen Schreibweise mit *b* verleitet wird. Dass die *Absorption* auf das spätlateinische *absorptio* zurückgeht und schon damals mit *p* geschrieben wurde, ist eine Erkenntnis, die Ihnen allerdings wenig nützt. Sie werden sich die Schreibweise wohl oder übel merken müssen.

Das Gleiche gilt für *resorbieren – Resorption*.

Accessoire

Mit **Accessoire** bzw. im Plural (Mehrzahl) *Accessoires* bezeichnet man modisches Zubehör wie Gürtel, Uhren oder Handtaschen. Das Wort geht auf das Französische zurück, und seine Rechtschreibung ist deshalb nicht ganz einfach. Eine alternative Schreibweise gibt es aber nicht.

Acht, acht

Der Begriff **Acht** ist ein altes Wort für „Aufmerksamkeit" oder „Fürsorge". Die Rechtschreibreform hat hier einige Änderungen gebracht: Sie können *Acht geben* oder *achtgeben* schreiben, *auf etwas Acht haben* oder *achthaben,* aber seitdem nur *sich in Acht nehmen* und *etwas außer Acht lassen*.

Zur Schreibung → *Verb*.

Zur Zahl *acht* → *Zahlen*.

Zu *Ein Achtel der Bewohner ist/sind* → *Zahlen*.

Adjektiv (Eigenschaftswort)

Adjektive (Eigenschaftswörter) wie *schön* können bei der Schreibung gelegentlich Probleme bereiten. Das betrifft vor allem die Groß- oder Kleinschreibung, die Getrennt- oder Zusammenschreibung und die Kommasetzung. In den Bereich unfreiwilliger Komik gerät man beim grammatikalischen Fehler *der vierstöckige Hausbesitzer.*

Groß oder klein?

Adjektive werden normalerweise kleingeschrieben:

das **große** Haus, die **schöne** Aussicht

Es gibt aber einige **Besonderheiten.**

Handelt es sich bei den Adjektiven um Ableitungen von **geografischen Namen,** die auf *-er* enden, werden sie großgeschrieben: *das Wiener Schnitzel, die Münchner Straße, die Berliner Schnauze.*

Enden die Adjektive aber auf *-isch,* werden sie kleingeschrieben: *die berlinerische Schnoddrigkeit, die französische Sprache.*

Im März 2007 überschritten 170 Soldaten der **Schweizer Armee** die **Liechtensteiner** Grenze – war das eine **schweizerische** Invasion? Nein, sie hatten sich nur bei einer Marschübung verlaufen. Außerdem hatten sie zwar Gewehre dabei, aber keine Munition.

Bei Adjektiven, die Ableitungen **von Personennamen** darstellen, haben Sie mehrere Möglichkeiten:

- Sie hängen *-sch* oder *-isch* an, dann Kleinschreibung:

  die **einsteinsche Relativitätstheorie, die wallensteinischen Feldzüge**
  ein **thomas-mannscher Satzbau**

- Die Alternative: Sie hängen Apostroph plus *-sch* (zur besseren Verdeutlichung des Namens) an, dann Großschreibung. Bei *-isch* ist das nicht möglich.

  die **Einstein'sche Relativitätstheorie**
  der **Thomas-Mann'sche Satzbau**

- Ableitungen auf *-istisch, -esk* und *-haft* werden immer kleingeschrieben. Diese Zusätze deuten an, dass es um die *Art* geht, nicht mehr um eine einzelne Person: Eine *kafkaeske Atmosphäre* wirkt wie einem Roman von Kafka entsprungen.

  darwinistische Grundsätze
  heinehafte Ironie

Manchmal entscheidet der **Bezug** über die Groß- oder Kleinschreibung eines Adjektivs.

- Steht es als Substantiv (Hauptwort, Nomen) allein, schreibt man es groß (s. auch → *Steigerung*).

  Harry lernt Hermine kennen. Sie ist **die Klügste** von allen.

- Hängt es von einem Wort ab, was zwar gedacht, aber nicht mehr gesagt wird, schreibt man klein. Das hört sich komplizierter an, als es ist. Wichtig ist nur, dass das Bezugswort noch irgendwo in der Nähe steht, sodass man den Bezug erkennen kann.

> Es gab im Garten viele **Blumen,** aber ich mochte besonders die **gelben [Blumen]** und die **roten [Blumen].**

Zu Eigennamen wie *der Schwarze Freitag* und ähnlichen Wendungen wie *die grüne/Grüne Lunge der Stadt → Namen,* zu *seit kurzem → seit kurzem/Kurzem, langem/Langem.*

Getrennt oder zusammen?

Adjektive können untereinander neue Verbindungen bilden, aber auch weitere Wortarten wie Substantive (Hauptwörter, Nomen) mit dazunehmen. Als Faustregel kann man sagen: Mit der Zusammenschreibung liegen Sie fast immer richtig.

- Stehen **zwei Adjektive** zusammen, die **gleichrangig** sind (man könnte sie ohne Probleme vertauschen), werden sie normalerweise zusammengeschrieben.

  > **süßsauer** (*süß* und zugleich *sauer*), **dummdreist** (*dumm* und *dreist* zugleich)

  Man kann hier aber auch einen Bindestrich setzen: *süß-sauer, dumm-dreist*. Bei unübersichtlichen Verbindungen wie *medizinisch-technische Assistentin* oder *gönnerhaft-herablassend* sollte man ihn auf jeden Fall setzen.

  Bei Farben gibt es einen Bedeutungsunterschied: *blaurot* ist eine Mischfarbe *(bläulich rot),* aber die Flagge ist *blau-rot* (mit getrennten *blauen* und *roten* Anteilen). Siehe dazu → *Farben*.

- Sind die beiden Adjektive nicht gleichrangig, sondern **schwächt das erste Adjektiv das zweite ab bzw. verstärkt es,** wird nur zusammengeschrieben.

zuckersüß (nicht *Zucker* und *süß* zugleich, sondern *süß* wie *Zucker,* also besonders *süß*), **bitterböse** (nicht *bitter* und *böse,* sondern sehr, sehr *böse*).

- Ist das erste Adjektiv aber selbst schon **eine Ableitung oder ein zusammengesetztes Gebilde,** wird getrennt geschrieben. Das gilt insbesondere für alle Adjektive auf *-ig*, *-lich* und *-isch*. Hier werden die Wörter aber auch deutlich getrennt gesprochen.

ein **unfassbar dummes** Vorgehen

- Bei übersichtlichen Verbindungen mit einem **Substantiv** schreibt man zusammen.

steinreich, eiskalt, saudumm

Sind derartige Verbindungen unübersichtlich, kann man auch einen Bindestrich setzen. In dem Fall muss aber am Anfang großgeschrieben werden.

Abgasnorm-gerecht, Evidenz-basiert

Die Kommasetzung

Stehen mehrere Adjektive vor einem Substantiv (Hauptwort, Nomen), muss man unterscheiden:

- Die Adjektive sind gleichrangig – dann steht ein Komma.

die **heftige, leidenschaftliche** Diskussion

- Das letzte Adjektiv bildet zusammen mit dem Substantiv einen Gesamtbegriff wie *politische Diskussion* – dann steht kein Komma.

> die **heftige politische** Diskussion

Den Unterschied bekommt man leicht heraus, wenn man die Adjektive mit *und* verbindet. Ergibt das einen Sinn, sind die Adjektive gleichrangig und bekommen ein Komma.

> Die Diskussion war **heftig und leidenschaftlich** – passt: **die heftige, leidenschaftliche Diskussion**

Kommt Unsinn heraus, handelt es sich um die zweite Version (ohne Komma).

> Die Diskussion war **heftig und politisch** – passt nicht. Richtig: Die **politische Diskussion** war **heftig.**

Manchmal ist beides möglich: Ein *vierter(,) geheimnisvoller Stoff* kann bedeuten:

> **Ein vierter geheimnisvoller Stoff:** Alle vier Stoffe sind geheimnisvoll. Es steht kein Komma.
> **Ein vierter, geheimnisvoller Stoff:** Es gibt vier Stoffe, von denen der vierte geheimnisvoll ist. Es steht ein Komma.

- Vor dem Adjektiv (oder den Adjektiven) kann ein **unbestimmtes Fürwort** (*Indefinitpronomen,* z. B.: *alle, etliche, manche, mehrere, viele*) stehen. Diese Wörter sind nicht gleichrangig mit den Adjektiven und werden deshalb ohne Komma vorangestellt. Das Gleiche gilt für die **Zahlwörter**.

Die **zahlreichen** heftigen, leidenschaftlichen Diskussionen verebbten nach einiger Zeit.
Die Versammlung lehnte **drei inhaltliche** Verbesserungen ab.

Falsche Grammatik: der vierstöckige Hausbesitzer

Ist das Bezugswort für das Adjektiv ein zusammengesetztes Substantiv (Hauptwort, Nomen) wie *Hausbesitzer,* bezieht sich das Adjektiv auf den letzten Teil, hier *Besitzer*. Man kann also nicht – ein beliebtes Beispiel – von einem *vierstöckigen Hausbesitzer* sprechen, wenn dieser ein vierstöckiges Haus besitzt: Das Wort *vierstöckig* bezieht sich inhaltlich zwar auf *Haus,* grammatikalisch aber auf *Besitzer*. Ebenso falsch:

der anorganische Chemieprofessor, der kleine Kinderlärm

Bei *kleinen Hundebesitzern* müsste man genau hinschauen: Korrekt ist das, wenn es um Kinder geht, die Hunde besitzen. Geht es aber um Frauchen und Herrchen von kleinen Hunden, schreibt man von *Besitzern kleiner Hunde.*

Manche dieser Fügungen sind allerdings akzeptiert, obwohl sie strenggenommen in diese Kategorie Fehler fallen, so etwa der *atlantische Tiefausläufer*.

Adresse

Im Englischen schreibt man *address* – das führt manchmal zu der falschen Schreibung mit Doppel-*d* auch im Deutschen. Das deutsche Wort **Adresse** geht allerdings auf das französische *adresse* zurück – daher nur ein *d*.

A

Adverb (Umstandswort)

Ein **Adverb,** im Plural (Mehrzahl) *Adverbien,* ist ein Wort, das die näheren Umstände angibt, daher auch die Bezeichnung *Umstandswort*. Wörtlich bedeutet *Adverb* „dem Verb zugeordnet", und in der Tat taucht ein solches Wort meist im Zusammenhang mit Tätigkeiten auf. Adverbien werden ständig benutzt, ohne dass man sich über sie Gedanken macht. Beispiele sind: *beinahe, dort, gern, gestern, hier, jetzt.*

Ich hätte **beinahe** ein ganzes Kapitel gelöscht.

Adverbien werden nicht wie ein Adjektiv (Eigenschaftswort) gebraucht und verändert (dekliniert). Häufig passiert das aber bei den Adverbien *an* und *aus* (im Sinne von „an-" bzw. „ausgeschaltet"), *auf* und *zu* („offen" oder „geschlossen"), *dran* („verbunden") und *ab* („losgelöst"). Hier sollte man ein passendes Wort setzen: *das geschlossene Fenster* statt *das zue Fenster*.

Richtig: Die langen Haare sind **ab.**
Falsch: Die Frisur mit den **abben Haaren** sah ungewohnt aus. **Richtig:** Die Frisur mit den **abgeschnittenen (kurzen) Haaren** sah ungewohnt aus.

AGB

AGB ist die Abkürzung für „allgemeine Geschäftsbedingungen". Es handelt sich also schon um einen Plural (Mehrzahl); entsprechend steht auch das Verb (Tätigkeitswort) im Plural. Ein zusätzliches Plural-s ist nicht notwendig.

Unsere AGB wurden juristisch geprüft.

Sinnvoll, aber nicht zwingend ist ein angehängtes Plural-*s*, wenn es um verschiedene AGBs geht.

Die AGBs unserer Franchiseunternehmen **berücksichtigen** die jeweilige Rechtslage des Landes.

Agenda

Mit einer **Agenda** sollte man schon genug zu tun haben. Aber dennoch gibt es einen Plural (Mehrzahl): *die Agenden.*

aggressiv

Das Wort **aggressiv** für „angriffslustig" geht auf das lateinische *aggressum* zurück. Nun ist nicht jedermann des Lateinischen mächtig und kann das ableiten. Sie müssen sich die Schreibweise also einfach merken. Auch *Aggression* schreibt man entsprechend mit Doppel-*g*.

Ähnliches

In der alten Rechtschreibung war es nicht nachvollziehbar, dass es *und ähnliches* (Abkürzung: *u. ä.*) hieß, wo es sich doch bei *Ähnliches* ganz offensichtlich um ein Substantiv (Hauptwort, Nomen) handelt. Die Rechtschreibreform hat das geändert: Jetzt heißt es **und Ähnliches** (Abkürzung: **u. Ä.**). Trotzdem ist die – nunmehr falsche – Abkürzung *u. ä.* immer noch häufig anzutreffen, vielleicht eine Frage der Gewohnheit.

Akquise

Der Begriff **Akquise** (insbesondere für die Werbung neuer Kunden) leitet sich vom lateinischen *acquisitio* ab. Das hat zu der im Deutschen unüblichen Zusammensetzung *kqu* geführt. Entsprechend heißt das Verb (Tätigkeitswort) für diese eher unbeliebten Aktionen *akquirieren*.

Akupunktur, Akupressur

Der Begriff **Akupunktur** hat mit dem *Akku* (von *akkumulieren*, „anhäufen", „ansammeln") nichts zu tun. In diesem Wort steckt das lateinische *acus* („Nadel"): daher nur ein *k,* nicht zwei. Das Gleiche gilt für die *Akupressur*.

akustisch

Die Schreibweise **akustisch** mit nur einem *k* (nicht *Akkustik*) geht auf das griechische Ursprungswort *akoustikós* („das Gehör betreffend") zurück. Entsprechend schreibt man auch *die Akustik*.

Album

Der Plural (Mehrzahl) von **Album** lautet *die Alben,* ganz gleich, ob es sich um ein *Fotoalbum* oder ein *Musikalbum* handelt.

Algorithmus

Algorithmus hat mit dem Wort *Rhythmus* nichts zu tun, daher kommt weder ein *y* noch ein *rh* darin vor. Der Plural (Mehrzahl) lautet *die Algorithmen*.

alle, alles

Das Wort **alle** mit seinen Formen *alles, allen* usw. zählt zu den sogenannten *Indefinitpronomen* (*indefinit* = „unbestimmt"). Die → *Pronomen* werden grundsätzlich (bis auf wenige Ausnahmen) kleingeschrieben. Das gilt auch dann, wenn damit Personen bezeichnet werden.

> Darin waren sich **alle** einig.

Es gibt eine Ausnahme: die Redewendung *mein Ein und Alles*. Hier wird, da es sich um einen Wandel zum Substantiv (→ *Substantivierung*) handelt, großgeschrieben.

allein, alleine

Man schreibt in der Regel **allein:** Die Version *alleine* ist umgangssprachlich. Das gilt sowohl für die Bedeutung „ohne Gesellschaft" als auch für „schon".

> **Allein** der Gedanke daran ist furchtbar.

Unsicherheiten können bei Verbindungen mit *allein* auftreten. Sie können *allein erziehend* oder *alleinerziehend* schreiben, beides ist richtig. Ebenso: *allein verbindlich* oder *alleinverbindlich.* In der → *Substantivierung* wird dann groß- und zusammengeschrieben: *die Alleinerziehenden.*

Häufig spielt es eine Rolle, ob hier eine übertragene, nicht wörtliche Bedeutung vorliegt. So schreibt man *allein lassen*, wenn man jemand *allein* (ohne Gesellschaft) *lässt,* aber *alleinlassen* für „im Stich lassen". Ebenso können kleine Kinder ab einem bestimmten Alter schon *allein stehen* (sich allein aufrecht halten), aber *alleinstehende* Menschen sind solche ohne Angehörige.

alles Mögliche

Beim Ausdruck *alles Mögliche* schreibt man das *möglich* immer groß.

Bis zur Rechtschreibreform musste man unterscheiden: *alles Mögliche* bezog sich auf alle Möglichkeiten, die zur Verfügung standen. Die Wendung *alles mögliche* bedeutete dagegen *viel, etliches, so dies und das.* Diese Unterscheidung muss man jetzt nicht mehr beachten.

allgemein

- Grundsätzlich können Sie wie ein Adjektiv (Eigenschaftswort) oder → Partizip gebrauchte Verbindungen mit **allgemein** getrennt oder zusammenschreiben: *allgemeinbildend* und *allgemein bildend*.

  Die Dudenredaktion scheint sich vielfach an der Betonung zu orientieren. So empfiehlt sie im Rechtschreibwörterbuch bei Wörtern wie *allgemeinbildend* und *allgemeingültig* die Zusammenschreibung, aber die Getrenntschreibung bei *allgemein verbindlich* und *allgemein verständlich*.

- Bei der Wendung **im Allgemeinen** gilt die Großschreibung.

  In der alten Rechtschreibung musste man unterscheiden: Im Sinne von „ganz allgemein" oder „gewöhnlich" schrieb man *im allgemeinen,* ging es aber um den Gegensatz zum Besonderen, schrieb man groß: „Seine Reden blieben immer *im Allgemeinen* hängen." Diese Unterscheidung muss man jetzt nicht mehr treffen.

allzu viel, allzu oft

Die Regel ist einfach: Verbindungen mit **allzu** werden immer getrennt geschrieben: *allzu oft, allzu sehr, allzu selten*.

Alptraum, Albtraum

Die **Alptraum**- und die **Albtraum**-Verfechter können das Kriegsbeil begraben: Beide Schreibungen lassen sich aus der Sprachgeschichte herleiten, und beide sind – nach einigem Hin und Her – seit der Rechtschreibreform korrekt. Vorher galt nur die Schreibung *Alptraum*.

Das Wort *Alb* („Elb", „Elf"), auch in der Schreibweise *Alp,* bezeichnete in der nordischen Mythologie einen Naturgeist und erhielt dann auch die zusätzliche Bedeutung als Wesen, das dem Schläfer auf der Brust sitzt und Atemnot hervorruft. *Alb/Alp* wurde verdrängt vom damit zusammenhängenden Begriff *Elb* bzw. *Elfe* – erst als Dämon verteufelt, dann zum lieblichen Wesen umgedeutet. Der Begriff ist in dieser Bedeutung noch in *Alptraum/Albtraum, Alpdrücken/Albdrücken* und dem Namen *Alberich* erhalten. Als alte Bezeichnung für Gebirge heißt es *Alb* (die *Schwäbische Alb*), während die Bergwiese die *Alp* ist.

als Nächstes, als Erstes

Nur die Schreibweise **als Nächstes** (Großschreibung) ist korrekt. Das Gleiche gilt für **als Erstes**.

als – wie

- **als:** Das Wort *als* drückt eine Ungleichheit aus.

A

Das gilt zum einen bei Vergleichen: *Er ist größer als sie* (nicht: *größer wie sie*). Zum anderen zeigt sich die Ungleichheit, die das *als* ausdrückt, bei den Wörtern *anders, niemand, keiner, nichts, umgekehrt*.

> Das ist **nichts als** dummes Gerede. Ich habe mit **keinem** Menschen **als** meiner Mutter darüber gesprochen.

- **wie:** Das Wort *wie* zeigt eine Gleichheit an.

> Sie ist **so groß wie** er. Bei ihm ist es **genauso** unaufgeräumt **wie** bei ihr.

Beides, *als* und *wie,* geht bei *sowohl als [auch]* und *sowohl wie [auch].*

Aber hat Goethe nicht geschrieben: „Da steh ich nun, ich armer Tor, und bin so klug *als wie* zuvor"? Das stimmt. Aber es ist auch lange her – heute begnügt man sich mit einem der beiden Wörter.

Kommasetzung bei als und wie

- Ob bei *als* oder *wie* ein Komma steht, hängt davon ab, ob es sich um einen vollständigen Satz handelt oder nicht. Ein vollständiger Satz hat im Gegensatz zum Satz*teil* immer ein Subjekt als Träger der Handlung („wer") und ein Verb (Tätigkeitswort) für die Handlung selbst: *Das Auto fährt.*

  Kein Komma, da kein vollständiger Satz:

> Dolerit ist **härter als Granit.** Das Gestein ist **härter als angenommen.**

Komma, da vollständiger Satz:

Dolerit ist **härter, als Granit es ist.** Das Gestein ist **härter, als wir es angenommen hatten.**

Kein Komma, da kein vollständiger Satz:

Kaum ein Material ist **so hart wie Diamant.** Das Schmuckstück ist **so schön wie auch leider teuer.**

Komma, da vollständiger Satz:

Kaum ein Material ist **so hart, wie Diamant es ist.** Das Schmuckstück ist **so schön, wie es zugleich leider auch teuer ist.**

- Geht es um einen Infinitiv (Grundform) mit *zu,* steht ein Komma:

Ich träume lieber von einem Diamantcollier**, als mir** die Kommaregeln **anzusehen.**
Nichts ist so schön für einen Stürmer**, wie** in der Nachspielzeit das entscheidende Tor **zu erzielen.**

alt

- Man schreibt **alt** in der Regel getrennt von einem Verb (Tätigkeitswort):

alt aussehen, alt werden

- Als Adjektiv (Eigenschaftswort) wird **alt** kleingeschrieben: *ein alter Mensch, die alten Sprachen, die alten Römer, die alten Bundesländer*. Großgeschrieben wird, wenn das Wort einen echten Eigennamen darstellt, wie das *Alte Testament* oder die *Alte Welt.*

A

- **Alt** kann auch wie ein Substantiv (Hauptwort, Nomen) gebraucht werden: *mein Alter* (mehr oder weniger scherzhaft für *mein Vater*), *wir sind noch immer die Alten* („wir haben uns nicht verändert"). Dann schreibt man groß (→ Substantivierung). Ebenso:

  Es bleibt alles **beim Alten.**

Die Wahl hat man bei:

aus **Alt** mach (wird) **Neu** – aus **alt** mach (wird) **neu**

Zur Wendung *Alt und Jung, Jung und Alt* → *Paarformeln*.

am schnellsten / am Nötigsten → Steigerung.

analog

Die → *Präposition* (Verhältniswort) **analog** („entsprechend", „sinngemäß anwendbar") steht mit dem Dativ (*Wem*-Fall): *analog dem Vorgehen, analog ihren Werken.* Es kann aber auch ein *zu* folgen: *analog zu dem Vorgehen, analog zu ihren Werken*. Zur Bildung des Dativs → *Fall*.

Leitet die Wortgruppe mit *analog* den Satz ein, steht danach kein Komma.

Analog zum Trend auf Bundesebene sanken auch die Fallzahlen in den Ländern.

-and oder -ant

Die Unterscheidung der beiden Endungen ist normalerweise nicht schwer: -**and** schreibt man, wenn jemandem etwas passiert, also bei einer passiven Bedeutung: Der *Konfirmand* wird konfirmiert. Bei *Diplomand* ist es zugegebenermaßen etwas schwieriger zu erkennen: Das ist jemand, der geprüft wird, um sein Diplom zu erhalten. Das Gleiche gilt für *Doktorand*.

> Der **Konfirmand** erhoffte sich große Geschenke. Zu diesem Zweck hatte er schon mal eine Liste angelegt.

-ant schreibt man dagegen, wenn jemand aktiv wird: Der *Informant* gibt Informationen weiter, der *Protokollant* schreibt das Protokoll, und der *Querulant* schreibt böse Leserbriefe an seine Tageszeitung.

> Der **Demonstrant** hielt ein großes Transparent hoch.

Um die richtige Form zu erkennen, kann man sich die weibliche Form oder den Plural (Mehrzahl) vor Augen führen: Es heißt *der Intrigant,* dazu *die Intrigantin* oder *die Intriganten/Intrigantinnen*. Das *t* ist hier ganz deutlich zu hören. Ebenso sagt man *die Doktorandin* und *die Doktoranden/Doktorandinnen* – hier hört man das *d*.

anderer, andere, anderes

Die Wörter **anderer, andere, anderes** werden im Prinzip immer kleingeschrieben. Das gilt auch für Verbindungen wie *der (die, das) andere, ein anderer* oder *alles andere*. Gerade bei Formen wie *ein anderer* erscheint das etwas merkwürdig, wo doch eine Person gemeint ist. Das Wort zählt aber zu den sogenannten *Indefinitpronomen*, die etwas Unbestimmtes angeben (*indefinit* = „unbestimmt"). → *Pronomen* werden bis auf wenige Ausnahmen grundsätzlich kleingeschrieben.

> „Glück ist ein Wohlgefühl, das sich einstellt, wenn man das Elend eines **anderen** betrachtet." Ambrose Bierce

A

Nur wenn das Wort ganz ausdrücklich etwas Besonderes, Abweichendes ausdrücken soll, kann man es großschreiben.

> Der Film **Das Leben der Anderen** gewann 2007 einen Oscar als bester fremdsprachiger Film.

Anführungszeichen

Wann werden Anführungszeichen genutzt?

Anführungszeichen sind häufig in einem Text anzutreffen.

- Sie stehen vor allem bei der wörtlichen Rede und bei Titeln, etwa von Filmen oder Büchern. Gerade in wissenschaftlichen Arbeiten werden sie zudem genutzt, um übernommene Formulierungen aus anderen Werken als Zitate zu kennzeichnen. Frage- und Ausrufezeichen bleiben dabei erhalten.

  > Berühmtheit erlangte der 1966 erschienene **Interviewband „Mr. Hitchcock, wie haben Sie das gemacht?"** des französischen Regisseurs François Truffaut.

- Manchmal will man sich ironisch äußern und zeigt das mit den Anführungszeichen an.

  > Bayern München holte ja auch **„nur"** mehr als 30 Mal die Meisterschale.

- Ebenso kann man sich mit den Anführungszeichen von einem bestimmten Sprachgebrauch distanzieren.

  > Die aus Afrika verschleppten Menschen galten als **‚Ware'**, mit der gehandelt werden konnte.

- Schließlich gibt es auch Fälle, in denen Anführungszeichen gesetzt werden, weil der Ausdruck offenkundig nicht so recht passt. Auch in diesem Fall werden häufig einfache Anführungszeichen benutzt. Die bessere Alternative ist es jedoch, einen passenderen Begriff zu suchen.

> Die Ergebnisse werden leider nur **‚suboptimal'** belegt. → Die Ergebnisse werden leider nur **unzureichend** belegt.

So weit, so gut. Es ergeben sich aber bei den Anführungszeichen insbesondere zwei Probleme: ihre Stellung zu den übrigen Satzzeichen und ihre richtige grafische Form.

Wie vertragen sich die Anführungszeichen mit den übrigen Satzzeichen?

Unsicherheiten treten hier insbesondere bei der wörtlichen Rede auf.

- Wenn die wörtliche Rede mit einem übergeordneten Satz, einem Begleitsatz wie etwa „Sie sagte", angekündigt ist (hier zur Unterscheidung normal gesetzt, nicht *kursiv* und nicht **fett**), steht hinter diesem ein Doppelpunkt. Am Ende wird dann kein weiteres Satzzeichen gesetzt, nur das, was zur wörtlichen Rede selbst gehört. Das Anführungszeichen bildet den Schluss.

> Der Lehrer sagte: **„Holt bitte eure Hefte heraus."**
> Die eintretende Putzfrau fragte entgeistert: **„Ist das Kunst, oder kann das weg?"**
> Obelix sagte: **„Die spinnen, die Römer!"**

- Im umgekehrten Fall – der Begleitsatz steht *hinter* der wörtlichen Rede – wird immer nach dem Anführungszeichen ein Komma gesetzt. Ein Satzschlusspunkt in der wörtlichen Rede fällt weg. Fragezeichen und Ausrufezeichen bleiben aber erhalten.

„Holt bitte eure Hefte heraus“, sagte der Lehrer.
„Ist das Kunst, oder kann das weg?“, fragte die eintretende Putzfrau entgeistert.
„Die spinnen, die Römer!“, sagte Obelix.

- Der Begleitsatz kann auch durch die wörtliche Rede unterbrochen und dann weitergeführt werden. Die Regeln bleiben unverändert: Nach dem Begleitsatz steht ein Doppelpunkt, und auch am Ende der wörtlichen Rede findet sich im einfachsten Fall (wenn die wörtliche Rede am Ende nur einen Punkt hatte) ein Komma.

Der Lehrer sagte: **„Holt bitte eure Hefte heraus“,** und schaute in die entsetzten Gesichter.

Bei einem Fragezeichen und einem Ausrufezeichen wird das Komma zusätzlich gesetzt.

Die eintretende Putzfrau fragte entgeistert: **„Ist das Kunst, oder kann das weg?“,** und legte schon mal ihren Wischmopp zurecht.
Obelix sagte: **„Die spinnen, die Römer!“,** und freute sich schon auf eine belebende Keilerei. Die Legionäre sahen das anders.

- Die wörtliche Rede kann auch durch den Begleitsatz unterbrochen und dann nach einem Komma weitergeführt werden.

„Holt bitte eure Hefte heraus“, sagte der Lehrer und schaute in die entsetzten Gesichter, **„wir schreiben heute ein Diktat.“**

Der zweite Teil der wörtlichen Rede kann aber auch als eigenständiger Satz stehen.

> **„Holt bitte eure Hefte heraus"**, sagte der Lehrer und schaute in die entsetzten Gesichter. **„Wir schreiben heute ein Diktat."**

Die Abtrennung als eigenständiger Satz wird besonders dann gern gewählt, wenn der erste Teil der wörtlichen Rede mit einem Fragezeichen oder einem Ausrufezeichen endet.

> **„Ist das Kunst, oder kann das weg?"**, fragte die eintretende Putzfrau entgeistert. **„Soll ich schon mal meinen Wischmopp holen?"**
> **„Die spinnen, die Römer!"**, sagte Obelix. **„Es wird Zeit, dass endlich mal frische Römer für eine tolle Keilerei kommen."**

- Ein Sonderfall sind Textteile, die in Anführungszeichen gesetzt werden sollen, obwohl die ganze Passage selbst schon in Anführungszeichen steht. Dann werden einfache Anführungszeichen gesetzt.

> In der Komödie „Ein Fisch namens Wanda" entgegnet die Ganovin Wanda ihrem Liebhaber Otto, der sich selbst als genial einschätzt: *„Aristoteles war kein Belgier. Die Hauptbotschaft des Buddhismus lautet nicht:* **‚Jeder kämpft für sich selbst.'** *Und die Londoner Untergrundbahn ist keine politische Bewegung."*

Einige Besonderheiten:

- Ganz wild wird es, wenn doppelte und einfache Anführungszeichen zusammentreffen, z. B. doppelte Anführungszeichen für die wörtliche Rede und solche, die einen Titel kennzeichnen. Auch bei einem Zitat innerhalb eines Zitats kann das vorkommen. Dann kann es tatsächlich passieren, dass ein einfaches und ein doppeltes Anführungszeichen direkt nebeneinanderstehen. Das sieht im ersten Moment zwar seltsam aus, ist aber richtig.

> *„Ich kenne alle Sprüche Gandalfs aus dem* **‚Herrn der Ringe'"**, sagte der Fan.
> *„Wir dürfen den Klimawandel nicht mehr als ‚unter ferner liefen' abtun, nicht mehr als* **‚Lappalie'"**, betonte die Politikerin.

- In seltenen Fällen besitzt auch der Begleitsatz selbst ein Fragezeichen oder ein Ausrufezeichen. Diese Zeichen sollen jedoch unter keinen Umständen verloren gehen, auch dann nicht, wenn z. B. die wörtliche Rede auch ein solches Zeichen hat.

> Hat Gandalf wirklich gerufen: **„Du kannst nicht vorbei!"?**

- Wird die wörtliche Rede wie ein Substantiv (Hauptwort, Nomen) verwendet (erkennbar vor allem am Artikel *der, die, das* oder Wörtern wie *mein, dein*), steht kein extra Komma. Frage- und Ausrufezeichen bleiben aber erhalten.

> Die berühmte Szene, in der Gandalf dem Balrog sein **„Du kannst nicht vorbei!"** entgegenschleudert, wurde schon mehrfach in anderen Filmen aufgegriffen.

- In älteren Texten werden Sie sehen, dass früher bei der wörtlichen Rede nach dem Fragezeichen bzw. dem Ausrufezeichen plus Anführungszeichen kein Komma stand: *„Die spinnen, die Römer!" sagte Obelix.* Das ist kein Fehler, sondern galt bis zur Rechtschreibreform.

Richtige Anführungszeichen: Gänsefüßchen und Guillemets

Gebräuchliche Formen von Anführungszeichen sind die typographischen Anführungszeichen in Form von **Gänsefüßchen:** „Wort“ (in vielen Schriften erinnernd an $_{99}$ und ^{66}), in der einfachen Form: ‚Wort‘. Daneben gibt es die spitzen Anführungszeichen, auch **Guillemets** genannt: »Wort«, in der einfachen Form: ›Wort‹. Die Guillemets mit nach außen zeigenden Spitzen – «Wort» und ‹Wort› – werden bei deutschsprachigen Texten vor allem in der Schweiz verwendet.

> „So geht es.“ – »So geht es auch.«

Falsche Anführungszeichen

- Die **Zollzeichen** – "Wort" – sind falsch. Die korrekten typographischen Anführungszeichen, ob nun Gänsefüßchen oder Guillemets, geben zudem durch ihre verschiedene Form am Anfang und am Ende der Passage genau an, wann ein Zitat beginnt und wann es endet. Das können die Zollzeichen nicht.
- Ebenfalls falsch sind **Akzente** als Anführungszeichen und ein doppeltes **Größer-als-** bzw. **Kleiner-als-Zeichen** – es ist viel zu groß und zerreißt den Text förmlich.

> "So geht es nicht." – `So geht es nicht.´ – >>So geht es nicht.<<

Erzeugen der richtigen Anführungszeichen

Auf der Tastatur gibt es aber nur die Zollzeichen. Wie kommt man nun an die richtigen Anführungszeichen heran?

- **Automatische Umwandlung in typographische Anführungszeichen (Gänsefüßchen)**

A

Gehen Sie auf DATEI. In der linken Randleiste darunter erscheint an vorletzter Stelle (leider) ziemlich klein der Bereich OPTIONEN. Aktivieren Sie hier unter DOKUMENTPRÜFUNG – AUTOKORREKTUR-OPTIONEN – AUTOFORMAT WÄHREND DER EINGABE die Funktion "GERADE" ANFÜHRUNGSZEICHEN DURCH „TYPOGRAPHISCHE“. Sie brauchen dann nichts weiter zu tun: Sie drücken wie gewohnt auf Ihre Taste mit den Zollzeichen, und Word wandelt sie automatisch in richtige typographische Anführungszeichen (Gänsefüßchen) um.

Für Schweizer: Über ÜBERPRÜFEN – SPRACHE – SPRACHE FÜR DIE KORREKTURHILFEN FESTLEGEN – DEUTSCH (SCHWEIZ) – ALS STANDARD FESTLEGEN bekommen Sie bei der oben beschriebenen automatischen Umwandlung durch Word (die Funktion sollte eingeschaltet sein) gleich die Anführungszeichen mit den Spitzen nach außen.

- Eine andere Möglichkeit: Sie holen sich die benötigten Zeichen über die **Einfügen-Funktion:** mit EINFÜGEN – SYMBOL – WEITERE SYMBOLE – SYMBOLE. Dort finden Sie sowohl die Gänsefüßchen als auch die Guillemets.

- **Direkte Eingabe**

Gänsefüßchen
Sie können die Gänsefüßchen auch direkt per ANSI-Code erzeugen. Dazu drücken Sie die ALT-Taste und geben auf dem Nummernblock (das ist der getrennte Ziffernblock rechts von der normalen Tastatur) eine bestimmte Zahl ein.
ALT + 0132 = doppeltes öffnendes Gänsefüßchen unten: „
ALT + 0147 = doppeltes schließendes Gänsefüßchen oben: “

Guillemets
Für die Erzeugung von Guillemets geben Sie ebenfalls die Anführungszeichen per ANSI-Code ein. Dazu drücken Sie die ALT-Taste und geben auf dem Nummernblock eine bestimmte Zahl ein.

ALT + 0187 = doppeltes öffnendes Guillemet links: »
ALT + 0171 = doppeltes schließendes Guillemet rechts: «

Einfache Anführungszeichen
Manchmal, vor allem bei einem Zitat innerhalb eines Zitats, werden einfache Anführungszeichen gesetzt.
ALT + 0130 = einfaches öffnendes Gänsefüßchen unten: ‚
ALT + 0145 = einfaches schließendes Gänsefüßchen oben: ‘
ALT + 0155 = einfaches öffnendes Guillemet links: ›
ALT + 0139 = einfaches schließendes Guillemet rechts: ‹
Nun gibt es bei Laptops allerdings zumeist keine gesonderten Tasten als Nummernblock; die Zahlen sind vielmehr in die normale Tastatur integriert (nicht zu verwechseln mit der oberen Zahlenreihe). Sie müssen sich also zunächst kundig machen, wie Sie bei Ihrem Gerät diese Zahlen ansteuern können.
Mischen Sie bitte nicht die beiden verschiedenen Formen: Setzen Sie also nicht bei doppelten Gänsefüßchen die einfachen Guillemets und umgekehrt.

Falsch: „So geht es **›gar‹** nicht.“ – »So geht es ‚gar‘ nicht.«
Richtig: „So geht es ‚gar‘ nicht.“ – »So geht es ›gar‹ nicht.«

Tipp: Sie können die **Zollzeichen** auch nachträglich für den ganzen Text in korrekte Anführungszeichen umwandeln: Sorgen Sie zunächst dafür, dass die oben beschriebene Funktion für die automatische Umwandlung in typographische Anführungszeichen (Gänsefüßchen) eingeschaltet ist. Gehen Sie dann unter START auf ERSETZEN. In der nun erscheinenden Dialogbox geben Sie im *Suchen*- und im *Ersetzen*-Feld jeweils ein Zollzeichen ein. Das Ersetzen ist für Word praktisch eine neue Eingabe, und dann wandelt es die Zollzeichen in korrekte Anführungszeichen um.

A

Überlegen Sie aber genau, ob Sie wirklich alle Zeichen gleichzeitig ersetzen wollen (mit ALLE ERSETZEN). Vielleicht haben Sie wirklich Zollzeichen im Text, die Sie behalten wollen. Auch bei Internetadressen könnte das problematisch werden. Erledigen Sie das lieber für den jeweiligen Einzelfall mit ERSETZEN – das geht auch ganz fix. Wenn Sie etwas nicht ersetzen wollen, springen Sie mit WEITERSUCHEN weiter.

angesichts

Die → *Präposition* (Verhältniswort) **angesichts** in der Bedeutung „beim Anblick [von]", „in Anbetracht" steht mit dem Genitiv (*Wes*-Fall): *angesichts dieses Schauspiels, angesichts der Maßnahmen*. Zur Bildung des Genitivs → *Fall*.

Leitet die Wortgruppe mit *angesichts* den Satz ein, steht danach kein Komma.

> **Angesichts unzureichender Ergebnisse der klinischen Forschung lehnte** die amerikanische Pharmakologin Dr. Frances Oldham Kelsey die Freigabe von Thalidomid (Contergan) in den USA wiederholt ab.

Angst, angst

Die **Angst** ist zunächst einmal ein Substantiv (Hauptwort, Nomen) und wird entsprechend großgeschrieben: *Angst haben, jemandem Angst machen* bzw. *einjagen, in größten Ängsten schweben*. In manchen Verbindungen – nämlich mit *sein, bleiben* und *werden* – verlieren einige Substantive allerdings ihre Eigenschaft als Substantiv und müssen sich jetzt mit der Kleinschreibung abfinden: Sie gelten als „verblasst". *Angst* gehört dazu: jemandem *wird angst, ist angst (und bange)*.

anhand

Die → *Präposition* (Verhältniswort) **anhand** steht mit dem Genitiv (*Wes*-Fall): *anhand des Vorgehens, anhand der Daten*. Im Plural (Mehrzahl) ist auch die Form mit *von* + Dativ (*Wem*-Fall) möglich: *anhand von Unterlagen*. Zur Bildung des Genitivs und des Dativs → *Fall*.

Leitet die Wortgruppe mit *anhand* den Satz ein, steht danach kein Komma.

> **Anhand aktueller Statistiken konnte** ein recht genaues Bild der aktuellen Lage erstellt werden.

annehmen

Bei der Wendung **sich [einer Sache] annehmen** muss der Genitiv (*Wes*-Fall) folgen.

> Er kündigte an, sich **des Problems** persönlich **anzunehmen**. Die Anwesenden erschraken.

Zur Bildung des Genitivs → *Fall*.

annullieren

Beim Verb (Tätigkeitswort) **annullieren** („für ungültig erklären", „stornieren") handelt es sich wieder um eine Ableitung aus dem Lateinischen, nämlich von *annullare*. Hier traf die Vorsilbe *an-* auf *nullare* (Sie erkennen, dass es etwas mit dem Wort *null* zu tun hat). Das Wort wird also mit Doppel-*n* und Doppel-*l* geschrieben.

anscheinend – scheinbar

Die beiden Wörter sollten nicht miteinander verwechselt werden.

- **Anscheinend** bedeutet: „Es sieht so aus." Das Wort beschreibt einfach den äußeren Anschein.

  „Der Angeklagte betritt **anscheinend** gelassen den Gerichtssaal." Er ist also auch in Wirklichkeit eine coole Socke – vielleicht hat er schon Erfahrungen mit dieser Situation. Der Gerichtsreporter hat jedenfalls nichts erkannt, was auf Nervosität hindeutet.

- **Scheinbar** ist deutlich schwieriger. Es bedeutet: „Es sieht [nur] so aus, aber in Wirklichkeit ist es ganz anders." Wer das Wort verwendet, bringt damit zum Ausdruck, dass er ganz genau weiß, dass der Anschein trügt. Das Wort hat also letztlich eine gegensätzliche Bedeutung.

  „Der Angeklagte betritt **scheinbar** gelassen den Gerichtssaal." Bei näherem Hinsehen kann der Gerichtsreporter jedoch eine deutliche Anspannung erkennen. Der Angeklagte ist überhaupt nicht so gelassen, wie er nach außen tut, sondern in Wirklichkeit ein Nervenbündel.

anstatt

- Auf die → *Präposition* (Verhältniswort) **anstatt** folgt der Genitiv (*Wes*-Fall): *anstatt des Teils, anstatt der Maßnahmen.* Sie steht aber mit dem Dativ, wenn der Genitiv formal nicht zu erkennen ist: *anstatt Richtlinien*. Zur Bildung des Genitivs → *Fall*.

Leitet die Wortgruppe mit *anstatt* den Satz ein, steht danach kein Komma.

> **Anstatt eines Unentschiedens musste** die Mannschaft doch noch eine Niederlage hinnehmen.

- **Anstatt** kann aber auch eine → *Konjunktion* (Bindewort) in der Bedeutung „und nicht" sein. Im Gegensatz zur Präposition ist ihr der folgende Fall egal. Dieser richtet sich nach dem Verb (Tätigkeitswort).

> Wollen Sie lieber **auf den Urlaub anstatt auf das Geld** verzichten?

- Häufig steht **anstatt** mit einem Infinitiv mit *zu,* dann steht immer ein Komma davor.

> Er schrieb einen Spickzettel, **anstatt** die Formeln **auswendig zu lernen.**

anstelle, an Stelle

Sie können sowohl **anstelle** als auch **an Stelle** schreiben – beides ist korrekt.

Antibiotikum

Der Begriff **Antibiotikum** bildet den Plural (Mehrzahl) *die Antibiotika*. Diese Form geht auf die lateinische Pluralbildung zurück, wie sie bei vielen Fremdwörtern verwendet wird. Das Gleiche gilt für Begriffe wie *Anabolikum – Anabolika, Neuroleptikum – Neuroleptika*.

A

anvisieren – avisieren

Unter **anvisieren** versteht man „ins Visier nehmen“, „anpeilen“, im übertragenen Sinn auch „sich als Ziel setzen“.

> Jäger **visieren** das Wild **an,** Fotografen auch. Den Tieren sind Letztere sicherlich lieber.
> Der Trainer betonte, er wolle zunächst einmal nur den Klassenerhalt **anvisieren.**

Avisieren steht für „ankündigen“, „in Aussicht stellen“.

> Für die betroffene Region waren 800 Tonnen Hilfsgüter **avisiert.**

Anzahl (eine Anzahl Leute ging/gingen) → Gruppe.

Apostroph

Der (!) **Apostroph** bildet eine Fehlerquelle ersten Ranges. Warum? Weil er viel zu oft – falsch – eingesetzt wird. In Wirklichkeit wird er nur selten gebraucht.

Fälle, in denen der Apostroph stehen muss

- Wenn im Wortinneren etwas weggelassen worden ist.

> **Ku'damm** für **Kurfürstendamm**

Das gilt auch dann, wenn Umgangssprache wiedergegeben werden soll, in der Buchstaben eines Wortes verschluckt werden.

> „Ich hab gestern **'ne** [eine] Menge Seiten geschafft.“

- Wenn bei Eigennamen ungünstige Kombinationen entstehen.

  Normalerweise wird der Genitiv (*Wes*-Fall) durch einfaches Anhängen von *-s* gebildet: *Goethes Gedichte.* Manche Eigennamen vertragen sich aber nicht mit dem Genitiv-*s*, nämlich dann, wenn sie auf *-s, -ss, -ß, -tz, -x* und *-z* enden. Stehen diese Namen **vor** dem Wort, auf das sie sich beziehen, und haben sie auch keinen Artikel bei sich, hilft der Apostroph aus.

  Varus' Legionen, aber: die Legionen **des Varus**

  Das Gleiche gilt für den Genitiv von Namen, die zwar anders geschrieben werden, aber ausgesprochen werden, als hätten sie am Ende einen der oben genannten Buchstaben. Der Apostroph ersetzt hier das Genitiv-*s* und sorgt dafür, dass sich die Zunge nicht verknotet.

  Luka Modrić' Wahl zum Fußballer des Jahres

- Wenn mit *-sch* Ableitungen von Eigennamen gebildet werden.

  Goethe'sche Farbenlehre, auch: **goethesche** Farbenlehre

  S. auch → *Adjektiv*.

Fälle, in denen der Apostroph stehen kann

- Wird das Wort **es** mit dem vorangehenden Wort zusammengezogen, kann ein Apostroph stehen, muss das aber nicht.

  Geht's (gehts) dir wirklich gut? **Weil's (weils)** hier so gemütlich ist, bleibe ich.

- Ebenso setzt man in der Regel keinen Apostroph bei der Befehlsform

  Gib das her!

  und bei der kurzen Ich-Form.

  Ich **hab** mich geirrt.

Fälle, in denen der Apostroph stehen kann, aber nicht sollte

- In der Regel hängt man beim Genitiv (*Wes*-Fall) von Namen einfach ein *-s* an: *Merkels Politik.*

  Allerdings sieht man häufig, dass ein Name mit einem Apostroph abgetrennt wird: *Berti's Imbissstübchen*. Richtig oder falsch?

  Nun ja. Die Formen mit Apostroph wie *Berti's Imbissstübchen* sind erst durch die Rechtschreibreform 1996 legalisiert worden, vorher waren sie falsch. Sinnvoll sind diese Formen allerdings nur dann, wenn Verwechslungsgefahr besteht: *Andrea's Bootsverleih* (*Andrea* ist die Inhaberin) gegenüber *Andreas' Tauchschule* (*Andreas* ist der Inhaber).
- Bei Verbindungen aus → *Präposition* (Verhältniswort, z. B. *auf, in, mit, ohne, unter, trotz, wegen*) und Artikel *(der, die, das, einer, eine, ein)* setzt man im Normalfall keinen Apostroph. Also: *ans (= an das), aufs, beim, durchs, fürs, hintern, hinters, im, ins, übers, ums, überm, übern, übers, unterm, untern, unters, vorm, vorn, vors.*

  Nur wenn man die Aussprache besonders betonen will, etwa bei der Wiedergabe von Umgangssprache, sollte man in diesen Fällen den Apostroph setzen.

  Du sollst doch nicht **über'n** Zaun springen!

Fälle, in denen der Apostroph auf gar keinen Fall stehen darf

Die folgenden falschen Schreibungen tauchen – leider – immer häufiger auf. Lassen Sie sich davon aber nicht beirren. Der Apostroph steht niemals:

- Beim Plural (Mehrzahl) mit *-s*

  Wird die Pluralform eines Wortes mit *-s* gebildet, hat der Apostroph dort nichts zu suchen.

  die Kinos, nicht: **die Kino's**

- Bei Wörtern, die auf *-s* enden

  Dieses *-s* wird nicht mit einem Apostroph abgetrennt – warum denn auch? Also:

  die Erkenntnis, nicht: **die Erkenntni's**

- Beim Genitiv (*Wes*-Fall)

  Ein Genitiv wird regulär mit direkt angehängtem *-s* gebildet. Nur bei Namen gibt es eine Ausnahme (s. oben).

  des Erdenrunds schrägster Apostroph, nicht: **des Erdenrund's**

- Beim Genitiv und Plural (Mehrzahl) von Abkürzungen

  Hier wird das *-s* ohne Apostroph angehängt.

  des Lkws, nicht: **des Lkw's, die Lkws,** nicht: **die Lkw's**

A

Appell

Der Begriff **Appell** stammt vom lateinischen *appellare* („auffordern") und schreibt sich daher mit doppeltem *p*.

Apposition (zusätzliche Erläuterung)

Ein erläuternder Zusatz wird häufig durch charakteristische Ausdrücke wie *also, besonders, das heißt (d. h.), genauer, insbesondere, nämlich, vor allem, zum Beispiel, zwar* eingeleitet. Eine derartige Erläuterung – meist wird sie nachgetragen – wird *Apposition* genannt.

Der richtige Fall (Kasus) bei der Apposition

Die Apposition steht im gleichen Fall wie der Begriff, auf den sie sich bezieht.

> **Sigmund Freud, der Begründer** der Psychoanalyse – Nominativ (*Wer*-Fall)
> die Werke **Sigmund Freuds, des Begründers** der Psychoanalyse – Genitiv (*Wes*-Fall)
> zum Wirken **von Sigmund Freud, dem Begründer** der Psychoanalyse – Dativ (*Wem*-Fall)
> Angriffe **gegen Sigmund Freud, den Begründer** der Psychoanalyse – Akkusativ (*Wen*-Fall)

Insbesondere beim Genitiv ist häufig zu beobachten, dass auf den Dativ ausgewichen wird. Das ist aber falsch.

> Die Mitglieder **der OPEC, des Zusammenschlusses** (nicht: **dem Zusammenschluss**) erdölfördernder Länder, fassten keinen Entschluss.

Die Kommasetzung bei der Apposition

Appositionen werden jeweils durch ein vor- und ein nachgestelltes Komma abgegrenzt. Leider wird häufig das nachgestellte, „schließende" Komma vergessen.

> Die Arbeiten zu diesem Thema, **insbesondere die von Jonas Müller,** lieferten einen wichtigen Beitrag zu diesem Thema.

Es gibt hier zwei Besonderheiten:

- Nachgestellte Erläuterungen mit *wie* oder *wie z. B.* kann man in Kommas (immer paarig – wenn, dann eins am Anfang und eins am Ende) einschließen, muss es aber nicht. Voraussetzung für diese Wahlfreiheit ist, dass der Satz auch ohne die Erläuterung verständlich bleibt.

  > Die Bettelorden **wie [z. B.] die Franziskaner** lehnten den Besitz von Geld ab.
  > Die Bettelorden, **wie [z. B.] die Franziskaner,** lehnten den Besitz von Geld ab.

  Das passt: Die Bettelorden lehnten den Besitz von Geld ab.

  Ist der Satz ohne die Erläuterung aber unsinnig, dürfen die Kommas nicht gesetzt werden.

  > Herrscher **wie Ludwig XII.** vertraten eine ganz andere Auffassung als der Papst.

  „Herrscher vertraten eine ganz andere Auffassung als der Papst" wäre Unsinn. Es geht um eine ganz besondere Art von Herrschern, nämlich die wie Ludwig XII.

- Steht die Apposition zwischen dem letzten Adjektiv (Eigenschaftswort) und dem folgenden Substantiv (Hauptwort, Nomen), wird nie ein Komma gesetzt. Die Verbindung zwischen beiden darf auf gar keinen Fall unterbrochen werden.

> Der Astronom Johannes Kepler stellte im 17. Jahrhundert sein Modell vor, nach dem sich die Sterne auf einer **elliptischen, also nicht kreisförmigen Umlaufbahn** bewegen.

Wenn Sie die Erläuterung aber besonders betonen wollen, können Sie auf den Gedankenstrich ausweichen.

> Der Astronom Johannes Kepler stellte im 17. Jahrhundert sein Modell vor, nach dem sich die Sterne auf einer **elliptischen – also nicht kreisförmigen – Umlaufbahn** bewegen.

Apposition oder Aufzählung?

Manchmal entscheidet das Komma, ob es sich um eine Aufzählung oder aber um eine nachgetragene Erläuterung, eine Apposition, handelt. Ist es eine Apposition, muss **vor** und **hinter** ihr jeweils ein Komma stehen. Die Leser und Leserinnen können in solchen Fällen auf das Komma angewiesen sein, um den Sinn des Satzes zu erkennen.

Wenn Sie nicht sicher sind, setzen Sie vor den fraglichen Satzteil in Gedanken ein *also, nämlich, genauer; es handelt sich um* oder ähnlich. Wenn das einen Sinn ergibt, wissen Sie, dass es sich um eine Erläuterung = eine Apposition handelt. Beispiel:

> Anwesend waren **der Herzog von Lancaster, ein jüngerer Sohn Edwards III. und der Schwarze Prinz.**

Wie viele Personen sind das? So wie es hier oben steht, handelt es sich um eine Aufzählung von drei Personen – der *Herzog von Lancaster,* dazu ein *jüngerer Sohn Edwards III.* (dessen Name nicht genannt wird) und der *Schwarze Prinz*.

In Wirklichkeit sind es aber nur zwei Personen: der *Herzog von Lancaster* ist ein jüngerer Sohn *Edwards III.* Es handelt sich also um eine Apposition, nach der ein Komma stehen muss:

> Anwesend waren der Herzog von Lancaster, **[das war] ein jüngerer Sohn Edwards III.,** und der Schwarze Prinz.

archaisch – arisch

Das Adjektiv (Eigenschaftswort) **archaisch** bedeutet „altertümlich", „zu einer frühen Entwicklungsstufe gehörend".

> Eine der **archaisch** anmutenden Disziplinen bei den schottischen Highland Games ist das Baumstammwerfen.

Das Wort **arisch** hatte ursprünglich die Bedeutung „zum Volk der Arier gehörig". Es wurde vom Nationalsozialismus in Verbindung mit der Rassenideologie missbraucht.

> Der sogenannte **Ariernachweis** war in der NS-Diktatur Teil der Ausgrenzung missliebiger Personengruppen.

Armada

Der Begriff **Armada** (aus dem spanischen/portugiesischen *armada*, „bewaffnet") bezeichnet eine große Flotte, die Seestreitmacht eines Landes. Insbesondere die *Spanische Armada* (oft auch nur *Armada*), die 1588 vor England sank, wird mit dem Begriff verbunden.

Armada wird aber auch für eine größere Ansammlung verwendet. Oft hat das Wort dann einen negativen Beiklang.

Die Firma hatte eine ganze **Armada von Anwälten** aufgeboten.

Der Begriff *Armada* besitzt zwei Formen für den Plural (Mehrzahl): *die Armadas* oder *die Armaden*.

Arm und Reich → Paarformeln.

asozial

Die Vorsilbe *a-* verweist sowohl im Griechischen als auch im Lateinischen auf etwas Negatives – sie hat die Bedeutung *nicht, un-*. Es heißt also *asozial* für *unsozial* (wie auch beispielsweise *atypisch* für *untypisch)*.

Ass

Seit der Rechtschreibreform wird das *As* nun **Ass** geschrieben. Das gilt sowohl für die Spielkarte *(zwei Asse in der Hand haben)* als auch für einen unerreichbaren Aufschlag im Tennis *(ein Ass servieren)* und das Lob einer Person für herausragende Leistungen *(er ist ein Ass in Mathematik)*.

Astrologie – Astronomie

Es handelt sich um verschiedene Bereiche: Die **Astrologie** leitet aus den Sternen und ihren Bewegungen Voraussagen für die Zukunft ab. Dagegen ist die **Astronomie** die naturwissenschaftliche Beschäftigung mit dem Weltraum.

Die **Astronomen** halten nicht viel von der Astrologie. Viele **Astrologen** sehen das wahrscheinlich umgekehrt genauso.

Atlas

Der Plural (Mehrzahl) von **Atlas** in der Bedeutung „Sammlung von Karten" ist – schon immer – in zwei Formen gebräuchlich: *die Atlasse* oder *die Atlanten.*

Das gleichnamige Seidengewebe bildet nur den Plural *die Atlasse,* während der auch *Atlas* genannte erste Halswirbel gar keine Pluralform besitzt.

Atmosphäre

Die **Atmosphäre** wird oft falsch mit *th* geschrieben. Der Grund für die schwierige Schreibweise ist wieder einmal die griechische Herkunft, hier von *atmós* („Dunst").

Attrappe

Das Wort **Attrappe** für etwas, was nur vorgespiegelt wird, verdankt seine schwierige Schreibweise mit Doppel-*t* seiner Herkunft. Es leitet sich vom französischen *attraper* („fangen", „täuschen") und *attrape* („Falle") ab.

aufgrund, auf Grund

- Sie können sowohl **aufgrund** als auch **auf Grund** schreiben, wenn die Bedeutung „veranlasst durch eine Tatsache" vorliegt.

  Das Wort steht mit dem Genitiv (*Wes*-Fall): *aufgrund des Gesprächs, aufgrund ihrer Beobachtungen.* Zur Bildung des Genitivs → *Fall.*

  Ein einzelnes Substantiv (Hauptwort, Nomen) ohne Artikel wird mit *von* angeschlossen: *aufgrund von Befangenheit, aufgrund von Richtlinien.*

Leitet die Wortgruppe mit *aufgrund / auf Grund* den Satz ein, steht danach kein Komma.

Aufgrund / auf Grund von Zeugenaussagen konnte der Tathergang rekonstruiert werden.

- Verwechseln Sie aber nicht *aufgrund / auf Grund* mit Formulierungen, in denen das Wort *Grund* mit *auf* zusammentrifft, etwa:

Das Schiff lief **auf Grund.**
Sie sind mit ihren Plänen **auf Grund gelaufen** (haben sich festgefahren).

aufrechterhalten

Man *geht aufrecht,* aber mit **aufrechterhalten** hat das wenig zu tun. Die Bedeutung ist hier vielmehr „beibehalten", „weiter bestehen lassen". Das Wort wird zusammengeschrieben, auch als *aufrechtzuerhalten.*

aufs Eindrücklichste → Steigerung.

aufs Geratewohl

Die Wendung **aufs Geratewohl** für „auf gut Glück" hat nichts mit *gerade* zu tun, sondern geht auf die alte Formel „gerate wohl" („gedeihe gut") zurück – daher die Schreibweise mit *t.*

aufseiten, auf Seiten

Sie können **aufseiten** [von] oder **auf Seiten** [von] schreiben – beides ist richtig. Das Gleiche gilt für die Wendung *vonseiten / von Seiten:* Auch hier haben Sie die Wahl.

aufwändig, aufwendig

Seit der Rechtschreibreform gelten zwei Schreibweisen als korrekt: **aufwändig** und **aufwendig**.

Die Form *aufwändig* wurde zusätzlich zu *aufwendig* eingeführt, um die Schreibweise zu vereinfachen: Man sollte an *Aufwand* denken. Diese Form hat aber das alte *aufwendig* nicht vollständig verdrängt – es kann nach wie vor verwendet werden, und das wird es auch.

Aufzählung

Aufzählungen bereiten manchmal bei der Kommasetzung Probleme. Zu beachten ist:

- Das Komma steht bei Aufzählungen zwischen gleichrangigen Wörtern.

  > Die Gutachterin verwies auf wichtige Mängel des Textes: **Rechtschreibfehler, falsch gesetzte Kommas, fehlende Quellenangaben.**

- Meist wird eine solche Aufzählung vor dem letzten Aufzählungsglied mit einem Bindewort (wie *beziehungsweise/ bzw., oder, und, sowie, wie [= und]*) abgeschlossen. Das Bindewort ersetzt dann das Komma. Im Englischen wird häufig vor diesem letzten Aufzählungsglied ein Komma gesetzt *(red, green, or yellow),* aber lassen Sie sich davon nicht beirren: Im Deutschen geht das nicht.

A

> Die Rede war **unverständlich, langweilig und einschläfernd.**

- Vor den Abkürzungen *u. a., usw.* und *etc.* am Ende einer Aufzählung steht kein Komma.

> Zu den Versammlungen zugelassen waren verschiedenste Personen: **Mitglieder, Gäste, Journalisten etc.**

S. auch → *Apposition,* → *Punkt* und → *von … über … bis.*

auseinandersetzen

Man schreibt **auseinandersetzen** zusammen.

> Ich will mich damit nicht **auseinandersetzen.** Sie haben sich mit den Folgen noch nicht **auseinandergesetzt.**

Auslassungspunkte

Die Art, wie die Auslassungspunkte gesetzt werden, entspricht genau dem, wofür sie stehen. Das macht es einfach.

- Die Auslassungspunkte können für **ein Wort / mehrere Wörter** stehen. Diese Form wird beispielsweise verwendet, wenn der Gedanke absichtlich nicht weitergeführt wird. In diesem Fall setzt man die Auslassungspunkte mit einem Abstand vom vorangehenden Wort – genau wie bei dem Wort, für das die Auslassungspunkte stehen. Nach Auslassungspunkten folgt kein extra Satzschlusspunkt.

So viel also zur grauen **Theorie** ... Man fasst es einfach nicht.

- Die Auslassungspunkte können für einen **Wortteil** stehen. Dann steht kein Zwischenraum zwischen dem vorangehenden Wort und den Auslassungspunkten.

Der Ausspruch des Götz von Berlichingen wird oft verkürzt als „Leck mich am **A...**" wiedergegeben.

Ausrufezeichen

Das **Ausrufezeichen** verleiht einer Aussage einen besonderen Nachdruck.

Das lässt du schön bleiben!

Das gilt auch dann, wenn diese Aussage als Frage formuliert ist, auf die man keine Antwort erwartet.

Wer denkt sich denn so was aus!

Wird eine Frage zugleich als Ausruf verstanden, kann man ein Ausrufezeichen und ein Fragezeichen setzen. Das Fragezeichen steht vorn.

Ist das denn zu glauben?!

Man kann auch hinter einen Begriff, eine Formulierung oder Ähnliches ein Ausrufezeichen in Klammern setzen, um auf etwas besonders aufmerksam zu machen.

Die Firma versprach zum fünften **(!)** Mal, den Fehler zu beseitigen.

Satzzeichen sind keine Rudeltiere. Sie vertragen sich mit anderen Satzzeichen, aber mehrere gleiche Satzzeichen hintereinander gehen nicht. (Nein, die drei Auslassungspunkte sind nicht etwa drei Punkte, sondern bilden zusammen ein eigenes Zeichen.) Setzen Sie also nicht, wenn Ihnen etwas ganz, ganz wichtig ist, eine Reihe von Ausrufezeichen hintereinander. Das ist nicht nur falsch, sondern schwächt die Wirkung sogar ab!

Zur Verbindung mit anderen Satzzeichen siehe → *Anführungszeichen,* → *Fragezeichen,* → *Gedankenstrich,* → *Klammer*.

außer

Die → *Präposition* **außer** wird mit *ß* geschrieben, nicht mit Doppel-*s*. Sie dürfen aber *ausser* schreiben, wenn Sie in der Schweiz wohnen: Dort wurde der Buchstabe *ß* schon vor Jahrzehnten abgeschafft. Das Gleiche gilt für *außerdem:* Schreibung mit *ss* als *ausserdem* nur in der Schweiz.

Unproblematisch beim Wort *außer* sind die Redewendungen *außer Frage, außer Betrieb, außer Zweifel, außerstande sein* (auch: *außer Stande sein*).

- Manchmal bereitet das *außer* aber Schwierigkeiten: Welcher Fall folgt nach dem *außer?* In der Regel ist es der Dativ (*Wem*-Fall).

  Außer meiner eigenen Stimme hörte ich nichts.

- Kommt das Verb (Tätigkeitswort) *geraten* dazu, geht neben dem Dativ auch der Akkusativ (*Wen*-Fall):

  Ich geriet **außer mir / außer mich,** als ich das sah.

Auch bei Verben der Bewegung steht der Akkusativ:

etwas **außer jeden Zweifel** stellen

- Der Genitiv (*Wes*-Fall) tritt nur noch in den Verbindungen *außer Landes sein* (*gehen* usw.) sowie (selten) in *außer Hauses sein* auf; da ist *außer Haus* oder *außer Hause sein* geläufiger.

Zur Bildung des richtigen Falls → *Fall*.

Leitet die Wortgruppe mit *außer* den Satz ein, steht danach kein Komma.

Außer dem Nötigsten konnten sie nichts retten.

Auch möglich: außer als Konjunktion

Das Wort **außer** kann auch als sogenannte → *Konjunktion* (Bindewort) stehen. Das auf *außer* folgende Wort steht dann in demselben Fall wie das Wort, auf das sich das *außer* bezieht.

Richtig ist also die Variante:

Wir schenken Ihnen **die Mehrwertsteuer** auf das gesamte Sortiment außer [auf] **reduzierte Ware.**

Hier wäre aber auch die oben genannte Form mit Dativ (die Verwendung als Präposition) richtig. Also auch:

Wir schenken Ihnen **die Mehrwertsteuer** auf das gesamte Sortiment außer **reduzierter Ware.**

außerstande sein, außer Stande sein → Stand.

Auto fahren

B

Man schreibt nur **Auto fahren,** und das schon immer. Bei einer Verwendung als Substantiv (Hauptwort, Nomen) wird aber zusammen- und großgeschrieben.

Beim Autofahren wird ihr immer schlecht.

Autor/Autorin

Die Wörter **Autor** und **Autorin** bereiteten lange Zeit keine Probleme – bis sich die englische Schreibweise *author* ausbreitete. Man schreibt im Deutschen aber nach wie vor *Autor* und *Autorin*.

autorisieren

In der IT sind häufig ganze Passagen in Englisch abgefasst. So gewöhnt man sich immer mehr an die Schreibung *to authorize,* die aber im Deutschen eine falsche Ableitung ergibt. Richtig schreibt man **autorisieren.**

Ballett

Die ungewohnte Schreibung **Ballett** mit Doppel-*l* geht auf das Italienische zurück: Ein *balletto* ist ein Tänzchen, wiederum hergeleitet aus *ballo,* dem Tanz.

Bange, bange

Die **Bange** („Angst“, „Furcht“) ist ursprünglich ein Substantiv (Hauptwort, Nomen). Das ist noch zu erkennen in den Verbindungen *keine Bange haben, jemandem Bange machen* und *Nur keine Bange!*

Kommen aber statt *machen* und *haben* die Wörter *sein, bleiben* oder *werden* zum Einsatz, verliert das Wort *Bange* seine Eigenschaft als Substantiv und wird kleingeschrieben: *Mir ist angst und bang(e). Ihm wurde bang.*

bankrott, Bankrott → **pleite.**

-bar oder -fähig

Wird ein Wort mit **-bar** ergänzt, hat das eine passivische Bedeutung: *ausführbar* (der Plan kann ausgeführt werden), *lesbar* (der Text kann gelesen werden).

Der Zusatz **-fähig** drückt aus, dass jemand oder irgendetwas über eine Fähigkeit oder eine bestimmte Voraussetzung verfügt, wie *einsatzfähig* (fähig zum Einsatz), *leistungsfähig* (in der Lage, eine Leistung zu erbringen), *heiratsfähig* (die Anforderungen an eine Heirat erfüllend). Zudem gibt es die Bedeutung „zu etwas geeignet sein" wie *transportfähig, strapazierfähig*.

> Ein **lesbarer** Text ist kein **lesefähiger** Text, denn er selbst kann nicht lesen.

beide

Das Wort **beide** wird immer kleingeschrieben, auch in den Formen *beides, beider* usw.

> Aber **beide** waren dazu nicht bereit. Hier ist **beides** zulässig.

B

Die Kleinschreibung gilt auch, wenn **beide** in Verbindung mit dem großgeschriebenen **Sie** als Anrede steht:

> Wir freuen uns, **Sie beide** bei uns begrüßen zu dürfen.

bei weitem, bei Weitem → **weit.**

bestmöglich

Im Wort **bestmöglich** steckt mit *best-* schon eine höchste Steigerung (Superlativ). Mehr geht nicht. Es kann also nicht *bestmöglichst* heißen, denn das wäre doppelt gemoppelt. Alternativen sind *möglichst gut, optimal.* *→ Steigerung.*

Bezug

Wendungen mit **Bezug** werden immer großgeschrieben, auch *in Bezug auf*.

Vor der Rechtschreibreform schrieb man: *mit Bezug auf, unter Bezug auf,* aber: *in bezug auf*. Die unterschiedliche Schreibung wurde auf die Frage zurückgeführt, ob das Substantiv (Hauptwort, Nomen) *Bezug* noch als solches empfunden wurde. Nachvollziehbar war das aber kaum. Inzwischen gilt hier generell die Großschreibung.

Billard

Der Begriff schreibt sich korrekt **Billard.**

Im Englischen wird *billiard* tatsächlich mit zwei *i* geschrieben. Die Aussprache mit einem gesprochenen *j* trägt sicherlich zu dem Missverständnis bei, das müsse dann auch im Deutschen so sein. Allerdings geht die deutsche Schreibung auf das französische *billard* zurück.

bis auf Weiteres, bis auf weiteres

Sie können **bis auf Weiteres** oder **bis auf weiteres** schreiben. Beides ist richtig. Nur groß schreibt man *des Weiteren* und *im Weiteren*.

bisschen

Man schreibt immer **ein bisschen** (mit Doppel-s) für „ein klein wenig“: *das bisschen Arbeit* … Groß schreibt man **das Bisschen** für „ein kleiner Happen“.

Block

Heißt es nun **die Blocks** oder **die Blöcke?** Das ist kein Grund, sich zu streiten: Beide Formen für den Plural (Mehrzahl) sind korrekt. Je nach Zusammenhang wird, so verzeichnet es der Duden 9, aber die eine oder die andere Form bevorzugt.

- **Die Blocks** sagt man eher für einen Stoß Papier *(Schreibblocks, Notizblocks)*. Ebenso überwiegt bei Gebäudekomplexen die Form *die Häuserblocks,* und auch im Volleyball und Basketball werden *die Blocks* trainiert.
- Der Plural **die Blöcke** wird vor allem gebraucht, wenn man an „Brocken“ denkt – etwas Massives, Kantiges: *die Betonblöcke, die Zylinderblöcke*.
- Unentschieden steht es bei mehr oder weniger losen politischen/wirtschaftlichen Zusammenschlüssen: So kann man sowohl *die Staatenblöcke* als auch *die Staatenblocks* sagen und von progressiven *Blöcken* oder *Blocks* innerhalb einer Partei sprechen.

blutdürstig

Jemand, der **blutdürstig** ist, *dürstet* nach Blut – das ist das passende Verb (Tätigkeitswort) dazu. Die Schreibung *blut-durstig* ist also falsch.

bombardieren

Vergessen Sie bei diesem Verb (Tätigkeitswort) nicht das *r* – es heißt nicht *bombadieren,* sondern **bombardieren.** Das Wort geht auf die *Bombarde* zurück, ein vom 15. bis 17. Jahrhundert gebräuchliches Geschütz. Ebenso spricht man von *Bombardierung* und *Bombardement*.

Bonus

Der Plural (Mehrzahl) von **Bonus** besitzt zwei Formen: *die Boni* oder *die Bonusse*. *Boni* klingt etwas gewählter.

Bredouille

Der Begriff **Bredouille** für eine missliche, schwierige Situation stammt aus dem Französischen, was seine schwierige Schreibung erklärt. Veraltet ist das Wort nicht – wollte nicht noch Ende 2020 Huub Stevens seinem früheren Verein Schalke 04 selbstverständlich „aus der Bredouille" helfen?

Bruchzahlen → Zahlen.

brillant

Beim Wort **brillant** spielt vielen die englische Schreibweise einen Streich: Dort heißt es wirklich *brilliant*. Nehmen wir noch die Aussprache mit einem *j* hinter dem Doppel-*l*, so kann man schnell versucht sein, das Wort falsch zu schreiben. Das *brillant* geht aber auf das französische *briller* für „glänzen" zurück (da scheint die Verwandtschaft mit dem deutschen *brillieren* auf). Ebenso schreibt man *Brillant* für einen geschliffenen Diamanten und die *Brillanz*.

Büfett, Buffet

Neben **Büfett** ist auch **Buffet** korrekt.

Die Schreibung *Büfett* (Betonung auf dem *-fett*) ist nicht sehr beliebt. Die in der Schweiz und Österreich verbreitete Schreibweise *Buffet* dagegen (Betonung auf dem *-fe,* das *t* wird nicht mitgesprochen) klingt wesentlich eleganter, ganz zu schweigen davon, dass man bei „Das Büfett ist eröffnet" ganz sicher nicht an „fett" denken möchte. Der Rechtschreibrat musste das konstatieren und ließ *Buffet* neben *Büfett* als weitere Schreibweise zu.

canceln → Fremdwörter: Verben.

Champions League

Dieser UEFA-Wettbewerb hat nichts mit Pilzen zu tun und schreibt sich entsprechend nicht *Champignons League* (alles schon mal da gewesen …). Hier geht es um den englischen Begriff *Champion* in der Bedeutung „Meister/Meisterin in einer (sportlichen) Disziplin". Der Plural (Mehrzahl) lautet *Cham-*

pions. Auch ein Apostroph hat hier nichts zu suchen, also nicht: *Champion's League*.

C

Chaos

Bei **Chaos** gibt es keine Pluralform – auch in der Mehrzahl wird nur von *Chaos* gesprochen. Das gilt auch für die Verhältnisse in mehreren Kinderzimmern.

Charta

Die **Charta** in der Bedeutung „Verfassungsurkunde" und in heutiger Zeit auch „festgelegte Grundsätze" bildet den Plural (Mehrzahl) *die Chartas*.

Codex, Kodex

Zu **Codex** kann man zwei Formen für den Plural (Mehrzahl) bilden: *die Codexe* und *die Codices.* Schreibt man das Wort mit *K,* heißt es: der **Kodex** – *die Kodexe* und *die Kodizes.* Achten Sie dabei auf das *z* bei *Kodizes*.

damalig – ehemalig

Mit **damalig** ist gemeint: zu dem Zeitpunkt, von dem die Rede ist.

> Der **damalige** US-Präsident Donald Trump [zu der Zeit war er Präsident] kündigte das Atomabkommen mit dem Iran.

Ehemalig dagegen beschreibt einen Zustand, der inzwischen nicht mehr gegeben ist.

> Der **ehemalige** US-Präsident Donald Trump [zu der Zeit war er nicht mehr Präsident] lamentierte noch monatelang über eine angebliche Wahlfälschung.

dank

- Die → *Präposition* (Verhältniswort) **dank** bedeutet: „aufgrund von", „mithilfe".

  Sie wird immer kleingeschrieben und steht mit dem Genitiv (*Wes*-Fall) oder dem Dativ (*Wem*-Fall). Im Plural (Mehrzahl) nimmt man meist den Genitiv *(dank meiner Eingebungen),* aber wenn das Wort ohne Artikel steht, den Dativ *(dank Effizienzsteigerungen)*.

  Zur Bildung des Genitivs und des Dativs → *Fall*.

  Leitet die Wortgruppe mit *dank* den Satz ein, steht danach kein Komma.

  > **Dank ihrer akribischen Recherchen konnte** der Verbleib des Gemäldes geklärt werden.

- Das Substantiv (Hauptwort, Nomen) **Dank** wird großgeschrieben:

  > **Unser Dank** ist Ihnen gewiss.

  Bei *Dank sagen* und *danksagen* haben Sie die Wahl: Beides ist richtig. Aber nur: *Wir sagen Ihnen vielen Dank.*

daraufhin – darauf hin

Das → *Adverb* (Umstandswort) **daraufhin** hat die Bedeutungen „als Folge von etwas", „danach" und „unter einem bestimmten Aspekt".

> Er kam **daraufhin** zu der Schlussfolgerung, dass er seine Prämissen noch einmal überdenken musste.
> **Daraufhin** begab sie sich nach Hause.
> Sie überprüften die Texte **daraufhin,** ob keine missverständlichen Begriffe verwendet worden waren.

Dagegen ist das zweiteilige **darauf hin** eine Verbindung aus den Wörtern *darauf* und *hin.* Bei *darauf hin* liegt die Betonung auf beiden Wörtern.

> Er wies in seinem Text **darauf hin** [auf die Tatsache hin], dass die Prämissen falsch gewählt waren.
> Sie hat **darauf hingewiesen,** dass man das besser hätte formulieren können.

das – dass

Die beiden Wörter **das** und **dass** klingen gleich und bezeichnen doch etwas ganz anderes.

- Das Wort **das** ist einer der Artikel *(der, die, das).*

  > **Das** Thema ist furchtbar langweilig.

  Ebenso kann es sich bei *das* um ein Fürwort *(→ Pronomen)* handeln:

  Es kann ein **Relativpronomen** sein (Fürwort, das sich auf ein vorangegangenes Wort bezieht): *der, die,* **das,** *welcher, welche, welches.*

Das Essen, **das** ich bestellt hatte, kam sehr spät.

Ebenso kann es auch ein **Demonstrativpronomen** (hinweisendes Fürwort) sein: *der, die,* **das,** *dieser, diese, dieses, jener, jene, jenes, derselbe, dieselbe, dasselbe.*

Das [das Essen] hat mir gar nicht geschmeckt.

Das Wort *das* ist also offenbar sehr vielseitig.

- Das Wort **dass** ist eine sogenannte → *Konjunktion* (Bindewort). Sie findet sich besonders nach Ausdrücken wie *annehmen, glauben, hoffen, meinen, sagen, betonen, behaupten* und steht in der Regel am Anfang des Satzes: *Ich hoffe, dass …*

Wie findet man heraus, welches Wort gemeint ist?

Die **Faustregel** lautet:

Das Wort **das** lässt sich durch *dies(es)* oder *welches* ersetzen.

Ich habe mir **ein Thema** ausgesucht. **Das** ist aber nicht so interessant wie erwartet.
→ **Dieses** [Thema] ist aber …
Das Thema, das ich mir ausgesucht habe, hatte ich mir eigentlich leichter vorgestellt.
→ Das Thema, **welches …**

Dagegen lässt sich das Wort **dass** nicht durch *dies(es)* oder *welches* ersetzen.

Ich hoffe, **dass** ich bald mit meiner Arbeit fertig bin.

Hier stimmt das **dass**.

> Ich hoffe, **dieses/welches** ich bald mit meiner Arbeit fertig bin.

Das ergibt keinen Sinn.

Knifflig: *Dass* und *das* können auch zusammentreffen.

> Warum brüllen manche Chefs ständig rum? Es ist doch klar, **dass das** zu nichts führt.

Das **dass** ist nicht durch einen der oben genannten Begriffe ersetzbar. Dagegen kann man für das folgende **das** auch *dieses [dieses Verhalten]* sagen. *Dass* und *das* sind hier richtig.

Siehe auch → **Was du nicht willst, dass man dir tu …**

das gleiche – dasselbe

Das → *Pronomen* **dasselbe (dieselbe, derselbe)** schreibt man immer klein und zusammen: *dasselbe Auto*. Bei **gleich** gilt die Getrenntschreibung: *das gleiche Auto.*

Bei *gleich* gibt es aber auch die Form als Substantiv (Hauptwort, Nomen): *das Gleiche tun*. Ebenso heißt es: *Gleiches mit Gleichem vergelten.*

Beide Wörter, *der (die, das) gleiche* wie auch *derselbe (dieselbe, dasselbe)* zeigen eine Gleichheit an. Es gibt aber bei der **Art der Gleichheit** einen bedeutsamen Unterschied.

- Mit **der (die, das) gleiche** sagt man aus, dass etwas die gleiche Beschaffenheit hat – es geht um ein *Exemplar der gleichen Art.*

> Sie hat den **gleichen** Zeichenblock wie ich (ihrer sieht so aus wie meiner).

- Verwendet man **derselbe (dieselbe, dasselbe),** will man aussagen, dass es sich exakt um das handelt, von dem die Rede ist – genau *dasselbe Exemplar.*

> Sie benutzt **denselben** Zeichenblock wie ich (wir teilen ihn uns, jeder bekommt einige Blätter).

- Allerdings muss man bei dieser Unterscheidung nicht päpstlicher als der Papst sein. Im Allgemeinen wird aus dem Zusammenhang deutlich, was gemeint ist.

> Wenn Sie in einem Restaurant **dasselbe** Gericht wie jemand am Nachbartisch bestellen, nimmt der Kellner diesem Gast nicht sein Essen weg, um es Ihnen zu bringen. Hier wären *das gleiche* und *dasselbe* in Ordnung.

Sind aber **Missverständnisse** möglich, sollte man genauer unterscheiden.

> Ein Ehepaar fährt **das gleiche** Auto. Das bedeutet: Sie fährt mit ihrem eigenen Auto, er auch. Beide Autos sind gleich (Marke, Farbe usw.).
> Ein anderes Paar erzählt, dass sie **dasselbe** Auto fahren – die Frau fährt vormittags damit, der Mann nachmittags. Es handelt sich um ein identisches Exemplar, das Paar besitzt nur ein Auto.

- Bei **Lebewesen** ist es sinnvoll, immer von *derselbe (dieselbe, dasselbe)* zu sprechen, weil sie immer einzigartig sind.

> Das ist **derselbe** Hund, den ich gestern gestreichelt habe.

d. h. (das heißt)

Bei der Abkürzung **d. h.** stellt sich immer wieder die Frage, ob danach ein Komma steht. Die Antwort ist wieder: Es kommt darauf an – nämlich auf das, was nach dieser Abkürzung steht.

- Leitet *d. h.* einen ganzen Satz ein, wird dieser mit einem Komma abgetrennt. Ein vollständiger Satz hat immer ein Subjekt („wer") und ein sogenanntes Prädikat in Form eines Verbs (Tätigkeitsworts): *Die Kinder spielen.*

  Der Autor legt den Schwerpunkt der Arbeit auf den historischen Hintergrund, **d. h., er beschreibt überwiegend die Vorgänge im Spanien des 13. Jahrhunderts.**

- Es steht nach *d. h.* kein Komma, wenn kein vollständiger Satz, sondern nur ein Satzteil folgt.

  Der Autor legt den Schwerpunkt seiner Arbeit auf den historischen Hintergrund, **d. h. auf die Vorgänge im Spanien des 13. Jahrhunderts.**
  Der Abgabetermin, **d. h. die letzte Frist,** ist der 31. März.

dasselbe → das gleiche – dasselbe.

Datumsangaben

Bei Datumsangaben treten einige Unsicherheiten besonders häufig auf:

- Heißt es bei der Angabe eines Wochentags und eines Datums *den* oder *dem*? Hier müssen Sie nicht lange überlegen, sondern haben die freie Wahl, beides ist richtig:

> Die Veranstaltung findet statt am Freitag, **den** 13. Mai.
> Die Veranstaltung findet statt am Freitag, **dem** 13. Mai.

- Wird der Satz nach der Datumsangabe weitergeführt, können Sie in diesen Fällen ein Komma setzen, müssen das aber nicht.

> Am Freitag, den/dem 13. **Mai,** findet unsere Jubiläumsfeier statt.
> Am Freitag, den/dem 13. **Mai** findet unsere Jubiläumsfeier statt.

- Kommt nun noch die Uhrzeit hinzu, wird sie mit einem Komma vom vorangehenden Datum abgegrenzt. Jetzt stellt sich nur noch die Frage nach dem Komma hinter der Uhrzeit. Auch hier wieder Entwarnung: Sie können das Komma setzen oder es weglassen.

> Am Freitag, den/dem 13. Mai, um 12 **Uhr,** kam es zu einem folgenschweren Unfall.
> Am Freitag, den/dem 13. Mai, um 12 **Uhr** kam es zu einem folgenschweren Unfall.

dazu-

Die Verben (Tätigkeitswörter) **dazukommen, dazugewinnen** usw. schreibt man zusammen. Einen deutlichen Hinweis auf die Schreibweise gibt die Betonung: Sie liegt auf dem *dazu,* nicht auf dem folgenden Wortteil wie *kommen*.

Wenn noch mehr Fehler **dazukommen,** rückt eine gute Bewertung in weite Ferne.

Beide Wörter werden betont in Fällen wie

„Wie konnte es nur **dazu kommen?"**

Demonstrativpronomen → Pronomen.

Denkmal

Der Plural (Mehrzahl) von **Denkmal** lautet *die Denkmäler* oder (seltener) *die Denkmale*.

deren – derer

Die Wörter **deren** und **derer** (sie gehören zu verschiedenen Wortarten, die ich hier nicht einzeln ausführen werde – das würde kompliziert) bringen manchmal Unsicherheiten bei der richtigen Verwendung mit sich.

- Das **derer** wird dann verwendet, wenn es für etwas steht, was noch nicht erwähnt wurde. Es ist also kein Begleiter eines Substantivs (Hauptworts, Nomens), sondern eigenständig.

  Die Zahl **derer,** die keinen Ausbildungsplatz erhalten haben, ist besorgniserregend hoch.

- Dagegen steht **deren** dann, wenn es einen Bezug zu einem vorher erwähnten Begriff gibt, es also rückverweisend gebraucht wird. Meist ist *deren* dann der Begleiter für ein Substantiv:

> Die Bundesagentur für Arbeit beobachtet besonders die Gruppe der Personen ohne Ausbildungsplatz, **deren** Zahl [= die Zahl dieser genannten Personen] besorgniserregend hoch ist.

Das *deren* wird auch gern genommen, um eine unnötige Wiederholung zu vermeiden.

> Die Sturmflut und **deren** Folgen [für: die Folgen der Sturmflut] sollten die Region noch lange beschäftigen.

Das Wort *deren* steht meist vor einem Substantiv (Hauptwort, Nomen), mit oder ohne Adjektiv (Eigenschaftswort). Es übt aber keinen Einfluss auf dessen Form aus. Wenn Sie unsicher sind, lassen Sie das *deren* probeweise einfach weg.

> Die Presse berichtete über diese Abgeordneten und **deren zahlreiche Nebentätigkeiten.** (Akkusativ: über **wen**).
> Die Presse ging mit diesen Abgeordneten und **deren zahlreichen Nebentätigkeiten** hart ins Gericht. (Dativ: mit **wem**).

- Beide Wörter, **derer** und **deren,** können verwendet werden, wenn es sich um eine Rückverweisung handelt und das *deren/derer* nicht vor einem dazugehörigen Substantiv steht.

> Die Sturmflut, infolge **deren/derer** die Dämme brachen, war eine der schwersten seit Menschengedenken.

- Das Wort **derem** ist eine in unzulässiger Weise gebildete Form: Das Wort gibt es nicht.

derzeit, derzeitig

Das Wort **derzeit** („gegenwärtig") ist ein unveränderliches → *Adverb*.

D

> Die Lage sieht **derzeit** nicht gerade rosig aus.

Als veränderbares (deklinierbares) Adjektiv (Eigenschaftswort) nimmt man **derzeitig.**

> Die **derzeitige** Lage sieht nicht gerade rosig aus.

des Öfteren

Seit der Rechtschreibreform gilt hier nur die Großschreibung: **des Öfteren.**

des Weiteren → bis auf Weiteres, bis auf weiteres.

Deutsch

Die folgenden Erläuterungen für *Deutsch/deutsch* gelten sinngemäß auch für andere Sprachen.

- Den Begriff **Deutsch** schreibt man immer groß, wenn *die Sprache Deutsch* gemeint ist. Das gilt auch für das Schulfach.

  > Sprechen Sie **Deutsch?** Ich habe eine Zwei in **Deutsch. „Du verstehst wohl kein Deutsch?"** („Du willst wohl einfach nicht auf das hören, was ich dir sage.")

Das Gleiche gilt, wenn ein *auf, in* oder *zu* dazukommt.

Etwas ist **auf Deutsch (in Deutsch)** verfasst. Was könnte das wohl **zu Deutsch** heißen?

Groß schreibt man auch bei **Eigennamen.**

die **Deutsche Bahn AG,** der **Deutsche Schäferhund,** der **Tag der Deutschen Einheit,** der **Deutsche Bundestag**

Bei Institutionen ist die Schreibweise uneinheitlich – manchmal groß, manchmal klein. Schauen Sie im Zweifelsfall auf der Homepage nach, wie diese sich schreiben.

- Klein schreibt man **deutsch,** wenn es als normales Adjektiv (Eigenschaftswort) gebraucht wird.

die **deutsche** Sprache, die **deutsche** Einheit, die **deutsche** Küche

In Verbindung mit Verben (Tätigkeitswörtern) wird *deutsch* ebenfalls kleingeschrieben, wenn man das Wort mit „wie" erfragen kann.

sich **deutsch** unterhalten, etwas ist **deutsch** (geläufiger: *auf Deutsch*) geschrieben, **mit jemandem deutsch reden** („jemandem mal ordentlich die Meinung sagen")

Dezimalgliederung → **Punkt.**

dieser, diese, dieses – jener, jene, jenes

Bei **dieser, diese, dieses** handelt es sich wie bei **jener, jene, jenes** um sogenannte → *Pronomen*, genauer: um Demonstrativpronomen (hinweisende Fürwörter). Wie alle Pronomen werden sie kleingeschrieben.

Dieser, diese, dieses können nicht allein nach einem Genitiv (*Wes*-Fall) stehen. Dann ist ein ergänzender Begriff notwendig.

> Die Tragweite **dieses** überraschte alle. → Die Tragweite **dieses Vorfalls** überraschte alle.

Dieser, diese, dieses und *jener, jene, jenes* haben aber noch eine Besonderheit: Geht es um mehrere Lebewesen oder Dinge, kann man den Bezug mit *dieser (diese, dieses)* und *jener (jene, jenes)* deutlich machen. Das Wort *dieser* bezieht sich dabei auf dasjenige, was zuletzt genannt wurde, *jener* entsprechend auf das, was an erster Stelle angeführt wurde.

> Die Themen Strafzölle und Klimawandel standen auf der Tagesordnung. **Dieses** (das Thema Klimawandel) erforderte viel Zeit, während **jenes** (das Thema Strafzölle) nicht so intensiv diskutiert wurde.

S. dazu auch → *Ersterer, Ersteres, Ersteres – Letzterer, Letztere, Letzteres*, → *Jahr*.

Dilettant/Dilettantin

Der Begriff **Dilettant/Dilettantin** geht auf das lateinische *delectare* und das spätere italienische *dilettare* zurück – das erklärt die Schreibweise mit nur einem *l* (also nicht *Dilletant*).

Die ursprünglich positive Bedeutung des Wortes, „etwas aus Liebhaberei betreiben", ist gewichen, insbesondere das

Adjektiv (Eigenschaftswort) *dilettantisch* wird nun im Sinne von „stümperhaft" gebraucht.

distanziert – dispensiert

Jemand, der sich **distanziert** verhält, ist zurückhaltend.

> Ein zu **distanziertes** Verhalten kann schnell als Arroganz ausgelegt werden.

Das Wort **dispensiert** dagegen bedeutet „von etwas befreit sein", vor allem in Bezug auf Vorschriften oder Verbote. Das Substantiv (Hauptwort, Nomen) dazu ist *der* oder (im Kirchenrecht) *die Dispens*.

> Der Papst kann mittels einer **Dispens** eine Heiligsprechung einer Person auch ohne anerkanntes Wunder zulassen.

Dos and Don'ts

Die sicherlich gewöhnungsbedürftige Schreibung für Dinge, die man tun bzw. lassen soll, liegt daran, dass sie direkt aus dem Englischen übernommen wurde.

downloaden → Fremdwörter: Verben.

Dres.

Der Begriff **Dres.** (mit Punkt am Ende), wie er auf Praxisschildern zu finden ist, ist keine Bezeichnung für eine besondere

Qualifikation, sondern einfach die Abkürzung für den Plural (Mehrzahl) *doctores,* von lateinisch *doctor*.

Dres. M. Müller und T. Schulze bedeutet also: *die Doktoren M. Müller und T. Schulze*.

dritte, dritter, drittes → Zahlen.

drohen

Das Verb (Tätigkeitswort) **drohen** bekommt je nach der Kommasetzung eine andere Bedeutung.

> **Der Vorsitzende drohte,** Abweichler in der Partei zu bekämpfen.

Er drohte damit, Abweichler zu bekämpfen.

> **Der Klimawandel droht** ganze Landstriche zu entvölkern.

Der Klimawandel stößt keine Drohungen aus. Es besteht vielmehr die Gefahr, dass das passiert.

du – Du

Die → *Pronomen du, ihr, dein* usw. werden grundsätzlich kleingeschrieben. Das Gleiche gilt jeweils für *ihr – euch* als Anrede in der Mehrzahl.

Eine Wahl haben Sie nur bei Briefen, E-Mails oder SMS: Hier können Sie *du* oder – wie früher – *Du* bzw. *Euch* schreiben. Das wirkt aber zusehends antiquiert.

In der normalen gesprochenen Sprache schreibt man das *du* immer klein.

Gandalf ermahnt Frodo: „Viele, die leben, verdienen den Tod, und manche, die sterben, verdienen das Leben. Kannst **du** es ihnen geben?"

Auch für Fragebogen – dazu gehören auch schriftliche Prüfungsfragen – gilt diese Wahlmöglichkeit nicht; hier schreibt man das *du, dein* usw. ebenfalls klein, wenn man die angesprochenen Personen – z. B. Jugendliche – duzen möchte. Die distanziertere Variante ist die Anrede mit *Sie*.

Gib auf einer Skala von eins bis zehn an, ob **du** [nicht: Du] den folgenden Aussagen zustimmst.
Geben **Sie** auf einer Skala von eins bis zehn an, ob **Sie** den folgenden Aussagen zustimmen.

Bei den folgenden Redewendungen hat das *du* den Charakter eines Substantivs (Hauptworts, Nomens) angenommen (→ *Substantivierung*) und wird großgeschrieben:

mit jemandem **auf Du und Du stehen**
jemandem **das Du anbieten,** jemanden **mit Du anreden** (duzen)

ein, einer, eines

Das Wort **ein** ist sehr vielseitig: Es kann als Artikel und ebenso als Zahlwort fungieren: *ein Buch*.

Es kann zudem für Personen stehen, die man nicht näher bezeichnen will. Hier handelt es sich um ein sogenanntes Indefinitpronomen, das etwas Unbestimmtes angibt (*indefinit* = „unbestimmt"). → *Pronomen* schreibt man bis auf wenige Ausnahmen klein.

Von diesem Geschwätz kann **einem** wirklich schlecht werden.

Es ist in dieser Funktion vergleichbar mit dem *man* und kann auch mit diesem kombiniert werden, um Wiederholungen zu vermeiden.

> **Man** kann nicht alles wissen, aber manches sollte **einem** doch erklärt werden.

Bei der Groß- oder Kleinschreibung gibt es eine Ausnahme: Gott wird auch als *der Eine* bezeichnet.

einbläuen

Das Wort **einbläuen** steht für „jemandem etwas mit ständiger Wiederholung beibringen". Die Schreibung **einbleuen** ist nicht mehr gültig.

einerseits … andererseits

Bei den Adverbien (→ *Adverb*) **einerseits** … **andererseits** steht zur Abtrennung der beiden Begriffe immer ein Komma; hier spielt es keine Rolle, ob damit Satzteile oder selbstständige Sätze verbunden werden. Dabei muss *andererseits* nicht unbedingt am Anfang des Satzes stehen.

Oft tritt zur Verdeutlichung des Gegensatzes noch ein *aber* hinzu.

> Man fordert **einerseits** Verlässlichkeit, **andererseits** Flexibilität.
> **Einerseits** ist der Aufwand natürlich hoch, aber **andererseits** ist das Ziel ausgesprochen reizvoll.

→ *Komma*.

Einfaltspinsel

Sie wollen eine unfähige Person Ihrer Wahl mit einem ausgefallenen, nicht mehr so geläufigen Wort kritisieren? Dann sollten Sie es richtig tun. Das Wort **Einfaltspinsel** hat nichts mit *einfallen* zu tun. Denken Sie eher daran, dass jemand *einfältig* (nicht besonders schlau) ist, dann kommen Sie der Sache näher.

Mit *Pinsel* beschrieb man ursprünglich einen niederträchtigen, später dann einen dummen Menschen. Das zusammengesetzte Wort *Einfaltspinsel* ist also letztlich eine doppelte Bezeichnung für eine Person von eher schlichtem Gemüt.

einige, einiges

Die Wörter **einige** (in der Bedeutung „ein paar“) und **einiges** („etwas“, „ein wenig“) zählen zu den → *Pronomen,* die immer kleingeschrieben werden, auch dann, wenn sie Personen bezeichnen.

> Wir hoffen, dass **einige** unter Ihnen **einiges** von der Expedition berichten können.

einschließlich

Die → *Präposition* (Verhältniswort) **einschließlich** steht mit dem Genitiv (*Wes*-Fall): *einschließlich der Planung, einschließlich aller Ausgaben*.

Steht das auf *einschließlich* folgende Wort im Singular (Einzahl) allein – ohne Artikel oder Ähnliches –, wird es gar nicht verändert, steht also im Nominativ (*Wer*-Fall): *einschließlich Mehrwertsteuer,* auch: *bis einschließlich Mittwoch.* Steht ein solches Wort im Plural (Mehrzahl), folgt der Dativ (*Wem*-Fall): *einschließlich Büchern*.

Zur Bildung des Genitivs → *Fall*.

Leitet die Wortgruppe mit *einschließlich* den Satz ein, steht danach kein Komma.

> **Einschließlich aller Habseligkeiten gelang** ihnen die Flucht.

einzige, einziges

Die Formen **einzigster**, **einzigste**, **einzigstes** sind falsch. Das Wort *einzig* kann nicht gesteigert werden.

Eine Ausnahme ist nur der dichterische Gebrauch: *O du meine einzigste Geliebte!* Ansonsten ist die Form *einzigste* tabu.

- Steht das Wort vor einem Substantiv (Hauptwort, Nomen), schreibt man es klein.

  > Die Banane gilt als das **einzige** krumme Ding, welches legal ist.

- Wird das Wort als Substantiv gebraucht (zu erkennen u. a. am Artikel), wird es großgeschrieben: *der, die, das Einzige*.

  > „Schulden sind das **Einzige,** was man ohne Geld machen kann." Karl Pisa

eislaufen

Das Wort **eislaufen** schreibt man zusammen. Als Substantiv (Hauptwort, Nomen) wird es großgeschrieben: *beim Eislaufen* (→ *Substantivierung*).

→ *Verb*.

Ekstase

Die **Ekstase,** die übermäßige Begeisterung, ist ein schwieriges Wort – das liegt an der ungewöhnlichen Buchstabenkombination *kst*.

Wie so oft bei solchen Begriffen geht die Schreibung auf fremde Herkunftssprachen zurück, hier auf das Griechische und das mittelalterliche lateinische *ecstasis,* die (religiöse) Verzückung. Das dazugehörige Adjektiv (Eigenschaftswort) lautet *ekstatisch*. Die synthetische Droge schreibt sich ähnlich, nämlich *Ecstasy*.

Elternteil

Es heißt **der Elternteil.**

E-Mail – Email

- *Die* (oder *das*) **E-Mail** als Bezeichnung für elektronische Post (das *e* steht für *electronic*) wird *E-Mail* geschrieben, nicht *email* oder *eMail*. Einzelne Buchstaben verbindet man mit einem Bindestrich zu einem neuen Substantiv (Hauptwort, Nomen). Sie schreiben ja auch nicht *dzug,* sondern *D-Zug*. Das Gleiche passiert mit weiteren Verbindungen: *E-Mail-Adresse.*

  Entsprechend schreibt man auch *E-Bike* (nicht *eBike*), *E-Scooter* (nicht *eScooter*) und *E-Commerce* (nicht *eCommerce*).

  → *Substantiv*.
- *Das* **Email** (auch: *die Emaille*) ist ein Material, mit dem Metalloberflächen überzogen werden, um sie vor Temperaturschwankungen, Rost und Beschädigungen zu schützen: eine *Email-Kanne* oder *Emaillekanne*. Aber nur *emaillieren*: ein *emaillierter* Topf.

Embryo

Der Begriff **Embryo** (*der Embryo,* im Österreichischen auch *das Embryo)* besitzt zwei Formen für den Plural (Mehrzahl): *die Embryos* und *die Embryonen*. Beides ist richtig.

emigrieren – immigrieren

Unter **emigrieren** versteht man „auswandern“, die Auswanderer heißen *Emigrant/Emigrantin*.

> Im Dritten Reich suchten viele **Emigranten** mit ihren Familien Zuflucht in den USA.

Dagegen heißt **immigrieren** das Gegenteil, nämlich „einwandern“.

> Das kanadische Konzept für **Immigranten** und **Immigrantinnen** gilt vielfach als Vorbild.

Emission

Die Schreibung des Wortes **Emission** (insbesondere in der Bedeutung „Ausgabe von Wertpapieren“ und „Freisetzung schädlicher Stoffe“) geht zurück auf das lateinische *emissio* („Aussendung“) und dieses wiederum auf *emittere* („aussenden“), wobei das *e-* für ein *ex* („aus“) steht. Dieses verschwundene *x* ist also verantwortlich für die heutige Schreibung. Der Gegensatz ist die → *Immission*.

empathisch – emphatisch

Die beiden Adjektive (Eigenschaftswörter) **empathisch** und **emphatisch** werden, da sie sich sehr ähneln, häufig verwechselt. Der Unterschied ist aber trotzdem da und gar nicht mal so klein.

Mit dem Wort **empathisch** wird die Fähigkeit beschrieben, sich in andere Menschen einzufühlen, etwa Mitleid zu empfinden. Das dazugehörige Wort ist die *Empathie,* im Plural (Mehrzahl) *Empathien*.

> Wer einem depressiven Menschen entgegenhält: „Reiß dich einfach mal zusammen", ist alles andere als **empathisch.**

Dagegen hat **emphatisch** die Bedeutung „mit Nachdruck", „eindringlich", „inbrünstig". Das dazugehörige Substantiv (Hauptwort, Nomen) ist die *Emphase,* im Plural *Emphasen.*

> Sehr **emphatisch,** mit weit ausladenden Gesten, beschrieb der Mann seine Erfahrungen mit Aliens. Allerdings hörte ihm niemand zu.

end- oder ent-

Die Entscheidung, ob man etwas mit **end-** oder mit **ent-** schreibt, lässt sich leicht anhand der Betonung treffen.

- Hat das Wort etwas mit *Ende* zu tun und wird entsprechend mit *d* geschrieben, wird das **end-** betont: **end***gültig, un***end***lich, be***end***en,* **End***lager.*
- Die Vorsilbe **ent-** bezeichnet eine Abgrenzung. Bei Wörtern, die diese Bedeutung mitbringen, wird das **ent-** nicht betont: *ent***schuldigen,** *ent***kommen,** *ent***mutigen.**

entgegen

Die → *Präposition* (Verhältniswort) **entgegen** steht in der Regel vor dem Substantiv (Hauptwort, Nomen): Es folgt der Dativ (*Wem*-Fall): *entgegen ihrem Verbot, entgegen ihren Wünschen*.

Zur Bildung des Dativs → *Fall*.

Leitet die Wortgruppe mit *entgegen* den Satz ein, steht danach kein Komma.

> **Entgegen den Befürchtungen konnte** doch noch ein Abschlussdokument erstellt werden.

Entgelt

Der Begriff **Entgelt** – „Bezahlung", „Gegenleistung für eine geleistete Arbeit" – wird häufig mit dem Wort *Geld* in Verbindung gebracht und entsprechend falsch geschrieben. So ganz abwegig ist das nicht: Beim *Entgelt* handelt es sich vielfach um Geld. Abgeleitet ist der Begriff jedoch vom Verb (Tätigkeitswort) *entgelten* („Ersatz leisten", „entschädigen"). Hier sieht man auch das *t,* mit dem man *Entgelt* schreiben muss. Entsprechend heißt es auch: *unentgeltlich* („ohne Bezahlung").

entsprechend

Die → *Präposition* (Verhältniswort) **entsprechend** steht mit dem Dativ (*Wem*-Fall): *entsprechend dem Plan, entsprechend den in der Datenschutzerklärung genannten Bestimmungen.* Das gilt auch, wenn *entsprechend* nachgestellt ist: *den Vorgaben entsprechend.*

Zur Bildung des Dativs → *Fall*.

Leitet die Wortgruppe mit *entsprechend* den Satz ein, steht danach kein Komma.

Entsprechend dem Motto hatten sich alle kostümiert.

entweder … oder

Bei einem Satz mit **entweder … oder** ist gemeint, dass sich die beiden genannten Teile ausschließen, also nur einer zutreffen kann. Dann setzt man das Verb (Tätigkeitswort) in den Singular (Einzahl).

Entweder die derzeitige Titelträgerin oder ihre Herausforderin wird das Finale für sich entscheiden. (Es kann nur eine gewinnen.)

Die Form des Verbs richtet sich dabei nach dem Wort, das am nächsten am Verb steht.

Entweder du oder ich werde gewinnen.

Eremit/Eremitin – Emeritus/Emerita

Diese Wörter sehen auf den ersten Blick ähnlich aus. Schaut man genauer hin, sieht man den Unterschied: *Eremi-* gegenüber *Emeri-*.

Der Begriff **Eremit** bezeichnet einen heutzutage eher selten anzutreffenden Einsiedler. Das weibliche Pendant dazu ist die **Eremitin.** Man kann natürlich auch mehr oder weniger scherzhaft eine sehr zurückgezogen lebende Person so nennen.

Der **Eremit** saß in seiner Höhle und dachte über die Welt nach.

Ein Emeritus / eine Emerita dagegen ist eine vor allem im wissenschaftlichen Bereich früher tätige Person, die inzwischen in den Ruhestand getreten ist. Die dazugehörigen Wörter lauten *emeritieren* (in den Ruhestand versetzen) und *Emeritierung*.

Der **Emeritus** war gern geneigt, seinen Nachfolgern mit Rat und Tat zur Seite zu stehen.

Ergänzungsstrich

Der **Ergänzungsstrich** wird eingesetzt, um unschöne Wiederholungen zu vermeiden: In Fällen wie *messbare und bewertbare Kriterien* stört das doppelte *-bare*.

mess**bare** und bewert**bare** Kriterien → mess- und bewert**bare** Kriterien
Metall**verarbeitung** und Kunststoff**verarbeitung** → Metall- und Kunststoff**verarbeitung**
Landes**ebene** oder kommunale **Ebene** → Landes- oder kommunale **Ebene**

Fallen mehrere Wortteile weg, steht jeweils ein Ergänzungsstrich:

Waren**eingang** und **Waren**ausgang → *Waren***ein**- *und* -**aus***gang*

Fällt ein ganzes Wort weg, steht kein Ergänzungsstrich als Ersatz.

öffentliche **Mittel** und Privat**mittel** → öffentliche und **Privatmittel**

Wichtig zu wissen: Dieser kurze Strich, eine Form des Bindestrichs, ist kein → *Gedankenstrich*.

Ersterer, Erstere, Ersteres – Letzterer, Letztere, Letzteres

Die Ausdrücke **Ersterer** und **Letzterer** kann man gut verwenden, wenn man den Bezug zwischen zwei genannten Lebewesen oder Dingen deutlich machen will. *Ersterer* gibt logischerweise das an, was zuerst genannt wurde, *Letzterer* das an zweiter Stelle. Seit der Rechtschreibreform werden diese Wörter (als → *Substantivierung*) großgeschrieben, wenn sie allein stehen.

Sie hatte die Möglichkeit, sich im Umweltschutz oder im Tierschutz zu engagieren. Sie entschied sich für **Letzteres,** weil sie das örtliche Tierheim gut kannte.

Aber Kleinschreibung, wenn das Wort nicht allein steht:

Die **letztere Möglichkeit** war ihr die liebste.

Erstes → Zahlen.

ethisch – ethnisch

Der philosophische Begriff **ethisch** betrifft die Ethik, die Lehre vom (moralisch richtigen) Handeln der Menschen in verschiedenen Lebenssituationen.

Immer wieder wird gefragt, ob es **ethisch** vertretbar sei, seinen Urlaub in diktatorisch geprägten Ländern zu verbringen.

Dagegen ist **ethnisch** das Adjektiv (Eigenschaftswort) zur *Ethnie,* einer Menschengruppe, die sich als kulturell zusammengehörend wahrnimmt.

Manche Konflikte aus **ethnischen** Gründen gehen auf die zur Kolonialzeit willkürlich gezogenen Landesgrenzen zurück.

E

etwas

Das Wort **etwas** wird normalerweise kleingeschrieben. Das Wort zählt zu den sogenannten *Indefinitpronomen*, die etwas Unbestimmtes angeben (*indefinit* = „unbestimmt"). → *Pronomen* werden bis auf wenige Ausnahmen grundsätzlich kleingeschrieben.

Das Kind wünscht sich **etwas** zum Spielen.

In besonderen Fällen wird **etwas** zum Substantiv (Hauptwort, Nomen). Es handelt sich dann um eine sogenannte → *Substantivierung*.

Sie hat **das gewisse Etwas** (wirkt anziehend).

Exitus

Beim Wort **Exitus** (in der Medizin der Tod, von wörtlich „Herausgehen", „Ausgang" – siehe im Englischen *Exit* für *Ausgang*) gibt es keinen Plural (Mehrzahl).

Der Exitus der zahlreichen Kranken machte alle fassungslos.

extra

Das Wort **extra** wird, da es sich um ein → *Adverb* handelt, nie verändert und auch nicht mit anderen Wörtern zusammengeschrieben: *ein extra aufwändiges Event, ich bin extra wegen dir gekommen*. Es wird auch schon mal einem Substantiv (Hauptwort, Nomen) vorangestellt – *ein extra Trinkgeld* –, aber das ist umgangssprachlich.

f oder ph: Schreibweise

Die Begriffe mit **-phon, -phot** und **-graph** stammen aus dem Griechischen.

Manche, besonders solche aus der Alltagssprache, sind hinsichtlich ihrer Schreibung eingedeutscht worden: *Telefon* statt *Telephon, Fotografie* statt *Photographie, Grafik* statt *Graphik*. Die Schreibung mit *ph* findet man dagegen eher bei fachsprachlichen Begriffen, so bei der *Photovoltaik*.

Bei verschiedenen Begriffen sind beide Schreibweisen gebräuchlich, etwa beim *Megaphon/Megafon, Saxophon/Saxofon*. Was Sie darüber hinaus beachten sollten:

- Manche Begriffe schreiben sich nur mit *ph:* so die *Physik,* die *Philosophie,* die *Strophe* oder die *Katastrophe*. (Dass Otto seinen Film eigentlich falsch „Der Katastrofenfilm" nannte, passte aber – ein schräger Titel zu einem schrägen Film.)
- Wenn Sie die Wahl haben, versuchen Sie es mit Fingerspitzengefühl: Bei Porträts aus dem 19. Jahrhundert wird man eher von *Photographien* sprechen, bei den Selfies auf dem Smartphone dagegen von *Fotos*.
- Vermischen Sie aber niemals beide Formen: *Photografie* geht gar nicht!

Fall

Hier geht es nicht um das Hinfallen, sondern um den grammatikalischen Fall (Fachwort: *Kasus*), von denen das Deutsche vier besitzt. Die Substantive (Hauptwörter, Nomen) werden je nach Fall verändert (dekliniert), und auch die Artikel ändern sich.

- **Nominativ (Wer-Fall):** Nach ihm fragt man mit „wer" oder „was" – *der Hund.*
- **Genitiv (Wes-Fall):** Nach ihm fragt man mit „wessen" – *des Hundes.*
- **Dativ (Wem-Fall):** Nach ihm fragt man mit „wem"– *dem Hund.*
- **Akkusativ (Wen-Fall):** Nach ihm fragt man mit „wen" oder „was"– *den Hund.*

Tipp: Wie aber kommt man nun auf die richtige Form für den jeweiligen Fall? Besonders der Genitiv und der Dativ bereiten oftmals Probleme. Man könnte jeweils in einer entsprechenden Tabelle nachsehen – dort würde man z. B. für den Genitiv von *Untersuchungen* die Form *der Untersuchungen* finden.

Einfacher ist es so: Sie nehmen ein Wort, das Sie als Muttersprachler automatisch auf die richtige Deklinationsform führt, und setzen es vor das Wort, dessen Form Sie suchen. (Bei Leuten, die Deutsch nicht als Erstsprache haben, funktioniert dieser Trick leider nicht.) Dass der Inhalt des Satzes dann oft sinnfrei ist, stört nicht – es geht hier nur um die richtige Form, die korrekte Deklination.

Sie könnten zum Beispiel die Wörter *Umfang* (danach folgt der Genitiv: *wessen* Umfang) und *zustimmen* wählen (danach folgt der Dativ: *jemandem zustimmen).* Beispiele:

Die Form des Genitivs suchen: Sie wissen, dass nach *wegen* der Genitiv steht. Sie suchen nun die richtige Genitivform von *Untersuchung*. Mit dem in Gedanken eingesetzten

Begriff *Umfang* ergibt sich die gesuchte Form *[Umfang] der Untersuchung / der Untersuchungen*.

> **Wegen der Untersuchungen,** die länger dauerten als geplant, verzögerte sich der Bericht.

Die Form des Dativs suchen: Vor dem Wort *zufolge* steht der Dativ. Gesucht wird nun die richtige Dativform von *Untersuchung*. Mit *zustimmen* ergibt sich die Form *der Untersuchung / den Untersuchungen [zustimmen].*

> **Den Untersuchungen zufolge** waren keine Versäumnisse festzustellen.

FAQ

Es lohnt sich nicht, sich mit anderen Leuten über den Plural (Mehrzahl) von **FAQ** zu streiten. Der Begriff stammt vom englischen *frequently asked questions* („häufig gestellte Fragen") und ist damit schon ein Plural – also *die FAQ*. Daneben wird er aber auch im Sinn von „Ansammlung häufig gestellter Fragen" verstanden, also als Singular (Einzahl). Entsprechend kann man sagen:

> **Die FAQ ist/sind** unvollständig.

Spricht man von mehreren *FAQs,* etwa auf verschiedenen Websites, ist es sinnvoll, ein Plural-*s* anzuhängen.

> Die **FAQs** der Landesbehörden waren wenig hilfreich.

Farben

Das rote Auto – die resedafarbene Bluse

Ein *blaues* Kleid oder ein *rotes* Auto: Das bereitet keine Probleme. Schwieriger wird es bei einigen anderen Farbbezeichnungen, die zumeist aus anderen Sprachen stammen.

- Etliche Farbbezeichnungen werden einfach unverändert vor das Wort gesetzt: eine *beige (bleu, creme, lila, mauve, pink, rosa)* Bluse.
- Sagen Sie nicht *eine rosane* oder *pinke Bluse*. Das gilt als umgangssprachlich.

Bei allen Farbbezeichnungen können Sie auf *-farben* oder *-farbig* ausweichen, falls Sie unsicher sind: *eine resedafarbene Bluse*. Damit sind Sie immer auf der sicheren Seite.

> Der englische Snookerspieler Ronnie O'Sullivan fiel während eines Turniers mit seinen **pinkfarbenen** Fingernägeln auf. Er wollte damit auf eine Kampagne für den Kampf gegen Brustkrebs aufmerksam machen.

Die blaurote Nase – der blau-gelb-rote Tartan

- Werden Bezeichnungen aus mehreren Farben zusammengeschrieben, bedeutet es, dass eine neue Farbe, eine Mischfarbe, gemeint ist.

> Der frierende Mann an der Bushaltestelle hatte eine **blaurote** Nase.

Er hatte keine blau-rot gestreifte, gefleckte oder geringelte Nase. Die Nase war vielmehr rot mit einem bläulichen Farbton.

- Wenn mehrere Farben nebeneinanderstehen, also noch als einzelne Farben erkennbar sind, führt man sie entsprechend auch einzeln auf und verbindet sie mit Bindestrichen zu einem Wort.

> **Blau-gelb-rot** ist eine Farbkombination bei schottischen Kilts.

Zu *das helle Blau* → *Substantivierung*.

Fauxpas

Der Begriff **Fauxpas** – „Fettnäpfchen" – lautet und schreibt sich im Singular (Einzahl) wie im Plural (Mehrzahl) gleich: *der Fauxpas – die Fauxpas*. Der Grund dafür liegt in der französischen Herkunft: *Fauxpas* bedeutet „falscher Schritt". *Pas* wiederum bedeutet „der Schritt" und zugleich „die Schritte".

Fiber – Fieber

Der Begriff **Fiber,** ursprünglich für Fasern von Muskeln und Pflanzen benutzt, wird für bestimmte Materialien verwendet, insbesondere im Zusammenhang mit glasfaserverstärkten Stoffen. Die Schreibung leitet sich aus dem lateinischen *fibra* für „Faser" ab.

> Das sehr leichte **Fiberglas** ist heute auch als Taktstock für Dirigenten beliebt.

Das **Fieber** bezeichnet eine erhöhte Körpertemperatur. Daneben gibt es auch die Bedeutung als Erregung, besonderen Eifer. So kann man einer lang ersehnten Urlaubsreise *entgegenfiebern*.

Beim Menschen wird eine Körpertemperatur von über 38 °C als **Fieber** bezeichnet.
Wie im **Fieber** arbeitete sie daran, ihren Roman fertigzustellen. Sie wollte nicht riskieren, vom Verlag mit Erinnerungsmails bombardiert zu werden.

fiel – viel

Das Wort **fiel** ist eine Vergangenheitsform des Wortes *fallen – er, sie, es fiel.*

Sie **fiel** die Treppe hinunter, verletzte sich aber nicht schwer.

Viel bedeutet: *eine große Menge*.

Da hast du aber **viel** investiert.

→ *viel, vieles, vieles.*

Firmennamen

- Firmennamen werden in der Regel ganz normal wie Eigennamen behandelt. Ein nachgestellter Zusatz wie *AG, GmbH, KG & Co.* oder *GbR* ändert daran nichts.

  an **das Grafikbüro Meyer** GbR, das Schreiben **der Vereinigten Braunkohlenwerke** AG

- Wird der Zusatz aber in den Namen eingebunden, ist er entscheidend. Das trifft besonders häufig bei *GmbH* zu:

  die Bilanz **der Bauentwicklungsgesellschaft mbH**

- Bei Firmennamen, die aus mehreren Personennamen bestehen, etwa *Meyer und Müller,* ist, so Duden 9, bei einem nachfolgenden Verb (Tätigkeitswort) sowohl der Singular (Einzahl) als auch der Plural (Mehrzahl) möglich. Die Dudenredaktion begründet das hier so: Beim Singular wird in Gedanken *das Unternehmen [Meyer und Müller]* hinzugesetzt, beim Plural ein Zusatz wie *die Geschäftsleute [Meyer und Müller].*

Meyer und Müller bewertet (bewerten) die Geschäftslage als positiv.

Fitness

Die Schreibung des Wortes **Fitness** geht auf das englische *fit* zurück. Ein Doppel-*t* findet sich zwar im *Fitting,* einem Begriff aus dem Handwerk, der ein passendes Verbindungsstück bezeichnet. Aber auch wenn man im Umgang mit diesen Werkstücken *fit* sein sollte, passt es doch hier nicht und kann nicht als Beleg für eine Schreibung mit Doppel-*t* herangezogen werden.

Falls Sie sich auch noch fragen, wie man das dazu passende Studio schreibt: Es ist das *Fitnessstudio,* ganz einfach mit drei *s*.

föhnen

In der alten Rechtschreibung musste man unterscheiden zwischen dem Fallwind *(Föhn)* und dem Haartrockner (*Fön,* ursprünglich eine Markenbezeichnung). Das gilt nicht mehr. Man schreibt für beide Bedeutungen nur noch **Föhn** und **föhnen.**

Fokus

Der **Fokus** – die besondere Aufmerksamkeit, die auf etwas gelegt wird (nicht zu verwechseln mit der Zeitschrift *Focus*) – bildet den Plural (Mehrzahl) *die Fokusse*.

formal – formell

Das Wort **formal** wird oft in der Bedeutung „die Form betreffend" gebraucht.

> Die Arbeit ist **formal** gelungen. Der Inhalt jedoch …

Die Bedeutung des Wortes **formell** ist „den äußeren Formen entsprechend", „förmlich".

> Sich **formell** vorzustellen war in früheren Jahrhunderten ein Gebot der Höflichkeit.

Manchmal ist aber auch „nur dem Anschein genügend, in Wirklichkeit nicht" gemeint. Hier werden beide Wörter verwendet.

> Die Länder waren zwar besetzt, galten aber **formal/ formell** noch als souveräne Staaten.

Forum

Für das **Forum,** eine Versammlung, wird in der Regel der Plural (Mehrzahl) *Foren* verwendet. Für *Forum* im Sinne von „Platz in altrömischen Städten" ist neben *Foren* auch *Fora* als Plural möglich.

Fragezeichen

Das Fragezeichen bereitet normalerweise keine großen Probleme. Dass es bei Fragesätzen steht, ist klar. Das gilt auch für rhetorische Fragen, bei denen keine Antwort erwartet wird:

> Möchtest du einen Satz heiße Ohren?

- Manchmal wird das Fragezeichen fälschlicherweise gesetzt, wenn eine Frage indirekt wiedergegeben wird. In diesem Fall richtet sich das Satzzeichen aber nach der Satzeinleitung.

  > **Sie fragt,** ob sie das so machen kann.

  Der direkte Fragesatz wäre: *Kann ich das so machen?*

- Wird die Frage gleichzeitig als Ausruf verstanden, kann das Fragezeichen zusammen mit dem Ausrufezeichen stehen. Das Fragezeichen steht vorn.

  > Ist das denn zu glauben?!

Zum Fragezeichen in Verbindung mit weiteren Satzzeichen siehe → *Anführungszeichen,* → *Gedankenstrich,* → *Klammer*.

Fremdwörter

Mit der Schreibung von Fremdwörtern, gerade neuen aus dem Englischen, hat man es nicht immer leicht. Die wichtigsten Regeln:

Substantive

Groß oder klein?

- Aus einer Fremdsprache übernommene Substantive (Hauptwörter, Nomen) werden wie üblich im Deutschen am Anfang großgeschrieben: *Rushhour, Award*. Das gilt auch für mehrteilige Wörter, deren erster Teil ursprünglich kein Substantiv ist:

F

High Society, Soft Drink, Social Media

Kommt dieser nicht-substantivische Teil erst an zweiter Stelle im Ausdruck, bleibt es bei der Kleinschreibung.

Enfant terrible, Lingua franca

- Werden die Fremdwörter, obwohl sie substantivische Bestandteile enthalten, z. B. *time,* nicht als Substantiv gebraucht, sondern antworten sie auf die Frage *wie,* dann schreibt man sie klein:

Die Produktion (ist) **just in time,** die Spaghetti (sind) **al dente**

Zusammen oder getrennt?

Bei der Zusammen- oder Getrenntschreibung sieht man dann ein zweites Mal genauer hin: Die Schreibung richtet sich nämlich nach der jeweiligen Zusammensetzung.

- **Substantiv (crowd) + Substantiv (funding)**

Hier wird im Deutschen grundsätzlich groß- und zusammengeschrieben.

Crowdfunding, Ghostwriter, Brainstorming

Man kann aber auch einen Bindestrich setzen, wenn das Wortbild (noch) zu ungewohnt ist oder man einen Teil des Wortes betonen will.

Midlifecrisis oder **Midlife-Crisis**

- **Adjektiv (hot) + Substantiv (dog)**

Hier spielt die Betonung eine Rolle: Liegt sie auf dem ersten Bestandteil wie bei *Soft Drink,* kann man auch zusammenschreiben. Es gilt zudem die Großschreibung.

Hot Dog oder **Hotdog**

Liegt die Betonung ungefähr gleich auf beiden Bestandteilen, schreibt man getrennt.

High Society, Daily Soap, Social Media

Kann man das anhand der Betonung nicht entscheiden (die kann ja auch unterschiedlich ausfallen), geht beides.

Blind Date und **Blinddate, Fast Food** und **Fastfood**

- **Verb (burn) + Adverb (out)**

Trifft ein Verb mit einem → *Adverb* zusammen, schreibt man im Deutschen zusammen: *Burnout*. Man kann aber auch einen Bindestrich setzen: *Burn-out*. Der Bindestrich ist vor allem dann zu empfehlen, wenn dadurch die Lesbarkeit verbessert wird: *Coming-out* versteht man besser als *Comingout*.

- **Fremdsprachiger Ausdruck (Social Media) + deutsches Grundwort (Managerin)**

  Kommt zu fremdsprachigen mehrteiligen Ausdrücken ein deutsches Grundwort hinzu, wird das ganze neue Gebilde mit Bindestrichen verbunden – man nennt das „durchkoppeln". Das Wort gilt nun als deutsches Wort, das sich den Regeln der deutschen Rechtschreibung unterwerfen muss, in diesem Fall der Zusammenschreibung bei Substantiven. Das Grundwort ist immer das letzte Wort.

  Social-Media-Managerin, High-Heel-Schuhe, All-inclusive-Reise

  Zum Durchkoppeln siehe auch → *Substantiv*, → *Substantivierung*.

Verben – auf dem Weg zur Eindeutschung

Der Umgang mit ursprünglich englischen Verben (Tätigkeitswörtern) ist nicht immer einfach. Wie sie geschrieben werden, hängt zum Teil damit zusammen, wie lange sie schon bekannt sind und ob sie eingedeutscht wurden: An den Formen *ich interviewe – ich interviewte – ich habe interviewt* wird niemand etwas Seltsames finden, während sich manche Wörter wie *downloaden* eben noch auf dem Weg in die Eindeutschung (*downgeloadet, downgeloaded, gedownloadet* oder *gedownloaded?*) befinden. Die Übergänge sind da durchaus fließend.

Eine Anpassung an die deutsche Formbildung verläuft so:

- Der Infinitiv (Grundform) bekommt wie im Deutschen ein *-[e]n*:

  to interview → interviewen
  to cancel → canceln
  to like → liken

Bei englischen Verben mit *-le* am Ende wird diese Form häufig angepasst und zu *-eln:*

> *to recycle → recyceln*

- Die Personalendungen können jetzt wie gewohnt angehängt werden:

> *ich interviewe – du cancelst – ihr likt*
> *ich interviewte – du canceltest – ihr liktet*

Bei Verben mit einem Zischlaut vor der Infinitivendung *(tan**z**en)* fällt bei der 2. Person Singular *(du)* das *s* weg. Das ist aber im Deutschen nicht anders:

> *du tanzt – du outsourct*

Bei Verben auf *-eln* verwendet man wie auch im Deutschen kein *-ele,* sondern ein *-le:*

> *ich häkle* (nicht: *ich häkele*) – *ich recycle* (nicht: *ich recycele*)
> *wir bummeln* (nicht: *wir bummelen*) – *wir canceln* (nicht: *wir cancelen*)

- *Gecancelt* – das Partizip Perfekt
  Hier ist die deutsche Endung vorzuziehen: nicht *-ed* wie im Englischen, sondern *-t*. Also:

> Der Flug wurde *gecancelt*.

Es bleibt noch die Frage, ob man ein *ge-* davorsetzt oder nicht, wie man also das Partizip Perfekt bildet.

Bei Verben, die keine Vorsilbe haben, ist das einfach: Sie bekommen das *-ge* am Anfang:

liken – ich habe gelikt
canceln – wir haben gecancelt

Bei Verben mit Vorsilbe wird wiederum unterschieden:

- Wird das Wort nicht getrennt – *ich interviewe* (nicht: *ich viewe … inter)*, bekommt es kein *-ge:*

ich habe interviewt
ihr habt recycelt

- Wird es getrennt – *ich source out –*, wird das *-ge* dazwischengeklemmt:

wir haben outgesourct

- Für *downloaden* und *updaten* sind, wie oben für *downloaden* angesprochen, die Formen noch im Fluss. Die Dudenredaktion hat sich nunmehr auf der Website *(www.duden.de)* festgelegt:

ich downloade – ich habe downgeloadet
er updatet – sie hat upgedatet

frönen

Das Wort **frönen** hatte ursprünglich – im Mittelalter – etwas mit *Fron* (verpflichtende Arbeit für einen Herrn: *Frondienst*) zu tun. Daraus ergibt sich die Schreibung ohne *h,* wie sie auch in *Fronleichnam* zu finden ist. In übertragener Bedeutung wurde daraus „sich einer Leidenschaft hingeben“.

Frönen steht mit dem Dativ (*Wem*-Fall): *einem Laster frönen*. Zur Bildung des Dativs → *Fall*.

Frühling – Frühjahr

Frühling und **Frühjahr** bezeichnen denselben Jahresabschnitt. Beim Gebrauch der Begriffe gibt es aber Unterschiede.

Mit **Frühling** hat man eher die Jahreszeit mit ihren Naturerscheinungen im Blick.

> Im **Frühling** genießen die Menschen die ersten warmen Sonnenstrahlen.

Mit **Frühjahr** ist ein bestimmter Abschnitt des Jahres gemeint, ohne besonderen Bezug zur Natur.

> Im **Frühjahr** finden wichtige Industriemessen statt.

Fülle (eine Fülle von Vorschlägen wurde/wurden vorgebracht) → Gruppe.

Galaxie

Die **Galaxie** bildet den Plural (Mehrzahl) *die Galaxien.*

Galerie

Die Schreibweise des Begriffs **Galerie** geht auf das italienische *galleria* (überdachter Gang) zurück. Im Englischen – *gallery* – kann man diese Schreibweise noch erkennen. Das Deutsche nahm einen Umweg über das französische *galérie* und begnügt sich mit einem *l*.

galoppieren

Das Verb (Tätigkeitswort) **galoppieren** wird oft fälschlicherweise mit Doppel-*l* und einem *p* geschrieben *(gallopieren)*. Denken Sie, wenn Sie unsicher sind, an das dazugehörige Wort *Galopp*. Hier ergibt sich schon durch die Betonung die richtige Schreibweise – Sie müssen sie nur auf das Verb übertragen: also *galoppieren,* auch: *sich vergaloppieren*.

Gämse

Mit der Rechtschreibreform wurde aus der *Gemse* (Bergziege) die **Gämse,** die alte Schreibung ist nicht mehr korrekt.

gang und gäbe

Die Wortkombination **gang und gäbe** für „üblich" wurde schon immer so geschrieben. Sie hat mit *geben – gebe* nichts zu tun, sondern geht auf ältere Ausdrücke für „verbreitet" zurück.

Gärung – Gehrung

Die **Gärung** ist ein chemischer Prozess, bei dem organische Stoffe zersetzt werden: *Der Teig gärt.* Im übertragenen Sinne weist **gären** auf Unzufriedenheit, Unruhe hin.

> Beim Bierbrauen ist die alkoholische **Gärung** erwünscht. **Gärt** es aber in der Bevölkerung, kann das zu Unruhen führen.

Von **Gehrung** spricht man, wenn Bretter, Leisten oder Ähnliches schräg (meist in einem Winkel von 45 Grad) zugeschnitten werden.

Die Leisten bei Bilderrahmen werden immer **auf Gehrung** gesägt.

Gedankenstrich

Der **Gedankenstrich** gilt als der „große Bruder" des Bindestrichs. Aber wie das mit der Verwandtschaft manchmal so ist: Die Beziehungen sind nicht sehr gut. Der Gedankenstrich hat eine ganz andere Funktion als der Bindestrich und will mit ihm nichts zu tun haben.

Der kurze Bindestrich (-) „klebt" Wortteile zu Wörtern zusammen. Der lange Gedankenstrich (–) dagegen verbindet nicht, sondern markiert eine Abgrenzung innerhalb eines Satzgefüges.

Um diese Funktion erfüllen zu können, muss der Gedankenstrich schon optisch ein gewisses Gewicht haben: Er ist länger als der Bindestrich und beansprucht gehörig Raum. Andere Wörter müssen zur Seite weichen – links und rechts steht immer ein Abstand zum angrenzenden Wort. Nur ein Satzzeichen kann unmittelbar nach einem Gedankenstrich stehen.

Ich bin froh **– heilfroh –,** wenn das endlich vorbei ist.

Wie funktioniert der Gedankenstrich?

Der Gedankenstrich kann Teile eines Satzes abgrenzen und hervorheben. Das kann alles Mögliche sein – einzelne Begriffe, kurze Ergänzungen, aber auch ganze Sätze. Dabei sind die durch den Gedankenstrich abgetrennten Teile unabhängig vom übrigen Satz und können beispielsweise eine andere Wortstellung haben: Sie spielen in einer eigenen Liga.

- Mit dem Gedankenstrich kann man Ergänzungen und Sätze in beliebiger Länge anhängen.

Wenn diese Entwicklung weiter anhält, ist eine Veränderung zum Besseren kaum zu erwarten **– zumindest kurz- bis mittelfristig.**

> Der Film „Der Untertan" beleuchtet auf satirische Weise die wilhelminische Ära **– er wird zu den besten deutschen Filmen gezählt.**

- Man kann derartige Ergänzungen oder Sätze auch einschieben. Am Ende des Einschubs steht kein Satzschlusspunkt, der ursprüngliche Satz läuft weiter.

> Auf diese Weise wird die industrielle Revolution in Deutschland **– das umfasst auch die Veränderungen, die sich im sozialen Bereich vollzogen –** beschreibbar.

- Erfordert der Einschub ein eigenes Ausrufezeichen oder ein Fragezeichen, wird es gesetzt.

> Auf diese Weise wird die industrielle Revolution in Deutschland **– und wer wollte bestreiten, dass das auch die Veränderungen im sozialen Bereich mit einbezieht? –** beschreibbar.

Wann verwendet man den Gedankenstrich?

- Der Gedankenstrich kann lange, unübersichtliche Sätze lesbarer machen.

> Dieser Ansatz geht von Rational-Choice-Modellen aus **– in einem Prozess des individuellen Abwägens von Kosten und Nutzen der verschiedenen Alternativen –,** um zu erklären, warum eine Person bei bestimmten Entscheidungen ein kleineres oder größeres Risiko eingeht.

- Er kann Aussagen ein besonderes Gewicht verleihen, etwa durch die angedeutete Sprechpause zu einer indirekten Kommentierung führen.

Die Renten sind sicher **– sagte der Politiker.**

- Gedankenstriche können auch bei der wörtlichen Wiedergabe eines Interviews genutzt werden. Damit lassen sich Einschübe in den wiedergegebenen Gedankengängen kennzeichnen.

„Als ich zum ersten Mal von diesem Vorfall hörte **– das war, lassen Sie mich überlegen, Anfang 2020 oder spätestens 2021 –,** war ich zunächst geschockt."

- Ebenso kann der Gedankenstrich eine zeitliche Abfolge deutlich machen.

Auf die Plätze – fertig – los!

- Beliebt ist der Gedankenstrich auch bei Überschriften, um sie kurz und prägnant halten zu können.

Intervallfasten **– die Pfunde purzeln lassen**

- Der Gedankenstrich kann bei Literaturangaben den Untertitel vom Haupttitel abgrenzen.

Von Rittern und Mönchen **– der Mythos des Mittelalters**

- Bei Aufzählungen ist der Gedankenstrich prägnanter. Bei vorgegebenen Aufzählungssystemen mit Strichen sollte man also das Muster mit dem längeren Strich wählen.

– Erster Teil
– Zweiter Teil

Nicht:

> - Erster Teil
> - Zweiter Teil

Grundsätzlich sollte der Gedankenstrich mit Bedacht und sparsam eingesetzt werden. Mehrere Einschübe mit Gedankenstrich in einem Satz sind wirklich zu viel, und auch in einem Absatz sollten Gedankenstriche nicht gehäuft auftreten. Weniger ist hier mehr.

Wie verhält sich der Gedankenstrich zu anderen Satzzeichen?

Grundsätzlich gilt: Entscheidend für die Zeichensetzung sind die Satzzeichen im vorangehenden bzw. umgebenden Satz. Der Gedankenstrich kümmert sich nicht um sie.

- Grenzt der Gedankenstrich eine angehängte Aussage ab, spielt er für das Satzzeichen am Schluss keine Rolle. In den folgenden Beispielen steht also am Ende ganz regulär ein Punkt bzw. ein Fragezeichen.

> Bei einem gewissen Maß an politischer Öffnung sind weitreichende soziale Veränderungen zu erwarten – **eine Annahme, die durch die aktuellen Entwicklungen gestützt wird.**
> Sind bei einem gewissen Maß an politischer Öffnung weitreichende Veränderungen zu erwarten – **im politischen wie auch im sozialen Bereich?**

- Handelt es sich um einen Einschub mit Gedankenstrichen, werden die Satzzeichen im umgebenden Satz einfach so gesetzt, wie sie auch ohne den eingeschobenen Teil stehen müssten.

Ursprünglicher Satz:

> Die Reformen führten jedoch nicht **dazu, dass** die Armut geringer wurde.

Satz mit Einschub in Gedankenstrichen:

> Die Reformen führten jedoch nicht dazu **– allerdings werden die Ergebnisse der diesbezüglichen Untersuchungen zum Teil heftig bestritten! –,** dass die Armut geringer wurde.

Gehen Sie bei der Zeichensetzung also einfach so vor, als wäre der Einschub mit Gedankenstrichen gar nicht da.

Wie kann man den Gedankenstrich erzeugen?
Den Gedankenstrich gibt es leider nicht auf der Tastatur. Da muss man ein wenig in die Trickkiste greifen.

- Der Gedankenstrich lässt sich erzeugen mit der Tastenkombination [Strg.] (bzw. bei einigen PCs und Notebooks [Ctrl.]) plus das Minus (-) im Nummernblock (der getrennte Ziffernblock rechts von der normalen Tastatur). Diese Tastenkombination wird als [Str.] + [– (Num)] bezeichnet. Wenn Sie bei Ihrem Gerät keinen gesonderten Tasten als Nummernblock haben, müssen Sie sich zunächst kundig machen, auf welche Weise Sie diese Zahlen ansteuern können.
- Der Gedankenstrich lässt sich auch mit einem sogenannten ANSI-Befehl erzeugen: [ALT] + [0150.] Beachten Sie: Die Zahl muss ebenfalls auf dem Nummernblock eingegeben werden.
- Wenn Sie keinen Nummernblock haben, können Sie den Gedankenstrich auch mit EINFÜGEN – SYMBOL – WEITERE SYMBOLE – SONDERZEICHEN – HALBGEVIERTSTRICH eingeben.

- Prüfen Sie, ob Ihr Textverarbeitungsprogramm den Bindestrich selbstständig in einen Gedankenstrich umwandeln kann.

  Für Word funktioniert das in der Regel, wenn die folgende Kombination vorliegt: (beliebiges) Wort + Leerzeichen + Bindestrich + (beliebiges) Wort + Leerzeichen. Nach dem letzten Leerzeichen wandelt Word den Bindestrich in einen Gedankenstrich um.

  Bei Ausdrücken wie *Warenein- und -ausgang* kann es aber zu fehlerhaften Umwandlungen kommen. Sie sollten also auf jeden Fall ein Auge auf Ihre Gedankenstriche haben.

gedenken

Das Verb (Tätigkeitswort) **gedenken** steht mit dem Genitiv (*Wes*-Fall).

Die Menschen **gedenken der Toten** der Epidemie.

Zur Bildung des Genitivs → *Fall*.

gegenüber

Die → *Präposition* (Verhältniswort) **gegenüber** steht mit dem Dativ (*Wem*-Fall): *gegenüber dem Rathaus, gegenüber den kleinen Läden.*

Wird ein geografischer Name ohne Artikel gebraucht, kann man das *gegenüber* mit *von* ergänzen: *gegenüber von Straßburg, gegenüber von Italien*. Ansonsten gilt das *von* im Zusammenhang mit *gegenüber* als umgangssprachlich. Zur Bildung des Dativs → *Fall*.

Gegenüber kann auch nachgestellt werden.

Sie waren allen Reformen **gegenüber** sehr skeptisch.

An diesem Beispiel wird deutlich, dass *gegenüber* auch im übertragenen Sinne mit der Bedeutung „andere Seite" gebraucht werden kann. Handelt es sich bei dem Bezugswort um ein Wort wie *er* oder *sie,* wird *gegenüber* immer nachgestellt:

Wer **ihm gegenüber** eine andere Meinung vertritt, hat sicher schon mit seinem Leben abgeschlossen.

Leitet die Wortgruppe mit *gegenüber* den Satz ein, steht danach kein Komma.

Gegenüber der Stadt mit ihren Sehenswürdigkeiten fällt die umliegende Region deutlich ab.

Geisel – Geißel

Eine **Geisel** ist eine Person, die gegen ihren Willen festgehalten wird.

Der Bankräuber nahm eine Kundin als **Geisel,** um damit freien Abzug zu erzwingen.

Eine **Geißel** ist dagegen eine Peitsche (entsprechend spricht man von *Geißelung*) und im übertragenen Sinne dann eine schwere Plage, eine Heimsuchung.

Die Pest wurde im Mittelalter als eine von Gott gesandte **Geißel** der Menschen gesehen.

Eine *Geisel* kann natürlich zur *Geißel* werden, wenn sie die Entführer mit ihrem Benehmen – z. B. viel, sehr viel, ununterbrochen reden – in den Wahnsinn treibt.

Gelatine

Den Begriff **Gelatine** für ein Bindemittel kann man auf das italienische *gelare* zurückführen, und das kennen Sie im Zusammenhang mit dem *gelato,* dem Speiseeis. Man schreibt also nicht *Gelantine*.

gemäß

Die → *Präposition* (Verhältniswort) **gemäß** steht immer mit dem Dativ (*Wem*-Fall): *gemäß seinem Befehl, gemäß ihren Anordnungen. Gemäß* kann auch nachgestellt werden: *seinem Befehl gemäß*. Zur Bildung des Dativs → *Fall*.

Leitet die Wortgruppe mit *gemäß* den Satz ein, steht danach kein Komma.

Gemäß den Befehlen zogen sie sich zurück.

Geschäftsgebaren

Der Begriff **Geschäftsgebaren** ist verwandt mit *Gebärden, Gebärdensprache, sich gebärden.* Nirgendwo ist hier ein *h* zu sehen: also nur *-gebaren!*

gesinnt – gesonnen

Die beiden Ausdrücke **gesinnt** und **gesonnen** sollte man nicht verwechseln. Insbesondere *gesinnt* scheint seltsam zu klingen, sodass hier das falsche *gesonnen* vorgezogen wird.

Gesinnt bedeutet „von einer bestimmten Gesinnung sein" und beschreibt eine (geistige) Haltung, die jemand einnimmt.

Viele Menschen haben eine positive Grundhaltung: Sie gehen erst einmal davon aus, dass andere ihnen gegenüber freundlich **gesinnt** sind.

Das Wort **gesonnen** dagegen wird nur in der Verbindung *gesonnen sein* gebraucht und bedeutet: „etwas wollen", „willens sein".

Der Einbrecher war nicht **gesonnen,** das Diebesgut wieder herzugeben.

Nur bei *wohlgesinnt* und *wohlgesonnen* hat sich dieser Bedeutungsunterschied verflüchtigt: Es geht beides.

getreu

Die → *Präposition* (Verhältniswort) **getreu** steht mit dem Dativ (*Wem*-Fall): *getreu ihrem Motto, getreu seinen Versprechungen. Getreu* kann auch nachgestellt werden: *ihrem Motto getreu, ihren Versprechungen getreu*.

Zur Bildung des Dativs → *Fall*.

Leitet die Wortgruppe mit *getreu* den Satz ein, steht danach kein Komma.

Getreu ihren Zusagen half sie, wo sie konnte.

gewährleisten, Gewähr leisten

Die Zusammenschreibung **gewährleisten** gilt, wenn direkt folgt, was gewährleistet wird, oder ein Satz mit *dass* folgt.

Wir **gewährleisten den vollen Versicherungsschutz.**
Wir **gewährleisten, dass** Sie jederzeit Zugang haben.

In anderen Fällen ist die Schreibung *Gewähr leisten* korrekt.

Wir leisten **Gewähr für** die Funktionsfähigkeit. Wir leisten **Gewähr dafür, dass** Sie dieses Einverständnis jederzeit widerrufen können.

Gleich und Gleich → Paarformeln.

gleichwohl

Das Wort **gleichwohl** ist synonym mit *dennoch, doch, trotzdem*. Das *gleich* führt da schnell in die Irre, weil es nicht auf einen Gegensatz hinzuweisen scheint. Wenn eine Gemeinsamkeit ausgedrückt werden soll, verwendet man besser *auch, ebenso, genauso, gleichermaßen*.

Im Film „Der Herr der Ringe" sagt Gandalf: „Sauron braucht nur diesen Ring, um alle Länder in eine zweite Finsternis zu hüllen. Er sucht ihn, sucht ihn, all seine Gedanken sind auf ihn gerichtet. **Gleichwohl** sehnt sich der Ring nach seinem Herrn und will unbedingt zu ihm zurückkehren."

Sauron sucht den Ring. Dennoch – *gleichwohl* – sehnt sich der Ring nach seinem Herrn? Das ist Unsinn – hier wurde bei der Synchronisation geschludert. Es müsste heißen:

Ebenso sehnt sich der Ring nach seinem Herrn.

googeln → Fremdwörter: Verben.

Gratwanderung

Die **Gratwanderung** lässt viele Menschen offensichtlich an *Grad* (beim Winkel oder bei der Temperatur) denken. Aber beides führt in die falsche Richtung. Eine *Gratwanderung* bezieht sich auf einen Bergrücken, einen *Grat,* mit einem Abgrund rechts und links: Geht man dort oben entlang, muss man höllisch aufpassen, nicht herunterzufallen. Im übertragenen Sinne bezeichnet *Gratwanderung* entsprechend eine schwierige Aufgabe, bei der man sich keinen Fehler leisten kann.

> Es bedeutete eine **Gratwanderung,** deutliche Worte zu finden, aber dennoch niemand zu verletzen.

Gräuel

Der **Gräuel,** eine furchtbare Gewalttat, ist seit der Rechtschreibreform die einzige korrekte Form, früher war die Schreibung der *Greuel*. Ebenso schreibt man heute *gräulich* statt *greulich*. Die Verbindung zu *Grauen* ist unverkennbar. Von der Farbbezeichnung *gräulich* in der Bedeutung „ins Graue spielend" lässt sich das nun nicht mehr unterscheiden, aber das sollte aus dem Zusammenhang heraus keine Rolle spielen.

grölen

Trotz der Aussprache mit langem *ö* schreibt man nur *grölen* ohne *h* und entsprechend *Grölerei*.

Groß und Klein → Paarformeln.

Grund und Boden → Paarformeln.

Gruppe

Bei Mengenangaben wie *Gruppe, Anzahl, Fülle, Hälfte, Mehrheit, Mehrzahl, Reihe, Haufen* und *Menge,* die keine genaue Zahl angeben, kann das Nachfolgende im Plural (Mehrzahl) stehen – *eine Reihe wichtiger Fragen*. Setzt sich dann beim Verb (Tätigkeitswort) der Singular (Einzahl) von *Reihe* oder der Plural von *Fragen* durch?

Die Antwort: Grundsätzlich geht beides. Allerdings wird, so Duden 9, manchmal die eine, manchmal die andere Form bevorzugt.

- Bei **Gruppe** wird nur der Singular gesetzt – hier überwiegt der Eindruck einer bestimmten Menge.

  > Eine **Gruppe** Randalierer **zog** durch die Stadt.

- Bei **Anzahl, Fülle, Hälfte, Mehrheit, Mehrzahl** und **Reihe** wird der Singular bevorzugt.

  > Eine **Reihe** wichtiger Fragen **wird** in der Studie jedoch ausgeklammert.

- Bei **Haufen** ist beides gebräuchlich. Wird *Haufen* eher als konkrete Menge gesehen (mehr oder weniger ziellos aufeinandergeschichtet), überwiegt der Singular.

  > Ein **Haufen** Konservendosen **lag** herum.

  Hat man bei **Haufen** eher eine unbestimmte Menge *(viele, etliche)* im Blick, wird der Plural bevorzugt.

> Ein **Haufen** Menschen **meinten** sich dazu äußern zu müssen.

- Auch bei **Menge** überwiegt die Vorstellung einer unbestimmten Anzahl und damit der Plural.

> Eine **Menge** Leute standen vor dem Eingang.

Hälfte (die Hälfte der Datensätze war/waren) → **Gruppe.**

H

haltmachen, Halt machen

Beide Schreibweisen, **haltmachen** und **Halt machen,** sind richtig.

→ *Verb*.

Hämorrhoiden, Hämorriden

Bei der *Hämorrhoide* (meist in der Mehrzahl als *Hämorrhoiden*) hat die Eindeutschung im Zuge der Rechtschreibreform funktioniert: Der Begriff – er geht auf das Griechische zurück – ist so schwierig zu schreiben, dass sich daneben das rechtschreiblich einfachere Wort *Hämorride(n)* etabliert hat. Beide Schreibweisen sind erlaubt: Der Mediziner darf von *Hämorrhoiden* sprechen, der Patient von *Hämorriden,* und gemeinsam suchen sie nach der richtigen Therapie.

hanebüchen

Das Adjektiv (Eigenschaftswort) **hanebüchen** für „unerhört", „haarsträubend" hat nichts mit einem Hahn zu tun, und entsprechend gehört hier auch kein *h* hinein. Er bedeutet so viel wie gesteigerten Unsinn. Das Wort geht zurück auf das Holz der Hainbuche, das als knorrig, grob angesehen wurde. Ein hanebüchenes Verhalten war dann so etwas wie „(grober) Unfug".

Haufen (ein Haufen Dosen lag/lagen) → Gruppe.

hermetisch – hermeneutisch

Das Wort **hermetisch** bedeutet „verschlossen". Er wird insbesondere in der Wendung *etwas hermetisch abriegeln* verwendet: Niemand kann heraus oder herein.

> Die angeblich **hermetische** Abriegelung des Stadtviertels hatte wohl doch einige Schlupflöcher gehabt.

Im Vergleich dazu dürften wesentlich weniger Menschen das Wort **hermeneutisch** kennen: Es hat die Bedeutung „etwas auslegen", „deuten", einen Text etwa oder ein Kunstwerk, um den darin liegenden Sinn zu erkennen.

> Zur **hermeneutischen** Erfassung altniederländischer Gemälde sind ausreichende Bibelkenntnisse notwendig.

Herr[n] Müller

Bei der Anschrift wird vielfach die Frage diskutiert, ob es denn nun *Herr Müller* oder *Herrn Müller* heißen muss. Die Antwort: **Herrn Müller.** Man geht davon aus, dass in der Anrede das *an* weggefallen ist und es sich um einen Akkusativ (*Wen*-Fall) handelt. Nur in der Schweiz ist inzwischen auch *Herr Müller* zulässig.

Herz-Kreislauf-Beschwerden → Substantiv.

Herzlich willkommen

Die Schreibung *Herzlich Willkommen* ist sicherlich freundlich gemeint, dürfte aber bei einer Zählung von Falschschreibungen einen der ersten Ränge belegen.

Es heißt **Herzlich willkommen,** in der Bedeutung „Seien Sie uns willkommen". Es besteht hier kein Grund, das *willkommen* großzuschreiben – man würde auch nicht *Herzlich Gegrüßt* schreiben. Steht der Ausdruck nicht allein, schreibt man beides klein: *Seien Sie uns herzlich willkommen!*

Die Großschreibung ist nur dann richtig, wenn *willkommen* als Substantiv (Hauptwort, Nomen) gebraucht wird: *Wir entbieten Ihnen ein herzliches Willkommen*. So spricht man aber normalerweise nicht, und daher ist die Wahrscheinlichkeit für den nett gemeinten Gruß *Herzlich willkommen* in Kleinschreibung viel höher.

hin und her

- In der Bedeutung „ziellos umherlaufen" schreibt man getrennt: *hin und her laufen.*
- Ist dagegen ein „hin und zurück" gemeint, schreibt man zusammen. Der Ergänzungsstrich kann dann ein *laufen* ersetzen: *hinlaufen und herlaufen → hin- und herlaufen.*
- Wird *hin und her* als Kombination zweier Substantive (Hauptwörter, Nomen) gebraucht, schreibt man es groß.

> Das unnötige **Hin und Her** bei den Maßnahmen kostete nur Zeit.

hinsichtlich

Die → *Präposition* (Verhältniswort) **hinsichtlich** steht mit dem Genitiv (*Wes*-Fall): *hinsichtlich des Vorgehens, hinsichtlich ihrer Zukunftspläne.*

Zur Bildung des Genitivs → *Fall*.

Leitet die Wortgruppe mit *hinsichtlich* den Satz ein, steht danach kein Komma.

> **Hinsichtlich der Forschungslage ist** Folgendes anzumerken.

hoch

Das Wort **hoch** wird je nach Bedeutung mit dem folgenden Wort zusammen- oder aber getrennt geschrieben.

- Wenn **hoch** „nach oben", also die Richtung meint, schreibt man zusammen: *Sie sieht, wie die Kraniche hochfliegen* (auffliegen).

  > Er wollte **den Ball hochwerfen.** Sie haben sich **hochgearbeitet.**

  Das gilt auch bei übertragener, nicht wörtlicher Bedeutung:

  > **hochleben lassen, hochnehmen, hochstapeln, hochrechnen**

  In all diesen Fällen gibt schon die Betonung (auf dem *hoch*) den richtigen Hinweis.

- Wenn **hoch** die Bedeutung „in großer Höhe" hat, ist die Getrenntschreibung zwingend:

Sie sieht den **hoch** (in großer Höhe) **fliegenden** Kranichen nach.

Die Betonung liegt hier auf beiden Wörtern.

- Die Rechtschreibreform hat bei einigen Kombinationen zusätzlich die Getrenntschreibung zugelassen, so etwa neben *hochqualifiziert* auch *hoch qualifiziert*. Mit der Zusammenschreibung liegen Sie auf jeden Fall richtig.

-ig oder -lich bei Zeitangaben

Die Zusammensetzungen mit **-ig** und **-lich** bedeuten bei Zeitangaben nicht dasselbe.

-ig bezeichnet die Dauer.

Ein **achttägiges** Seminar dauert acht Tage lang.

-lich bezeichnet eine Wiederholung in einem bestimmten Rhythmus.

Ein **monatlicher** Kurs findet einmal im Monat statt.

im Folgenden

Beim Ausdruck **im Folgenden** schreibt man groß.

Immission

Wie die → *Emission* hat auch die **Immission,** das Einwirken äußerer (schädlicher) Einflüsse, einen lateinischen Ursprung, nämlich *immittere* („hineinlassen"). Im Gegensatz zum ursprünglichen *ex* bei *Emission*, was zu *e* verkürzt wurde, blieb bei *Immission* der Zusatz *im* am Wortanfang erhalten.

imstande, im Stande sein → Stand.

im Weiteren → bis auf Weiteres, bis auf weiteres.

Inbusschlüssel

Man liebt ihn oder man hasst ihn – den **Inbusschlüssel,** besonders bekannt als mitgeliefertes Werkzeug, mit dem man sich mehr oder weniger begeistert an den Zusammenbau von Möbeln macht.

Schlüssel ist ein verständliches deutsches Wort. Der Begriff *Inbus* ist dagegen eine Neuschöpfung: Das *IN* bekommt er von **In***nensechskantschraube*, das *BUS* von den ersten Herstellern **B***auer* **U***nd* **S***chaurte*.

Indefinitpronomen → Pronomen.

indem – in dem

Die → *Konjunktion* (Bindewort) **indem** hat die Bedeutung „dadurch, dass". Die Kombination **in dem** ist dagegen nur ein Zusammentreffen der → *Präposition* (Verhältniswort) *in* mit einem Relativpronomen (einem Fürwort, das sich auf einen vorangehenden Begriff bezieht – *der, die, das* oder *welcher, welche, welches*). Wenn man das *in dem* durch *in welchem* ersetzen kann, schreibt man getrennt.

> **Indem** der Autor solche Behauptungen aufstellt, entlarvt er sich selbst.

Der Zeitungsartikel, **in dem** [in welchem] ich diese Behauptungen gefunden habe, war das Papier nicht wert, auf dem er gedruckt wurde.

indes – indessen

Das Wort **indes** ist richtig, wenn Sie einen etwas ausgefalleneren, ein wenig altertümlichen Ausdruck verwenden wollen. Setzen Sie ihn aber richtig ein: Das Wort *indes* bedeutet *aber, allerdings, doch, immerhin.*

Indes [allerdings] müssen diese Maßnahmen kritisch betrachtet werden.

Dagegen hat **indessen** zwei Bedeutungen: Es kann wie *indes* gebraucht werden, aber auch in der Bedeutung *inzwischen, mittlerweile, währenddessen*.

Indessen [inzwischen] waren geeignete Maßnahmen getroffen worden.

Index

Das Wort **Index** hat mehrere Bedeutungen, die sich im Plural (Mehrzahl) unterscheiden.

- Als **Index** bezeichnet man ein Verzeichnis von verbotenen Dingen, z. B. den Index der katholischen Kirche, auf dem Bücher standen, die Gläubige nicht lesen durften. Hier lautet der Plural *Indexe*.
- Ein **Index** ist auch ein Verzeichnis, wie man es in Büchern findet, etwa ein alphabetisch geordnetes Register. Mit dem Begriff werden ebenso statistische Messwerte oder hochgestellte Buchstaben/Ziffern bezeichnet. Hier lautet der Plural jeweils *Indizes*.

Indiz

Das **Indiz,** der aus Krimis gut bekannte Hinweis auf einen Tathergang, bildet den Plural (Mehrzahl) *die Indizien.* Falsch wären dagegen *die Indizes* – das ist ein möglicher Plural von → *Index*.

infolge – in Folge

- Mit **infolge** gibt man einen zurückliegenden Grund für etwas an. Danach folgt der Genitiv (*Wes*-Fall): *infolge des Scheiterns, infolge der Vorfälle.*

  Infolge der anhaltenden Negativserie und **eines katastrophalen Torverhältnisses** wurde der Trainer entlassen.

  Ist der Genitiv formal nicht zu erkennen, setzt man besser ein *von* dazu, dem dann der Dativ (*Wem*-Fall) folgt: Nicht *infolge Versäumnisse,* sondern *infolge von Versäumnissen.*
  Zur Bildung des Genitivs und des Dativs → *Fall*.

- Dagegen bedeutet **in Folge:** „hintereinander weg", „am Stück".

  Einen Negativrekord in der Fußballbundesliga hält *Tasmania 1900 Berlin:* In der Saison 1965/66 kam die Mannschaft auf 31 sieglose Partien **in Folge.**

infrage, in Frage stellen

Sie können sowohl **infrage stellen** als auch **in Frage stellen** schreiben. Beides ist korrekt. Das Gleiche gilt für *infrage / in Frage kommen* bzw. *stehen*.

in puncto, punkto

Der Ausdruck **in puncto** in der Bedeutung „hinsichtlich" wird mit *c* geschrieben. Die Schreibung **punkto** (ohne *in*) ist nur noch in der Schweiz und in Österreich gebräuchlich. Ein einzelnes folgendes Wort steht im Nominativ (*Wer*-Fall).

> **In puncto Kehrwoche** verstehen die Schwaben keinen Spaß.

Steht das folgende Wort nicht allein, ist der Genitiv (*Wes*-Fall) notwendig.

> **In puncto (punkto) deines Einsatzes** bin ich mir nicht sicher.

insbesondere

Es heißt nur **insbesondere.** Die gelegentlich anzutreffende Form *inbesonders* ist falsch: Sie ist eine unzulässige Zusammenfügung von *insbesondere* und *besonders*.

insofern, als

Die Kombination **insofern, als** hat die Bedeutung „für den Fall" oder „vorausgesetzt, dass". Vielfach wird fälschlicherweise nach dem *insofern* ein *dass* oder ein *als dass* gesetzt. Das ist aber falsch: Dem *insofern* genügt ein *als,* mehr braucht es nicht.

> Die Studie ist **insofern** überflüssig, **als** sie auf völlig veralteten Prämissen beruht.

Das Gleiche gilt für *insoweit:* Es heißt *insoweit, als*.

Möglicherweise spielt bei dem falschen Gebrauch des *dass* eine Verwechslung mit der Satzeinleitung *als dass* eine Rolle.

> Diese Denkweise ist viel **zu** simpel, **als dass** man sie überhaupt in Betracht ziehen könnte.

instand, in Stand setzen → Stand.

Interesse

Aus dem Lateinunterricht kennen viele das Wort **Interesse** als Kombination der geläufigen Wörter *inter* („zwischen“, davon auch Ableitungen wie *international*) und *esse* („sein“). Merkt man sich auch als Nichtlateiner diesen Zusammenhang, fällt es vielleicht leichter, den Begriff richtig zu schreiben, nämlich *Interesse,* nicht *Interresse*. Entsprechend schreibt man auch *interessiert, Interessentin* usw.

Internum

Das **Internum** (eine innere Angelegenheit) bildet, seiner lateinischen Herkunft folgend, den Plural (Mehrzahl) *Interna*.

inwieweit

Das Wort **inwieweit** wird immer zusammengeschrieben.

irgend-

Die Verbindungen mit **irgend-** (z. B. *irgendein, irgendetwas, irgendwer*) werden klein- und zusammengeschrieben. Sie zählen zu den sogenannten *Indefinitpronomen*, die etwas

Unbestimmtes angeben (*indefinit* = „unbestimmt"). → *Pronomen* werden bis auf wenige Ausnahmen grundsätzlich kleingeschrieben. Das gilt auch, wenn sie für eine Person stehen.

> Wir hoffen, dass **irgendjemand** das wissen wird.

Jahr

- Am Ende **dieses / diesen Jahres?** Die Formulierung *diesen Jahres* hat sich in den Sprachgebrauch eingeschlichen, analog zu *am Anfang vorigen (nächsten) Jahres*. Der Duden 9 verzeichnet inzwischen beide Formen als standardsprachlich. Bei **jener** gilt nur: *die Aktivitäten jenes Jahres.*
- *Wir wünschen* **ein gutes neues Jahr** oder **ein gutes Neues Jahr?** Sie können beides schreiben.
- Bei den Angaben für die **Jahrzehnte** haben Sie die Wahl: Sie können *Zwanzigerjahre* oder *zwanziger Jahre* schreiben, in Ziffern *20er-Jahre* oder *20er Jahre*. Ohne *Jahre* dann: die *Goldenen Zwanziger*.

Zu *jahrelang* → *lang*.

-jährig

- Sie können **dreijährig** oder **3-jährig** schreiben: *das dreijährige (3-jährige) Kind*.
- Wird das Wort als Substantiv (Hauptwort, Nomen) gebraucht, schreibt man groß: die *Dreijährige* oder die *3-Jährige*.
- Kommt ein **über** oder **unter** dazu, wird das einfach davorgesetzt: *über Dreijährige (3-Jährige)* bzw. *unter Dreijährige (3-Jährige),* entsprechend: *über (unter) dreijährige (3-jährige) Kinder.* Das *über* bzw. *unter* wird hier analog zu *fast* oder *bereits* gebraucht.

jeder, jede, jedes

Das Wort **jeder (jede, jedes** usw.) wird grundsätzlich kleingeschrieben. Es gehört zu den sogenannten *Indefinitpronomen* (*indefinit* = „unbestimmt"), die wie die anderen → *Pronomen* grundsätzlich (bis auf wenige Ausnahmen) kleingeschrieben werden. Das gilt auch dann, wenn damit Personen bezeichnet werden.

> Jeder Mensch hat unveräußerliche Rechte, sie gelten für **jeden.**

Nicht einmal das *jedermann* wird großgeschrieben. (Der „Jedermann" ist der Name eines Theaterstücks und zugleich Name der Hauptperson – daher die Großschreibung.)

> Dass Sport gesund ist, glaubt nicht **jedermann.**

Bei *jeder* ergibt sich eine Schwierigkeit beim Genitiv (*Wes*-Fall). Hier ist ein Zusatz erforderlich: nicht: *die Rechte jedes,* sondern: *die Rechte eines jeden*.

jemand

Wie → *jeder, jede, jedes* wird **jemand** immer kleingeschrieben, obwohl das Wort eine Person bezeichnet.

> Das sollte ihm wirklich mal **jemand** erklären.

jener, jene, jenes → dieser, diese, dieses – jener, jene, jenes.

Jung und Alt → Paarformeln.

kaputt machen, kaputtmachen

Sie können das Wort getrennt oder zusammenschreiben.
→ *Verb*.

Karikatur

Beim Wort **Karikatur** legt die Betonung ein Doppel-*r* nahe, aber das ist falsch. Der Begriff geht auf das italienische *caricare* in der Bedeutung „übertrieben komisch darstellen" zurück. Ursprünglich gab es da tatsächlich mal ein Doppel-*r*, nämlich im damit zusammenhängenden lateinischen *carrus* für „Karren", aber das ist verloren gegangen.

Karosserie

Das Wort **Karosserie** wird mit einem *r* geschrieben, nicht mit Doppel-*r*. Damit verwandt ist die *Karosse,* ursprünglich eine pompös ausgestattete Kutsche.

Katheder – Katheter

Die Begriffe **Katheder** und **Katheter** sind Klassiker, wenn es um die Verwechslung von ähnlich klingenden Wörtern geht.

- **Das** (seltener auch *der*) **Katheder** ist ein (Lehrer-)Pult. Der Papst beansprucht seit 1870 Unfehlbarkeit, wenn er *ex cathedra* (von seinem Lehrstuhl aus) spricht, und auch das Wort *Kathedrale* liegt nicht fern. Da haben Sie Ihren Buchstaben *d*.

  Zum *Katheder* gehören auch die beliebten *Kathederblüten:* ein alter Begriff für unfreiwillig komische Äußerungen des bedauernswerten Lehrpersonals, das sich unter ständiger Beobachtung der anvertrauten Zöglinge befindet. Ein gern angeführtes Beispiel:

> Der Lehrer gibt korrigierte Aufsätze zurück und sagt: „Ich habe drei Haufen gemacht. Und wenn das Lachen nicht aufhört, setze ich noch einen vor die Tür."

- **Der** (nicht *das*) **Katheter** ist weit weniger amüsant. Es handelt sich um ein Röhrchen, das in eine Körperhöhle, u. a. die Blase, eingeführt wird. Entsprechend heißt es *katheterisieren*.

> Über einen Monitor sieht die Ärztin, wo sich der **Katheter** befindet.

keiner, keine, kein

Bei **kein** gilt in all seinen Formen die Kleinschreibung. Das Wort zählt zu den sogenannten *Indefinitpronomen*, die etwas Unbestimmtes angeben (*indefinit* = „unbestimmt"). → *Pronomen* werden bis auf wenige Ausnahmen grundsätzlich kleingeschrieben.

> Ich habe **keinen** blassen Schimmer, wovon du redest.

Das gilt auch, wenn es sich um Personen handelt.

> Leider war **keiner** da, der dem Treiben Einhalt gebot.

kennenlernen, kennen lernen

Beide Schreibweisen sind richtig.

→ *Verb*.

Ketchup

Die Schreibung **Ketschup** anstelle von **Ketchup** war wie **Majonäse** statt **Mayonnaise** einer der Aufreger schlechthin bei der Rechtschreibreform und hat viel zu ihrer Ablehnung beigetragen. Der Rechtschreibrat musste einsehen, dass die Anwendungsquoten viel zu gering waren, und zog die Schreibung zurück. Es gilt nur noch *Ketchup*.

Klammern

Klammern bereiten normalerweise keine großen Probleme. Nur einige Besonderheiten sind zu beachten.

Der Normalfall sind **runde Klammern.** Sie bieten die Möglichkeit, zusätzliche Erläuterungen anzubringen. Das können z. B. sein:

K

- eine Jahreszahl

> Im Regensburger Reichsabschied **(1532)** wird die „Constitutio Criminalis Carolina“ verkündet.

- eine Übersetzung

> 1532 wird im Regensburger Reichsabschied die „Constitutio Criminalis Carolina“ **(„Kaiser Karls V. und des Heiligen Römischen Reiches Peinliche Gerichtsordnung“)** verkündet.

- ein Querverweis

> ... wie in der folgenden Darstellung gezeigt wird **(Abb. 2).**

- ein Literaturverweis

Man habe keine Belege für diese Annahme finden können **(Müller und Schmidt 2020).**

Die Klammern sind eher zurückhaltende Satzzeichen, die die Aufmerksamkeit nicht auf den eingeklammerten Text lenken. Will man Textteile einfügen, die stärker hervortreten sollen, wählt man besser den → *Gedankenstrich*.

Er äußerte **– eine Provokation ohnegleichen –** diese Gedanken in einem offenen Brief an den Präsidenten.

Eckige Klammern werden notwendig, wenn Klammern innerhalb von runden Klammern stehen.

Er veröffentlichte diesen Bericht im November 1800 (er war am Fronleichnamstag des Jahres **[12.6.]** fertig geworden).

Wie vertragen sich die Klammern mit anderen Satzzeichen?

- Ein Punkt steht *außerhalb* der Klammern, wenn das Eingeklammerte zum Satz gehört.

  Die Ministerin musste bereits im Juni desselben Jahres zurücktreten **(sie war erst im Januar ernannt worden).**

- Ein Punkt steht *innerhalb* der Klammern, wenn das Eingeklammerte nicht mehr zum Satz gehört, sondern eigenständig ist.

  Die Ministerin musste bereits im Juni desselben Jahres zurücktreten. **(Sie war erst im Januar ernannt worden.)**

- Gehören Ausrufezeichen oder Fragezeichen zum eingeklammerten Teil, stehen sie innerhalb der Klammern. Nach der Klammer kann dann erneut ein Satzzeichen folgen.

> Dieses Ereignis erschütterte die Stadt **(so etwas hatte man sich nicht vorstellen können!).**

- Kommas im umgebenden Satz stehen so, wie sie es auch ohne den eingeklammerten Satzteil tun würden. Wenn Sie den eingeklammerten Teil weglassen, finden Sie die richtige Zeichensetzung.

> Niemand wusste **damals, dass** heimlich Verhandlungen aufgenommen worden waren.
> Niemand wusste **damals (das wurde erst Jahre später bekannt), dass** heimlich Verhandlungen aufgenommen worden waren.

Zu *eckigen Klammern* als Zeichen für Auslassungen und Ergänzungen s. → *Zitate*.

klasse

Das Wort **klasse** in der Bedeutung „hervorragend" gehört zu den Wörtern, die in der Verbindung mit den Verben *sein, bleiben* und *werden* als „verblasste Substantive" gelten – sie werden nicht mehr als Substantive (Hauptwörter, Nomen) verstanden und deshalb kleingeschrieben.

> Das war einfach **klasse** von dir. Das war eine **klasse** Leistung.

Aber beim substantivischen Gebrauch, gekennzeichnet durch die veränderten (deklinierten) Hinweiswörter *ihre unerreichte:*

> Sie bewies wieder einmal ihre **unerreichte Klasse.**

Klientel

Bei **Klientel** liegt die Schwierigkeit im Artikel: *das* oder *die*? Die Antwort ist eindeutig: Es heißt nur **die Klientel.** Alles andere – auch wenn oft fälschlicherweise *das Klientel* geschrieben wird – ist falsch. Der Plural (Mehrzahl) zu *Klientel* lautet: *die Klientelen*.

Know-how, Knowhow

Das Wort **Know-how** kann man auch **Knowhow** schreiben, niemals aber *Know-How*. Der Grund ist das *how* (das deutsche *wie*), bei dem es sich nicht um ein Substantiv (Hauptwort, Nomen) handelt.

Kodex → Codex.

Komitee

Der Ausschuss heißt zwar im Englischen *committee,* aber das ist kein Grund, das Wort im Deutschen genauso zu schreiben. Im Gegenteil, das Deutsche ist hier mit dem **Komitee** bei den Buchstaben sparsamer.

Komma

Kommas (auch: *Kommata*) sind kein schmückendes Beiwerk eines Textes. Sie untergliedern ihn und geben ihm auf diese Weise eine innere Ordnung. Allerdings ist die Kommasetzung ein großes Gebiet mit etlichen Regeln. Im Folgenden wird es daher nur um diejenigen Fehler gehen, die als „Klassiker" gelten können: das Komma zwischen Sätzen, beim Infinitiv, bei Satzeinleitungen und bei Wörtern wie *aber,* die einen Gegensatz bezeichnen.

Eine **Anmerkung** zu Beginn: Bei der Kommasetzung spielt es vielfach eine Rolle, ob es sich um einen *vollständigen Satz* oder einen *Satzteil* handelt.

Ein vollständiger Satz muss nicht lang sein, hat aber immer ein Subjekt („wer" – *der Hund*) und ein Verb (Tätigkeitswort – *bellt*): *Der Hund bellt.*

Was ist ein Hauptsatz, was ein Nebensatz?

Um die Kommas im Satzgefüge richtig zu setzen, muss man wissen, was ein Hauptsatz und was ein Nebensatz ist. (In den folgenden Beispielen ist der **Hauptsatz fett gekennzeichnet.**)

Hauptsätze sind eigenständige Sätze. Sie stellen sozusagen die Grundform eines Satzes dar:

Die Hunde bellen.

Nebensätze (untergeordnete Sätze, hier *kursiv* gekennzeichnet) können ohne Hauptsätze nicht existieren. Sie erkennen diese Art von Sätzen schon daran, dass offensichtlich etwas fehlt.

Wenn die Hunde bellen. Ja, was ist, wenn die Hunde bellen? Was passiert dann?

Hinweise auf einen Nebensatz sind (wie im Beispiel oben das *wenn*) die sogenannten → *Konjunktionen* (Bindewörter), die als Satzeinleitung dienen. Besonders häufig sind *als, bevor, bis, da [= weil], dass, ehe, falls, indem, ob, obwohl, sodass, sofern, während, um, weil, wenn.*

Ich wusste nicht, *dass Hunde so laut bellen können.*

Auch der sogenannte *Relativsatz* ist ein Nebensatz; bei ihm wird ein Begriff des Hauptsatzes durch einen erläuternden Satz aufgegriffen. Im folgenden Beispiel liegt das vor bei *Keynes – der*.

Erste Ansätze dieser Forschungen gehen auf John Maynard Keynes zurück, *der zu den bedeutendsten Wirtschaftswissenschaftlern des vorigen Jahrhunderts zählt.*

Das Komma zwischen Hauptsatz und Hauptsatz: Der Hund bellt(,) und die Katze miaut

Die Regel ist hier ganz einfach: Werden Hauptsätze mit Wörtern wie *und* oder *oder* verbunden, kann man ein Komma setzen – oder es auch weglassen.

Die Annahme ist richtig(,) und die Ergebnisse können nicht angezweifelt werden.

Aber: Haben die Sätze das gleiche Subjekt und steht dieses nur einmal, wird kein Komma gesetzt.

Die Ergebnisse sind aussagekräftig und [sie = die Ergebnisse] **können nicht angezweifelt werden.**

Das Komma zwischen Hauptsatz und Nebensatz: Jeder weiß, dass Hunde bellen

Ein Komma steht zwischen einem Hauptsatz und einem Nebensatz. Es spielt für die Kommasetzung keine Rolle, ob der Nebensatz am Anfang oder am Ende der Kombination Haupt- und Nebensatz steht.

Niemandem fiel zunächst auf, *dass im Film „Troja" am Himmel ein Flugzeug zu sehen ist.*

Dass im Film „Troja“ am Himmel ein Flugzeug zu sehen ist, **fiel zunächst niemandem auf.**

- **Das Komma bei gleichrangigen Nebensätzen**

Von einem Hauptsatz können mehrere gleichrangige, miteinander verbundene Nebensätze abhängen (diese können verschiedene Subjekte haben). Zwischen ihnen steht dann **kein** Komma. Für die Einschätzung, ob die Nebensätze gleichrangig sind, ist ein *und* schon ein deutlicher Hinweis. Sie können auch probieren, ob Sie *erstens* und *zweitens* einsetzen können.

Das Ergebnis besaß eine hohe Aussagekraft, *da [erstens] die zugesandten Fragebogen positiv aufgenommen wurden und [zweitens] eine Rücklaufquote von 80 % erreicht wurde.*

K

Die Fragebogen wurden positiv aufgenommen(,) **und** es wurde eine Rücklaufquote von 80 % erreicht.

- **Das Komma bei eingeschobenen Nebensätzen**

Das fehlende Komma bei eingeschobenen Nebensätzen zählt zu den häufigsten Fehlern. Hier lautet die Regel: Ein oder mehrere in einen Hauptsatz eingeschobene Nebensätze werden von Kommas eingeschlossen.

Wird also der Hauptsatz nach dem Nebensatz / den Nebensätzen weitergeführt, muss nicht nur am Anfang, sondern auch am Ende des Nebensatzes / der Nebensätze ein Komma stehen. Es gilt das Motto: „Was man aufmacht, muss man auch wieder zumachen.“

Ich hoffe, *dass ihr alle gesund seid,* **und werde euch morgen besuchen.**

Unterschätzen Sie diesen Fehler nicht: Das Vergessen des schließenden Kommas kann besonders bei komplexen Satzgefügen das Verständnis des Textes erschweren.

Die Autorin kommt zu dem Ergebnis, *dass die Argumente nicht hinreichend begründet sind,* **und betont die Notwendigkeit weiterer Studien.**

Die eingeschobenen Nebensätze können wiederum voneinander abhängig sein. Das ändert nichts daran, dass sie mit einem Komma beendet werden müssen, wenn der Hauptsatz weitergeführt wird.

Eine Politik, *die kein Profil mehr erkennen lässt, weil sie nur auf aktuelle Umfragewerte reagiert,* **wirkt unglaubwürdig.**

- **Mehrere gleichrangige Nebensätze oder eingeschobener Nebensatz?**

Diese Unterscheidung ist sehr wichtig. Bei mehreren gleichrangigen Nebensätzen, die von einem Hauptsatz abhängen, steht nur zwischen dem Hauptsatz und den Nebensätzen ein Komma.

Es ist zu befürchten, *dass der Klimawandel ganze Regionen unbewohnbar machen wird und viele Menschen ihre Existenz verlieren werden.*

Wird aber ein Nebensatz in einen Hauptsatz eingeschoben, wird er vorn und hinten mit Kommas abgetrennt.

Der Klimawandel, *der möglicherweise ganze Regionen unbewohnbar machen wird,* **findet erst langsam die gebührende Beachtung.**

Die entgleisende Kuh

Ein beliebter Satz von Wolf Schneider zur Verdeutlichung dieses Unterschieds – und der Folgen, die ein Kommafehler haben kann! – lautet:

> **Der Zug überfährt die Kuh,** *die auf den Schienen steht,* **und entgleist.**

Hier ist *die auf den Schienen steht* ein eingeschobener Nebensatz. Die Kommas sind richtig.

Falsch wäre dagegen:

> **Der Zug überfährt die Kuh,** *die auf den Schienen steht und entgleist.*

Dann läge ein Hauptsatz mit zwei gleichrangigen Nebensätzen *(die auf den Schienen steht und entgleist)* vor. Die Folge des fehlenden Kommas: Die Kuh entgleist.

Testen Sie das Prinzip an etwas komplizierteren Beispielen:

> **Die Forschungen mussten eingestellt werden,** *weil sich diese Vorgehensweise als zu arbeitsaufwändig erwies und der Zeitrahmen nicht eingehalten werden konnte.*

Gleichrangige Nebensätze.

> **Die Forschungen mussten eingestellt werden,** *weil sich diese Vorgehensweise als zu arbeitsaufwändig erwies,* **und wurden später wieder aufgenommen.**

Eingeschobener Nebensatz.

K

Das Komma beim Infinitiv: Niemand hat die Absicht, eine Mauer zu errichten

Der *Infinitiv* ist die Grundform des Verbs (Tätigkeitsworts): *schreiben*.

Als *Infinitivgruppe* bezeichnet man insbesondere einen Infinitiv, der ein *zu* bei sich hat: *zu schreiben.* Eine Infinitivgruppe mit *zu* kann noch um weitere Teile ergänzt sein, z. B. *um zu / ohne zu / statt zu: um einen langen Text zu schreiben.*

Die Regeln, ob ein Infinitiv oder eine Infinitivgruppe durch ein Komma abgetrennt werden muss, lauten:

Einfache Infinitive (selten) werden nicht durch ein Komma abgetrennt.

> Die Studentin lernt *zitieren.*

Einfache Infinitivgruppen mit zu können ohne Komma stehen, falls keine Missverständnisse auftreten können. Meist wird hier kein Komma gesetzt.

> **Sie plant** *zu promovieren*.

Größere Infinitivgruppen können, aber müssen nicht durch ein Komma abgetrennt werden.

> **Er hat sich bisher nicht getraut(,)** *mit dem Literaturverzeichnis anzufangen.*

Es gibt allerdings **drei Ausnahmen,** nämlich Fälle, in denen man das Komma doch setzen muss (das haben Sie vielleicht noch anders gelernt – es war eine Reform der Reform):

- Es muss ein Komma stehen, wenn größere Infinitivgruppen, die ein *zu* besitzen, mit **als, anstatt, außer, ohne, statt** oder **um** eingeleitet werden.

Dem Schreiber fiel nichts Besseres ein, als *auf abgedroschene Phrasen zurückzugreifen.*

- Es muss ein Komma stehen, wenn die Infinitivgruppe von einem **Substantiv** (Hauptwort, Nomen) abhängt.

Walter Ulbricht beteuerte noch kurz vor dem Mauerbau: *Niemand habe die* **Absicht,** *eine Mauer zu errichten.*

- Es muss ein Komma stehen, wenn die Infinitivgruppe mit einem **hinweisenden Wort** (z. B. *dafür, daran, darauf, dies, es*) angekündigt oder wieder aufgenommen wird.

Ziel der folgenden Ausführungen ist es, *die gewonnenen Ergebnisse darzulegen.*
Diese Ergebnisse zu untermauern, das *ist das Ziel des folgenden Kapitels.*

K

Daneben gilt:

- Ist der Satz nicht eindeutig, setzt man besser zur Verdeutlichung ein Komma.

Er beabsichtigt, nicht *darauf einzugehen.*
Er beabsichtigt nicht, *darauf einzugehen.*

- Eine Sonderform ist die Infinitivgruppe mit *zu,* wenn sie sich zum Subjekt („wer“, Träger der Handlung) aufschwingt. Dann ist das Komma freigestellt.

Auf diese Weise Ängste zu schüren(,) *verschärft die Situation nur noch.*

Empfehlung: Setzen Sie bei der Infinitivgruppe immer das Komma. Es trägt dazu bei, gerade komplexe Texte übersichtlicher zu machen.

Achten Sie dann aber darauf, dass der Satz mit der Infinitivgruppe auch am Ende mit einem Komma abgetrennt wird, wenn der Hauptsatz weitergeführt wird. Der Infinitivsatz ist dann ein eingeschobener Nebensatz, wie Sie ihn oben schon kennengelernt haben.

> **Ich bin heute nicht in der Lage,** *euch zu besuchen,* **aber ich werde morgen kommen.**

Das Komma bei Satzeinleitungen: In Anbetracht der wiederkehrenden Diskussionen

- Tückisch sind Wortgruppen, die mit einer sogenannten *Präposition* (Verhältniswort) eingeleitet werden, wenn sie am Satzanfang stehen. Sie werden **nicht** mit einem Komma abgetrennt.

  Präpositionen, die immer wieder Schwierigkeiten bereiten – wie etwa *aufgrund* oder *trotz* –, finden Sie einzeln als Stichwörter, eine Übersicht unter → *Präposition*.

  Sind die Sätze kurz, sind sie noch lesbar.

  > **Aufgrund** einer Erkältung kann ich nicht kommen.

  Die Folge können aber auch äußerst schwierige, unübersichtliche Sätze sein.

  > **Aufgrund** existierender innerparteilicher Dissonanzen zwischen dem linken und dem rechten Flügel *[Luftholen, aber kein Komma!]* konnte kein Kandidat die erforderliche Stimmenanzahl auf sich vereinigen.

- Das Gleiche gilt für längere derartige Wendungen, die besonders in wissenschaftlichen Texten häufig vorkommen, wie etwa *auf der Grundlage von …, im Hinblick auf …, im Rahmen von …, im Unterschied zu …, in Anbetracht der …* [mit Genitiv, *Wes*-Fall], *in Anlehnung an …, in der Gegenüberstellung von …, mit Blick auf …, vor dem Hintergrund …* [mit Genitiv, *Wes*-Fall]. Auch sie werden **nicht** mit einem Komma abgetrennt.

> **In Anbetracht** der wiederkehrenden Diskussionen über ein allgemeines Tempolimit in Deutschland wird vielfach ein Volksentscheid zur Sprache gebracht.

Häufig wird hier aber ein Komma „nach Gefühl" gesetzt. Die Ursache liegt wohl darin, dass derartige Satzeinleitungen lang und länger werden können. Allzu schnell ist man dann versucht, ein Komma zu setzen – fälschlicherweise, denn im Deutschen richtet sich das Komma nach grammatikalischen Gegebenheiten, nicht nach dem Sprechrhythmus.

K

Versuchen Sie solche Bandwurmsätze zu vermeiden – oft hilft es schon, einfach daraus zwei Sätze zu machen.

> Die wiederkehrenden Diskussionen über ein allgemeines Tempolimit in Deutschland **haben dazu geführt, dass vielfach ein Volksentscheid zur Sprache gebracht wird.**

Das Komma bei Wörtern, die einen Gegensatz ausdrücken: arm, aber sexy

Bei Wörtern, die einen Gegensatz ausdrücken, wie *aber, doch, jedoch, sondern, einerseits … andererseits,* steht immer ein Komma. Auf diese Weise wird der Gegensatz hervorgehoben – beim Sprechen macht man an dieser Stelle normalerweise eine kleine Pause.

> Klaus Wowereit sagte 2003: „Berlin ist **arm, aber** sexy."

Einerseits ist die Investition kostenträchtig, **andererseits** wird sie auf lange Sicht rentabel sein.

Zur Kommasetzung bei *als* und *wie* → *als – wie*. Zur Kommasetzung bei Adjektiven → *Adjektiv,* bei nachgetragenen Erläuterungen → *Apposition,* bei Aufzählungen → *Aufzählung,* bei Partizipialgruppen *(im Gras liegend ...)* → *Partizipien und Partizipialgruppen*.

Konifere – Koryphäe

Eine **Konifere** ist ein Nadelholzgewächs.

Koniferen sind in der nördlichen Hemisphäre weit verbreitet.

Eine **Koryphäe** dagegen ist jemand mit besonderen Kenntnissen auf einem Gebiet, ein Experte oder eine Expertin.

Die vermeintlichen **Koryphäen** hatten das Gemälde nicht als Fälschung erkannt.

Konjunktion

Konjunktionen (die „Verbindenden"), im Deutschen auch als Bindewörter bezeichnet, gibt es in verschiedenen Formen. Eine sehr häufige Form sind *und, sowie, sowohl – als auch.* Diese Konjunktionen verbinden Wörter.

Interessant im Zusammenhang insbesondere mit der Kommasetzung sind die Konjunktionen, die die Beziehungen zwischen den Sätzen regulieren. So gibt ein *weil* an, dass im folgenden Nebensatz ein Grund genannt wird.

Derartige Konjunktionen, die als Satzeinleitung für einen Satz fungieren, sind ein Zeichen dafür, dass es sich um einen Nebensatz handelt. Nebensätze werden immer mit einem

Komma vom Hauptsatz abgetrennt. Besonders häufig sind *als, bevor, da, dass, falls, insofern, nachdem, obwohl, seit, sodass, um zu, weil, während, wenn.*

→ *Komma.*

korrigieren

Es heißt zwar *Korrektur,* aber nicht *korregieren* oder *korigieren*. Richtig ist nur **korrigieren.**

kosten

Etwas **kostet** viel: Das ist sprachlich kein Problem. Nur wenn es um gleich zwei Beifügungen geht, wird es schwierig: Sowohl die Angabe, wer betroffen ist und die Kosten begleichen muss, als auch die, worin die Kosten bestehen, stehen in der Regel im Akkusativ (*Wen*-Fall): *Das könnte mich* [Akkusativ] *ein Vermögen* [Akkusativ] *kosten.*

> Die Aussage, dass sich die Erde um die Sonne dreht, kostete **den** italienischen Astronomen Giordano Bruno **das** Leben.

In bestimmten Fällen ist bei der Person, die genannt wird, auch der Dativ (*Wem*-Fall) möglich: *Das kostete den Männern das Leben.* Dieser Gebrauch ist allerdings selten. Mit dem doppelten Akkusativ sind Sie hier auf der sicheren Seite.

kraft

Die → *Präposition* (Verhältniswort) **kraft** steht mit dem Genitiv (*Wes*-Fall): *kraft des Gesetzes, kraft meiner Befugnisse.* Zur Bildung des Genitivs → *Fall.*

Leitet die Wortgruppe mit *kraft* den Satz ein, steht danach kein Komma.

Kraft ihres Amtes enthob sie ihn seiner Pflichten.

krakeelen

Jemand, der auf Krawall gebürstet ist und das lautstark kundtut, *krakeelt*. Man schreibt immer **krakeelen,** mit doppeltem *e,* entsprechend *Krakeeler* und *Krakeelerei*.

Kreißsaal

Mit einem Kreis hat der **Kreißsaal,** ein Entbindungsraum im Krankenhaus, gar nichts zu tun. Kreisrund wird er wohl nicht sein.

Die Schreibung *kreißen* (in den Geburtswehen liegen) geht vielmehr auf das mittelhochdeutsche *krizen* zurück, das „kreischen", „stöhnen" bedeutete. Der Zusammenhang mit einer Geburt vor der Zeit schmerzstillender Maßnahmen liegt da nahe.

Aus dieser Bedeutung erschließt sich auch die Redewendung „Der Berg kreißte und gebar eine Maus": großer Aufwand, mickriges Ergebnis.

Alle anderen Begriffe, die sich wirklich auf den Kreis beziehen, schreibt man auch so: *Kreisstadt, Kreisklasse*. So kann durchaus von einem renovierten *Kreißsaal* in einem *Kreiskrankenhaus* (Krankenhaus in Trägerschaft des Kreises) die Rede sein.

kulminieren – kumulieren

Unter **kulminieren** versteht man „einen Höhepunkt erreichen".

> Die verschiedenen Ansichten **kulminierten** in einer hitzigen Debatte um das Abkommen.

Das Verb (Tätigkeitswort) **kumulieren** in der Bedeutung „anhäufen", „ansammeln" leitet sich vom lateinischen *cumulus* („Anhäufung") ab. Denken Sie auch an die großen Watteballchen am sommerlichen Himmel, die *Kumuluswolken,* oder an *kumulierte* Einnahmen.

> In manchen Wahlsystemen sind **kumulierte** Wählerstimmen vorgesehen.

Labor

Für den Begriff **Labor,** die Verkürzung von *Laboratorium,* sind für den Plural (Mehrzahl) zwei Formen möglich: *die Labors* und *die Labore*.

Laib – Leib

- Der Begriff **Laib** – eine runde, feste Masse – wird vor allem im Zusammenhang mit Brot und Käse gebraucht: ein *Brotlaib,* ein *Laib Käse*.
- Viel stärker vertreten sind Begriffe mit der Schreibung **Leib** in der Bedeutung „Körper". Dazu gehören etwa der *Leibarzt* (ein persönlicher Arzt), die *Leibspeise* (Lieblingsspeise), die *Leibgarde,* jemandem *zu Leibe* rücken.

> Zur **Leibesfülle** König Friedrichs I. von Württemberg soll Napoleon gesagt haben: „Ich wusste gar nicht, dass sich die Haut überhaupt so weit ausdehnen kann!" Einen **Laib** Käse hätte der König sicherlich mit Leichtigkeit verdrückt.

- Und wie ist es beim Fenster? Ganz einfach: Da können Sie **Fensterlaibung** oder **Fensterleibung** schreiben, beides ist korrekt.

-lang

- Wird das Wort **lang** mit einer davorstehenden Zeitangabe verbunden, wird zusammen- und kleingeschrieben: *sekundenlang, minutenlang, stundenlang, jahrelang*.

> Das Empire State Building war **jahrzehntelang** das höchste Gebäude der Welt.

- Wird aber die Zeitangabe näher bestimmt, wird sie getrennt von *lang* und großgeschrieben. Man hört den Unterschied auch bei der Betonung: Die Wörter werden jetzt getrennt ausgesprochen.

> Das Empire State Building war **mehrere Jahrzehnte lang** das höchste Gebäude der Welt.

Das gleiche Prinzip gilt auch für andere Verbindungen mit *lang:* eine *meterlange Mauer* – eine *mehrere Meter lange* Mauer, die Mauer war *mehrere Meter lang*.

Lappalie

Der Begriff **Lappalie** hängt mit dem Wort *Lappen* zusammen, daher die Schreibung mit Doppel-*p*. Er bezeichnet etwas Unwichtiges, eine Belanglosigkeit.

> US-Präsident Donald Trump verharmloste das Corona-Virus lange Zeit als bloße **Lappalie.**

Lapsus

Der **Lapsus** („Versehen“, „Schnitzer“) heißt im Plural (Mehrzahl) genauso: *die Lapsus*. Wenn Sie es ganz korrekt machen wollen, sprechen Sie das *u* in der zweiten Silbe lang aus: Das ist die ursprüngliche lateinische Pluralform. Das Gleiche gilt für *Passus* und *Status:* im Plural *die Passus* und *die Status,* auch jeweils mit lang gesprochenem *u*.

→ *Status quo.*

Lärche – Lerche

Die **Lärche** ist eine Baumart.

> Die **Lärche** ist der einzige heimische Nadelbaum, der im Herbst seine Nadeln abwirft.

Die **Lerche** dagegen ist ein Vogel, dessen Gesang schon am frühen Morgen zu hören ist. So werden als *Lerchen* auch Menschen bezeichnet, die wie der Vogel schon in der Frühe munter sind, im Gegensatz zu den Langschläfern, den sogenannten *Eulen* oder auch *Nachteulen*.

> Die **Lerchen** ermahnen die Nachteulen: „Der frühe Vogel fängt den Wurm.“ Die **Nachteulen** erwidern: „Ich mag keine Würmer. Fritten mit Ketchup sind mir lieber.“

Latex – LaTeX

Latex und **LaTeX** haben nichts miteinander gemeinsam. Das Problem liegt in der verschiedenen Aussprache.

- **Latex** ist ein Stoff, der für Farben verwendet wird (Latexfarben), aber zum Beispiel auch für Einmalhandschuhe. Der Begriff wird ausgesprochen, wie er sich schreibt: *la:teks*.

- **LaTeX** ist eine Software. Die Bezeichnung wird *la:tech* ausgesprochen.

Erzählen Sie also nicht, Sie hätten Ihre Arbeit mit *la:teks* geschrieben, selbst wenn Sie das Programm wirklich verwendet haben.

laufend: auf dem Laufenden halten

Man schreibt **auf dem Laufenden halten** (Großschreibung). Das Gleiche gilt für die Verbindungen mit *sein* und *bleiben*.

> Wir sind stets **auf dem Laufenden** über den aktuellen Stand.

launig – launisch

Die beiden Adjektive (Eigenschaftswörter) **launig** und **launisch** sollte man nicht verwechseln, nicht zuletzt deswegen, weil das eine, das *launig,* etwas Positives bedeutet, das *launisch* aber ganz und gar nicht.

Mit **launig** verbindet man die Bedeutung „gut gelaunt", „witzig", „beredt". Das Wort bezieht sich vor allem auf Rede- oder Gesprächssituationen, in denen ein lockerer Ton angeschlagen wird.

> Die Vorsitzende begann ihre Rede mit einigen **launigen** Bemerkungen, bevor sie auf die schlechte Kassenlage zu sprechen kam.

Das Wort **launisch** bedeutet dagegen: „schwankend", „wechselhaft" (ein Beispiel ist hier der April mit seinem ständig wechselnden Wetter), bei Personen: „wechselnden Stimmungen unterworfen", „zickig".

Die Mannschaft zeigte sich mal wieder von ihrer **launischen** Seite: Auf einen grandiosen Sieg folgte eine mehr als unnötige Niederlage.

laut

Die → *Präposition* (Verhältniswort) **laut** für „nach dem Wortlaut" – das hat mit der Lautstärke also nichts zu tun – steht normalerweise mit dem Dativ (*Wem*-Fall): *laut einer E-Mail, laut einem Experten*. Der Genitiv (*Wes*-Fall) ist selten *(laut dieses Attests)*.

Steht das nach *laut* folgende Wort allein und im Singular (Einzahl), wird es nicht verändert: *laut Vertrag*. Handelt es sich hier um den Plural (Mehrzahl), setzt man den Dativ: *laut Verträgen*. Zur Bildung des Dativs und des Genitivs → *Fall*.

Das *laut* hat einen unschätzbaren Vorteil: Da es schon angibt, dass etwas wiedergegeben wird, ersetzt es den Konjunktiv mit *sei* usw. Dieser ist doch manchmal arg schwierig – da bietet das *laut* ein Schlupfloch. Das ist beim Zitieren ein Vorteil (→ *Zitate)*.

Dabei gilt grundsätzlich: Leitet die Wortgruppe mit *laut* den Satz ein, steht danach kein Komma.

Der Abbruch der Verhandlungen **sei,** betonte die Regierungschefin, nicht auf ihre Partei zurückzuführen.

Mit *laut:*

Laut der Regierungschefin **ist** der Abbruch der Verhandlungen nicht auf ihre Partei zurückzuführen.

lehren

Das Verb (Tätigkeitswort) **lehren** steht mit dem Akkusativ (*Wen*-Fall): *jemand***en** *etwas lehren*.

Schlechte Erfahrungen **lehrten sie,** vorsichtig zu sein.

leichtfallen → **schwer.**

Leid, leid

Das **Leid** ist ein Substantiv (Hauptwort, Nomen) und wird entsprechend großgeschrieben: *jemandem sein Leid klagen, ein Leid erdulden, in Freud und Leid,* das Sprichwort *Geteiltes Leid ist halbes Leid.*

Tritt das Wort aber in Verbindung mit *tun*, *sein* oder *werden* auf, verliert es seine Eigenschaft als Substantiv und wird zu *leid* (Kleinschreibung): *leidtun – es tut mir leid, sie ist es leid*. Daneben gilt:

- Sie können *jemandem etwas zuleide* oder *zu Leide tun* schreiben. Da haben Sie die Wahl.
- In Verbindung mit *tragen* schreibt man zusammen: *die leidtragenden Menschen,* in der → *Substantivierung* dann auch groß: *Die Leidtragenden sind immer die Schwächsten.*

Letzterer → **Ersterer, Erstere, Ersteres – Letzterer, Letztere, Letzteres.**

Lid – Lied

Unter **Lid** versteht man das Augenlid, Plural (Mehrzahl): die *Lider*.

Bei Chamäleons können die **Augenlider** wie die übrige Haut ihre Farbe ändern.

Ein **Lied** ist ein meist eher kleines, mehrstrophiges Musikstück, das gesungen wird. Der Plural lautet die *Lieder*.

Die Hymne der englischen Labour Party wird zur Melodie des **Liedes** „O Tannenbaum" gesungen. Allerdings besingen die britischen Sozialisten nicht den Baum, sondern die rote Fahne.

lies – ließ

Die unterschiedlichen Schreibungen **lies** und **ließ** gehen auch auf unterschiedliche Wörter zurück.
Lies ist die Aufforderung zum *Lesen*.

„Schock deine Eltern, **lies** ein Buch!" hieß ein Projekt zur Leseförderung.

Dagegen ist **ließ** die Vergangenheitsform von *lassen*.

„Das war ein Slogan, der mich schmunzeln **ließ",** sagte eine Vielleserin, die sich um den Nachwuchs sorgte.

liken → Fremdwörter: Verben.

lizenzieren

Zur *Lizenz* gehört das Verb (Tätigkeitswort) **lizenzieren**. Es wird oft *lizensieren* geschrieben, eine Falschschreibung, die möglicherweise auf den Gleichklang mit *zensieren* zurückgeht. Als Eselsbrücke können Sie an die *Bilanz* denken: Das dazugehörige Verb ist *bilanzieren*.

M. A., MdB / M. d. B.

- Der akademische Titel **M. A.** *(Magister Artium)* wird ohne Komma nachgestellt: *Henrike Müller M. A.* Er sollte mit Leerzeichen oder besser einem kleinen Abstand innerhalb der Abkürzung geschrieben werden.
- Die nachgestellte Bezeichnung für Mitglieder des Bundes- oder Landtags wird dagegen mit Komma abgetrennt oder in Klammern gesetzt:

  Susanne Meyer**, MdB,** sagte … Susanne Meyer **(MdL)** sagte …

  Diese Abkürzungen können auch mit Punkt und Abstand gesetzt werden: *M. d. B., M. d. L.*

Magen-Darm-Beschwerden → Substantiv.

mahlen – malen

Das Wort **mahlen** bedeutet „zerkleinern", „zerreiben".

Der Müller **mahlt** das Korn in der Mühle.

Dagegen beschreibt **malen** eine künstlerische Tätigkeit, insbesondere mit Pinsel und Farbe.

Van Gogh **malt** die Mühle.

Vom Mahlen des Getreides ist auch die Redewendung „Wer zuerst kommt, mahlt zuerst" abgeleitet: Wer als Erster zur Mühle kam, dessen Getreidesäcke kamen als Erste dran.

Mayonnaise

Die Schreibung *Majonäse*, die bei der Rechtschreibreform neben die weiterhin gültige Schreibung **Mayonnaise** trat, fand keine Akzeptanz. Sie wurde vom Rechtschreibrat offiziell zurückgezogen – es gilt nur noch *Mayonnaise*.

Mal, mal

- Als Substantiv (Hauptwort, Nomen) wird das Zahlwort *Mal* großgeschrieben: *das erste, zweite Mal, das andere, nächste Mal, voriges Mal, von Mal zu Mal, jedes Mal, kein einziges Mal, beim ersten Mal, etliche Male, mehrere Male, Millionen Mal*
- Verbindet sich das *Mal* mit Wortergänzungen, wird zusammen- und entsprechend kleingeschrieben: *allemal, auf einmal, diesmal, ein andermal, keinmal, manchmal, noch einmal, nochmals, x-mal*
- In Verbindungen mit Zahlen/Ziffern gilt: Ist die Zahl ausgeschrieben, wird zusammengeschrieben: *zweimal*. Eine Ziffer dagegen wird mit einem Bindestrich angehängt: *2-mal.*

  Bei besonderer Betonung des *Mal* (Großschreibung) kann dieses getrennt stehen, dann schreibt man die Zahl besser aus: *zwei Mal.*

M

mancher, manche, manches

Beim Wort **mancher (manche, manches)** gilt immer die Kleinschreibung, auch dann, wenn es allein steht und sich auf Personen bezieht. Das Wort drückt aus, dass etwas unbestimmt, nicht genau bekannt ist, und zählt daher zu den sogenannten Indefinitpronomen (*indefinit* = „unbestimmt"). → *Pronomen* werden bis auf wenige Ausnahmen grundsätzlich kleingeschrieben.

Man fragt sich, was in den Köpfen **mancher** Leute steckt. Das kann bei **manchem** nur gähnende Leere sein.

Das Pronomen *mancher* usw. bekommt allerdings ein Problem, wenn es allein steht und ein Genitiv (*Wes*-Fall) im Singular (Einzahl) fällig wird. Dann braucht es einen Begleiter, einen zusätzlichen Begriff.

Falsch: Er erinnerte sich **manches. Richtig:** Er erinnerte sich **mancher Erlebnisse.**

mangels

Die → *Präposition* (Verhältniswort) **mangels** steht mit dem Genitiv (*Wes*-Fall): *mangels eines Plans, mangels eigener Ideen.* Steht das folgende Substantiv (Hauptwort, Nomen) allein und im Singular (Einzahl), wird es in der Regel nicht verändert: *mangels Verstand.* Im Plural (Mehrzahl) wiederum weicht man in diesem Fall auf den Dativ (*Wem*-Fall) aus, wenn der Genitiv nicht zu erkennen ist: *mangels Beweisen* statt *mangels Beweise*.

Zur Bildung des Genitivs und des Dativs → *Fall*. Leitet die Wortgruppe mit *mangels* den Satz ein, steht danach kein Komma.

Mangels Alternativen musste man so entscheiden.

Maschine schreiben

Man schreibt seit der Rechtschreibreform *Maschine schreiben,* aber: *ein maschinegeschriebener [mit der Maschine geschriebener] Brief.*

→ *Verb.*

Maßangaben: Euro, Kilo, Meter …

Zu den Maßangaben zählen Begriffe wie *Cent, Euro, Gramm, Kilo* und *Meter*. Sie können mit weiteren Angaben ergänzt werden – ein Kilo wovon?

Bei Angaben wie *1 kg Erdbeeren* steht man dann vor einem Problem: Richtet man sich beim Verb (Tätigkeitswort) formal nach der Maßangabe (hier: *kg*), spricht das für den Singular (Einzahl), es heißt ja *1 kg*. Aber bei den Erdbeeren denkt man doch eher an eine größere Anzahl und an den Plural (Mehrzahl). Umgekehrt fragt man sich, was man bei *4 kg Schinken* sagen soll. Im Sprachgebrauch richtet man sich in diesen Fällen eher, so Duden 9, nach der Maßangabe.

Ist die Maßangabe gleich eins, gilt entsprechend:

> **1 Euro:** nur Singular. – **1 Euro ist viel zu wenig.**
> **1 kg Schinken:** nur Singular. – **1 kg Schinken ist teuer.**
> **1 kg Erdbeeren:** meist Singular. – **1 kg Erdbeeren ist** (selten: **sind**) **teuer.**

M

Ist die Maßangabe größer als eins, gilt:

> **3 Cent:** nur Plural. – **3 Cent reichen aus.**
> **4 kg Schinken:** meist Plural. – **4 kg Schinken sind** (selten: **ist) ganz schön teuer.**
> **5 kg Erdbeeren:** nur Plural. – **5 kg Erdbeeren sind auch ganz schön teuer.**

5 + 3 ist (sind) 8

- Für das Lehrpersonal wichtig zu wissen: Bei Rechenaufgaben kann das Verb im Singular oder im Plural stehen.

> 5 + 3 **ist (sind)** 8.
> 5 + 3 **macht (machen)** 8.

- Nur bei der Zahl *eins* gibt es eine Ausnahme:

  1 + 1 **ist (macht)** 2.

maßhalten, Maß halten

Beide Schreibweisen sind richtig. Ursprünglich schrieb man *maßhalten,* dann *Maß halten,* und inzwischen geht beides. Aber nur: *Die Schneiderin nimmt Maß.*

→ *Verb*.

Material

Der Plural (Mehrzahl) des Begriffs **Material** lautet *die Materialien* – achten Sie auf das ***ie****n* am Ende.

Matrix

Die in vielen Bereichen (u. a. Mathematik, EDV, Biologie) anzutreffende **Matrix** bietet für den Plural (Mehrzahl) gleich mehrere Möglichkeiten an: *die Matrizes, die Matrices, die Matrizen*. Alle sind richtig.

Mehrheit / Mehrzahl (der Wähler war/waren dafür)

→ Gruppe.

meist

Das Wort **meist** wird in all seinen Formen *(das meiste, die meisten)* kleingeschrieben. Es ist bei der Steigerung die Endstufe von *viel: viel – mehr – meist*.

Das meiste, was er erzählte, war Unsinn.

Das gilt auch, wenn es um Personen geht:

Leider glaubten **die meisten** ihm doch.

Zu *das meistverkaufte Buch* → *Steigerung*.

Menge (eine Menge Leute stand/standen) → Gruppe.

Miene – Mine

Bei der **Miene** ist die Erklärung einfach: Es handelt sich um den Gesichtsausdruck.

Ihre **Miene** verhieß nichts Gutes. Ihr Ehemann ergriff die Flucht.

Die **Mine** ist da anspruchsvoller: Sie kann ein unterirdisches Metallvorkommen oder einen Stollen bezeichnen *(auf eine Goldmine stoßen),* einen Sprengkörper *(das Land verminen)* und schließlich auch das Innenleben in einem Stift *(eine Kugelschreibermine)*.

Die sogenannte „Ottawa-Konvention" zielt auf die Vernichtung aller **Antipersonenminen** ab.

mit

Das Wörtchen **mit** ruft manchmal bei der Getrennt- oder Zusammenschreibung Unsicherheiten hervor.

- Die Zusammenschreibung gilt, wenn *mit* eine *dauernde Teilnahme* ausdrückt: **mit***arbeiten,* **mit***gehen.* Ebenso zusammen schreibt man bei übertragener, nicht wörtlicher Bedeutung: **mit***bringen* (schenken), **mit***teilen* (sagen). Die Betonung liegt hier jeweils auf dem *mit*.
- Geht es um eine nur *vorübergehende Beteiligung,* schreibt man getrennt: *Willst du* **mit aufräumen** *helfen?* Hier werden beide Wörter betont.

Die Entscheidung, was nun vorliegt, ist nicht immer einfach. Im Zweifelsfall geht beides, zusammen oder getrennt. Schreiben Sie es dann so, wie Sie es betonen.

mithilfe, mit Hilfe – mittels

M

- Diese → *Präposition* (Verhältniswort) hat zwei richtige Schreibweisen: **mithilfe / mit Hilfe.** Sie steht mit dem Genitiv (*Wes*-Fall).

  Er konnte sich **mithilfe (mit Hilfe)** eines Dietrichs Zutritt verschaffen.

  Auch die → *Präposition* **mittels** steht mit dem Genitiv: *mittels eines Dietrichs.* Zur Bildung des Genitivs → *Fall*.

  Leitet die Wortgruppe mit *mithilfe / mit Hilfe* oder *mittels* den Satz ein, steht danach kein Komma.

  Mittels der neuen Verfahren konnte der Ertrag gesteigert werden.

- Wenn es um *die Mithilfe* geht, wird großgeschrieben, weil es ein Substantiv (Hauptwort, Nomen) ist.

  Ihre Mithilfe war höchst willkommen.

Mob – Mopp

Unter **Mob** versteht man eine randalierende Menschenmenge, Pöbel. Der Begriff wird auch abwertend für „das gemeine Volk" verwendet. Wenn Sie sich die Schreibung mit *b* nicht gut merken können, denken Sie an *mobil* – letztlich geht *Mob* auf die lateinische Form *mobilis* („beweglich") zurück und verweist so auf die sich schnell ändernden Ansichten und Stimmungen einer solchen Gruppe.

> Der Diktator bezeichnete die Demonstranten, die gegen willkürliche Verhaftungen protestierten, verächtlich als **Mob.**

Ein **Mopp** ist eine Art Besen zum Saubermachen. Dieser Begriff wurde in der alten Rechtschreibung *Mop* geschrieben, ab 1996 dann ausschließlich *Mopp*. Das entspricht auch eher der Aussprache.

> Lieber den **Mopp** schwingen als dumme Reden.

Modus

Der **Modus** (die Art und Weise) bildet den Plural (Mehrzahl) *die Modi*.

morgendlich

Die Schreibung **morgendlich** (mit *d*) entstand analog zu *abendlich*.

Namen

Eigennamen

Groß schreibt man **echte Eigennamen.** Das gilt außer bei Personennamen (s. unten) insbesondere bei:

- geografischen und auch Sternennamen: *das Schwarze Meer, der Große Bär*
- Namen von bestimmten Fahrzeugen, Örtlichkeiten, Bauwerken: *der Blaue Enzian* (Zug), *die Grüne Insel* (Irland), *die Große Mauer* (in China)
- Namen von Institutionen, Organisationen, Verbänden: *die Vereinten Nationen, Allgemeiner Deutscher Automobilclub*
- Bezeichnungen für bestimmte historische Ereignisse und Epochen: der *Schwarze Freitag* (Tag des Börsencrashs), *der Westfälische Frieden, die Französische Revolution, der Zweite Weltkrieg, der Hundertjährige Krieg.* Aber:

N

> Der Hundertjährige Krieg (1337–1453) war ein **englisch-französischer Krieg.**

- Titel und Amts- oder Funktionsbezeichnungen: *der Erste Bürgermeister* (als Amtsbezeichnung), *der Technische Direktor.*

> Das Amt des **Ersten Bürgermeisters** in den Stadtstaaten Berlin, Hamburg und Bremen ist dem eines Ministerpräsidenten vergleichbar.

Aber als Bezeichnung der Reihenfolge:

> Sie war die **erste Bürgermeisterin,** die das Amt mehr als zwanzig Jahre innehatte.

- klassifizierenden Bezeichnungen aus der Botanik und Zoologie: *die Gemeine Stubenfliege, der Rote Milan*
- besonderen Kalendertagen: *der Heilige Abend, der Erste Mai*

Klein schreibt man dagegen Verbindungen Adjektiv (Eigenschaftswort) – Substantiv (Hauptwort, Nomen), die **keine echten Eigennamen** darstellen.

der erste April (kein besonderer Tag), **die globale Erwärmung, das große Einmaleins, die nordische Kombination**

Zweifelsfälle: Unübersichtlich wird es bei zahlreichen festen Wendungen, bei denen unklar ist, ob sie (schon) zu den Eigennamen zählen. Hier können Sie **groß- oder kleinschreiben.**

die erste oder **Erste Hilfe, der goldene** oder **Goldene Schnitt, das schwarze** oder **Schwarze Brett, die grüne** oder **Grüne Lunge der Stadt**

Hier führt kein Weg daran vorbei, im Rechtschreibwörterbuch oder online nachzusehen, wenn Sie sich nicht sicher sind.

Anmerkung: Bei all diesen Begriffen, ob nun groß- oder kleingeschrieben, sollten Sie keine Hemmungen haben, sie grammatikalisch anzupassen. So ist zwar *der Heilige Abend* ein Eigenname, aber es heißt: *am Vortag des Heiligen Abends.*

Ländernamen

Grundsätzlich gilt: Treten **Ländernamen nur im Plural** (Mehrzahl) auf (z. B. *Niederlande, USA*), steht auch das Verb (Tätigkeitswort) in der Regel im Plural.

Die USA legten bei der UN-Vollversammlung ihr Veto ein.

Bei **einzelnen Ländernamen** treten wiederum besondere Probleme auf.

Antigua und Barbuda

Die Einwohner dieses Landes heißen im Deutschen *Antiguaner/Antiguanerin*. Das dazugehörige Adjektiv (Eigenschaftswort) lautet *antiguanisch*.

Bahamas

Die Einwohner dieses Landes werden im Deutschen als *Bahamaer/Bahamaerin* bezeichnet. Das Adjektiv (Eigenschaftswort) lautet *bahamaisch*.

Barbados

Die Einwohner dieses Landes werden als *Barbadier/Barbadierin* bezeichnet. Das dazu passende Adjektiv (Eigenschaftswort) lautet *barbadisch*.

Burkina Faso

Die Bewohner dieses Landes heißen *Burkiner/Burkinerin,* das Adjektiv (Eigenschaftswort) ist *burkinisch*.

Costa Rica

Die Einwohner dieses Landes heißen *Costa Ricaner / Costa Ricanerin* oder *Costa-Ricaner/Costa-Ricanerin*. Das dazu passende Adjektiv (Eigenschaftswort) lautet *costa-ricanisch* (nur mit Bindestrich).

Côte d'Ivoire

Die Bezeichnung dieses afrikanischen Landes ist besonders knifflig. Der französischsprachige Staatenname [die] *Côte d'Ivoire* ist seit 1985 die amtliche Bezeichnung für die frühere *Elfenbeinküste,* sie sollte auch im Deutschen verwendet werden. Von der *Elfenbeinküste* sprechen sollte man nur dann, wenn es sich um die Zeit vor der Unabhängigkeit 1960 handelt. Die Bewohner dieses Landes heißen *Ivorer/Ivorerin,* die Ableitung lautet *ivorisch*.

Dominica

Die Einwohner dieses Landes *(Commonwealth Dominica)* heißen *Dominicaner/Dominicanerin,* das entsprechende Adjektiv (Eigenschaftswort) ist *dominicanisch*. Es geht hier aber um die Insel *Dominica* in der Karibik – verwechseln Sie sie nicht mit der → *Dominikanischen Republik*.

Dominikanische Republik

Die Einwohner dieses Landes in der Karibik werden im Deutschen *Dominikaner/Dominikanerin* genannt, das dazu passende Adjektiv (Eigenschaftswort) ist *dominikanisch*. Sie sollten den Staat keinesfalls mit dem nicht weit entfernten → *Dominica* verwechseln.

Ecuador

Das Land schreibt sich *Ecuador,* nicht *Equador,* auch wenn die Aussprache das nahelegen könnte. Die Bewohner heißen *Ecuadorianer/Ecuadorianerin,* das dazugehörige Adjektiv (Eigenschaftswort) lautet *ecuadorianisch*.

Elfenbeinküste

Dieser Name wird offiziell nicht mehr verwendet, siehe oben unter *Côte d'Ivoire*.

El Salvador

Falls Sie nicht wissen, wo Sie bei der Bezeichnung für die Bewohner dieses mittelamerikanischen Landes das „El" unterbringen sollen: Es fällt einfach weg. Die Einwohner heißen *Salvadorianer/Salvadorianerin,* das Adjektiv (Eigenschaftswort) lautet *salvadorianisch*.

N

Eritrea

Die Einwohner dieses Landes heißen *Eritreer/Eritreerin,* das dazugehörige Adjektiv (Eigenschaftswort) ist *eritreisch*.

Guatemala

Die Bewohner dieses mittelamerikanischen Landes heißen im Deutschen *Guatemalteke/Guatemaltekin,* das dazugehörige Adjektiv (Eigenschaftswort) ist *guatemaltekisch*.

Guinea

Die Einwohner dieses Landes heißen im Deutschen *Guineer/Guineerin,* das Adjektiv (Eigenschaftswort) ist *guineisch*.

Guinea-Bissau

Bei diesem Ländernamen muss berücksichtigt werden, dass es auch den Staat → *Guinea* gibt. Man muss die Einwohner also anders benennen. Entsprechend wird der Zusatz *Bissau* mit aufgenommen: Die Einwohner heißen *Guinea-Bissauer/Guinea-Bissauerin,* das Adjektiv (Eigenschaftswort) lautet *guinea-bissauisch*.

Kap Verde

Bei der Bezeichnung für die Bewohner dieser westafrikanischen Republik (auch: *Kapverden*) haben Sie die freie Auswahl: Sie können *Kapverdier/Kapverdierin* schreiben, die Bezeichnung mit einem Bindestrich als *Kap-Verdier/Kap-Verdierin* versehen oder beide Wortbestandteile getrennt schreiben: *Kap Verdier / Kap Verdierin*. Die Dudenredaktion empfiehlt die Zusammenschreibung als *Kapverdier/Kapverdierin*. Das passt auch sehr gut zum Adjektiv (Eigenschaftswort), das lautet nämlich ausschließlich *kapverdisch*.

Jemen

Die Bewohner dieses Landes werden im Deutschen *Jemenit/Jemenitin* genannt, das Adjektiv (Eigenschaftswort) dazu ist *jemenitisch*.

Kasachstan

Die Einwohner dieses Landes heißen *Kasache/Kasachin,* das Adjektiv (Eigenschaftswort) ist *kasachisch*. Das *-stan* wird bei Ländernamen nicht in die Bezeichnung der Einwohner aufgenommen, denn diese Vorsilbe, die aus dem Persischen stammt, bedeutet „Land". Sie ist weit verbreitet – denken Sie an *Usbekistan, Pakistan, Tadschikistan*. *Kasachstan* ist also das *Land der Kasachen*.

N

Kongo

Die Bewohner beider Länder mit dem Namen *Kongo – Demokratische Republik Kongo* mit der Hauptstadt *Kinshasa* und *Republik Kongo* mit der Hauptstadt *Brazzaville* – werden im Deutschen *Kongolese/Kongolesin* genannt, das dazugehörige Adjektiv (Eigenschaftswort) ist *kongolesisch*.

Laos

Die Bewohner dieses südostasiatischen Landes werden als *Laote/Laotin* bezeichnet, das entsprechende Adjektiv (Eigenschaftswort) ist *laotisch*.

Libyen

Der Landesname *Libyen* wird häufig falsch ausgesprochen – als *Lübien* statt richtig als *Libien* und entsprechend falsch *Lybien* geschrieben. Der Anklang an Wörter wie *Syrien* oder *Lydia* mag da eine Rolle spielen. Richtig ist aber nur *Libyen* mit den Ableitungen *Libyer/Libyerin* und *libysch*.

Madagaskar

Die Einwohner dieses afrikanischen Inselstaates werden im Deutschen *Madagasse/Madagassin* genannt, das Adjektiv (Eigenschaftswort) dazu ist *madagassisch*. Lassen Sie sich hier nicht von einer vermeintlichen sprachlichen Ähnlichkeit mit → *Monaco* und *mon**e**gassisch* verleiten – es bleibt wie im Ländernamen bei *Mad**a**-/mad**a**-*.

Monaco

Die Bewohner dieses Landes werden *Mon**e**gasse/Mon**e**gassin* genannt, das Adjektiv (Eigenschaftswort) dazu ist *mon**e**gassisch*.

Myanmar

Die Einwohner dieses südostasiatischen Landes (früher *Birma/Burma*) werden im Deutschen *Myanmare/Myanmarin* genannt, das passende Adjektiv (Eigenschaftswort) dazu ist *myanmarisch*.

Niger

Die Einwohnerbezeichnung dieses afrikanischen Landes erscheint zunächst knifflig. *Nigerianer/Nigerianerin* würde auf das Land *Nigeria* verweisen. Die Lösung: Die Bewohner von *Niger* werden im Deutschen *Nigrer/Nigrerin* genannt, das Adjektiv (Eigenschaftswort) dazu ist *nigrisch*.

Philippinen

Bereits der Name dieses südostasiatischen Landes birgt Fehlerpotenzial: Ein europäischer Seefahrer benannte es zu Ehren des späteren spanischen Königs *Philipp II*. Es wird also wie der Vorname *Philipp* nur mit einem *l* geschrieben. Die Bewohner der *Philippinen* werden im Deutschen *Philippiner/Philippinerin* (dazu: *philippinisch*) oder aber *Filipino/Filipina* (dazu: *filipinisch*) genannt.

San Marino

Die Bewohner dieses Landes heißen im Deutschen *San-Marinese/San-Marinesin*. Das dazugehörige Adjektiv (Eigenschaftswort) ist *san-marinesisch*.

Sierra Leone
Die Bewohner dieses Landes heißen im Deutschen *Sierra Leoner / Sierra Leonerin* oder *Sierra-Leoner/Sierra-Leonerin*. Das dazugehörige Adjektiv (Eigenschaftswort) ist *sierra-leonisch*.

Sri Lanka
Die Bewohner dieses Landes werden im Deutschen *Sri Lanker / Sri Lankerin* oder *Sri-Lanker/Sri-Lankerin* genannt. Das dazugehörige Adjektiv (Eigenschaftswort) ist *sri-lankisch*.

Venezuela
Die Einwohner dieses Landes werden im Deutschen *Venezolaner/Venezolanerin* genannt, das dazugehörige Adjektiv (Eigenschaftswort) ist *venezolanisch*.

Zypern
Die Bewohner dieses Landes werden im Deutschen *Zyprer/Zyprerin* genannt, das dazugehörige Adjektiv (Eigenschaftswort) ist *zyprisch*. *Zypriote/Zypriotin* (mit *zypriotisch*) bezieht sich dagegen speziell auf die Griechisch sprechenden Einwohner und Einwohnerinnen.

Personennamen

Personennamen als Eigennamen schreibt man groß.

> **Heinrich der Achte, Holbein der Jüngere**

Namenszusätze wie *von, van, de, ten, zu(r)* bei Namen schreibt man im laufenden Text klein.

> Dann schnitt sich **van Gogh** ein Ohr ab.

Straßennamen

Von historischen Schreibweisen einmal abgesehen, folgen auch Straßennamen den Regeln der Rechtschreibung.

- Straßennamen werden am Anfang immer **großgeschrieben.**

Bahnhofstraße, Kleine Gasse

- **Zusammengeschrieben** werden Straßennamen, die aus einem einfachen oder zusammengesetzten Substantiv (Hauptwort, Nomen) und dem Wort *Straße* (*Platz, Allee* usw.) gebildet werden.

Arndtstraße, Rathausplatz

Straßennamen, bei denen mehrere verschiedene Wörter vor dem Grundwort *Straße* (*Platz, Allee* usw.) stehen, werden mit einem Bindestrich verbunden.

Ernst-Moritz-Arndt-Straße

- **Getrennt** schreibt man Straßennamen, die eine → *Präposition* (Verhältniswort wie *am*) oder ein verändertes Adjektiv (Eigenschaftswort wie *lang*) haben. Das gilt hier auch bei Ableitungen von Orts- und Ländernamen.

Am alten Ufer, Langer Weg, Leipziger Straße, Französische Straße

- Die Straßennamen werden grammatikalisch angepasst.

Ich wohne in der **Langen Straße** (nicht: in der *Lange Straße*).

- **Straße oder Strasse?** Wenn Sie aus der Schweiz kommen, schreiben Sie *Strasse* – das *ß* gibt es hier nicht. Alle anderen schreiben *Straße*.

Schweizer – schweizerisch: zu Ableitungen geografischer Namen → *Adjektiv*.

Nerven – zehren oder zerren?

Zehrt etwas an den *Nerven* oder **zerrt** es? Es ist nicht nötig, sich darüber zu streiten und darüber die Nerven zu verlieren: Beides ist möglich.

Etwas **zehrt an den Nerven** erweckt dabei eher den Eindruck einer Situation, die langsam, aber sicher zur Erschöpfung führt – etwa lang andauernde Arbeitslosigkeit.

Dagegen zielt etwas, was **an den Nerven zerrt,** eher auf etwas gerade Vorherrschendes ab – etwa Lärm von draußen. Ein fest abgegrenzter Bedeutungsunterschied ist das aber nicht.

neu

Probleme bereitet manchmal die Frage nach der Getrennt- oder Zusammenschreibung.

- Geht das **neu** mit einem Verb (Tätigkeitswort) zusammen, schreibt man getrennt:

  etwas neu entwickeln, neu bauen, neu eröffnen

- In Verbindung mit einem → *Partizip*, das wie ein Adjektiv (Eigenschaftswort) gebraucht wird, haben Sie die Wahl: zusammen oder getrennt.

  ein **neu entwickelter (neuentwickelter)** Motor, ein **neu gebautes (neugebautes)** Gebäude, aber nur: **neugeboren**

Die Dudenredaktion empfiehlt hier die Zusammenschreibung.

Auch die Groß- oder Kleinschreibung ist nicht immer klar.

- Es existieren zahlreiche Verbindungen mit *neu*. Manche gelten als echte Eigennamen wie etwa das *Neue Testament* oder die *Neue Welt,* manche werden immer kleingeschrieben wie die *neuen Bundesländer* oder die *neuen Sprachen.* Bei etlichen Begriffen können Sie jedoch groß- oder kleinschreiben: die *neuen (Neuen)* Medien. Im Zweifelsfall hilft nur ein Blick in ein Nachschlagewerk oder online, etwa unter www.duden.de.
- Sie können **von neuem** oder **von Neuem** schreiben. Beides ist richtig. Groß schreibt man **aufs Neue** („noch einmal") und **auf ein Neues.**

→ *Jahr.*

N

nicht, nichts

- Bei einem vorangestellten **nicht** kann man wählen: zusammen oder getrennt.

nicht berufstätig oder **nichtberufstätig, nicht öffentlich** oder **nichtöffentlich, nicht Berufstätige** oder **Nichtberufstätige, nicht leitende** oder **nichtleitende Stoffe**

Sie können die von der Dudenredaktion empfohlene Zusammenschreibung wählen: Das passt auch viel besser zu *Nichtschwimmer* und *Nichtwähler,* auch wenn es grammatikalisch nicht ganz dasselbe ist.

Die Zusammenschreibung kann auch Missverständnissen vorbeugen:

Der Politiker betonte: Es sei wichtig, dass der Staat die Kontrolle übernehme und **nicht kriminelle Personen** aus der Organisierten Kriminalität das Handeln **bestimmten.**

Das ist doppeldeutig: Geht es hier darum, dass *nicht kriminelle* (harmlose?) Personen das Handeln bestimmen? Wohl kaum. Das *nicht* ist hier in dem Sinne zu verstehen, dass kriminelle Personen eben nicht das Handeln bestimmen sollen.

- Das Wort *nichts* zählt zu den sogenannten *Indefinitpronomen*, die etwas Unbestimmtes angeben (*indefinit* = „unbestimmt"). → *Pronomen* werden bis auf wenige Ausnahmen grundsätzlich kleingeschrieben.

Von **nichts** eine Ahnung, aber zu allem eine Meinung zu haben ist keine gute Kombination.

Gelegentlich wird das Wort auch als Substantiv (Hauptwort, Nomen) gebraucht (→ *Substantivierung*).

„Wir stehen vor dem **Nichts"**, sagte die Parteivorsitzende nach der Wahl. „Jetzt hilft nur noch ein beherzter Schritt vorwärts."

nicht nur … sondern auch

- Verbindet **nicht nur … sondern auch** Subjekte (Träger der Handlung, „wer?"), die jeweils im Singular (Einzahl) stehen, steht auch das Verb (Tätigkeitswort) normalerweise im Singular.

Nicht nur **die Führungsebene,** sondern auch **der einzelne Mitarbeiter ist** gefordert.

- Bei Subjekten im Plural (Mehrzahl) mit **nicht nur … sondern auch** folgt entsprechend ein Verb im Plural.

> Nicht nur **die Manager,** sondern auch **die einzelnen Mitarbeiter sind** gefordert.

- Bei Mischformen steht das Verb im Singular **oder** im Plural. Ausschlaggebend ist dabei normalerweise das Subjekt, das dem Verb am nächsten steht:

> Nicht nur **Informationsveranstaltungen,** sondern auch **die angemessene Beteiligung** des Bürgers **ist** gefordert.
> Nicht nur **die durchschnittliche Kaufkraft,** sondern auch **die Einkommensunterschiede müssen** beachtet werden.

nichtsdestotrotz, nichtsdestoweniger

Nichtsdestotrotz schreibt man wie **nichtsdestoweniger** zusammen, auch wenn die einzelnen Wortbestandteile noch deutlich zu erkennen sind. Diese Schreibung hat nichts mit der Rechtschreibreform zu tun – sie galt schon immer. Wir müssen mit diesen Wortungetümen leben.

niemand

Das Wort **niemand** schreibt man normalerweise klein, obwohl es eine Person bezeichnet: *niemand, niemand anders*. Es gehört zu den sogenannten *Indefinitpronomen,* Fürwörtern, die etwas Unbestimmtes bezeichnen (*indefinit* = „unbestimmt“). Im Dativ (*Wem*-Fall) heißt es *niemandem* oder nur *niemand*.

Nur als Substantiv (Hauptwort, Nomen) wird das Wort großgeschrieben. Es handelt sich dann um eine sogenannte → *Substantivierung*.

> In der Gruppe war er geradezu unsichtbar – **ein Niemand.**

null → Zahlen.

nummerieren, numerisch

Das Wort **nummerieren** wurde schon vor der Rechtschreibreform häufig – in Anlehnung an *Nummer* – mit Doppel-*m* geschrieben. Damals galt jedoch nur *numerieren*. Der Rechtschreibrat hatte ein Einsehen – jetzt ist *nummerieren* die korrekte Schreibweise. Das *numerieren* ist weggefallen.

Bei **numerisch** dagegen konnte man immer schon auch *nummerisch* schreiben. Beides ist richtig.

O

oder

Bei **oder** spielt es eine Rolle, ob sich die beiden genannten Teile ausschließen. Ist das der Fall, steht das Verb (Tätigkeitswort) in der Regel im Singular (Einzahl).

> **Ein Audi oder ein Mercedes wird** für Sie am Flughafen bereitstehen. (Die Mietwagenfirma stellt nur ein Auto bereit.)

Hält man beide Teile für möglich (einschließende Bedeutung), setzt man das Verb bevorzugt in den Plural (Mehrzahl).

Eine Kamera oder ein Smartphone sind hier geeignete Materialien. (Beide Geräte sind geeignet.)

ökologisch – ökonomisch – ökumenisch

- Unter dem Adjektiv (Eigenschaftswort) **ökologisch** (dazu: *die Ökologie*) versteht man „auf die Umwelt, auf die Wechselbeziehungen der Natur bezogen".

  Es muss das Ziel sein, wirtschaftlich sinnvoll wie auch zugleich **ökologisch** zu handeln.

- Dagegen bedeutet **ökonomisch** „die Wirtschaft betreffend", das Substantiv (Hauptwort, Nomen) dazu ist die *Ökonomie*.

  Die einseitig **ökonomische** Ausrichtung der Politik rief Kritik hervor.

- Mit **ökumenisch** (dazu: *die Ökumene*) ist „überkonfessionell" gemeint. Das Wort wird vor allem auf Katholiken und Protestanten bezogen.

  Das Reformationsjubiläum wurde vielerorts **ökumenisch** gefeiert.

Online-Befragung, online

Bei der **Online-Befragung** handelt es sich um ein Substantiv (Hauptwort, Nomen): *die Befragung*.

Die **Online-Befragung** erbrachte aufschlussreiche Ergebnisse.

Antwortet das Wort auf die Frage „wie" (wie fand die Befragung statt?), wird kleingeschrieben.

> Die Befragung fand **online** statt. Wir kaufen gerne **online** ein, sind oft **online.**

Opus

Das **Opus** („Werk") bildet den Plural (Mehrzahl) *die Opera*. Mit dem Album *A Night at the Opera* von *Queen* hat das nichts zu tun: *Opera* ist im Englischen der Begriff für *Oper*.

optimal → Steigerung.

original

- Das Adjektiv (Eigenschaftswort) **original** in der Bedeutung „nicht imitiert" kann vor ein Substantiv (Hauptwort, Nomen) gesetzt werden – eine *originale Handschrift* – oder ein neues Substantiv bilden: *eine teure Originalausgabe*. In Verbindung mit einem Eigennamen wird dann normalerweise ein Bindestrich gesetzt: ein *Original-Picasso*.
- Unsicherheiten bestehen häufig, wenn *original* mit einem anderen Adjektiv zusammentrifft. Dann setzt man es klein davor: *original italienischer* Wein, eine *original mittelalterliche* Handschrift.
- Manchmal wird inzwischen, besonders in der Werbung, das *original* in Kleinschreibung direkt vor ein Substantiv gesetzt: *eine Münze mit original Zertifikat*. Auch das gilt als korrekt.

outsourcen → Fremdwörter: Verben.

paar, Paar

- Das Wort **(ein) paar** in der Bedeutung „einige" gehört zu den sogenannten *Indefinitpronomen* – Fürwörter, die eine unbestimmte Menge bezeichnen (*indefinit* = „unbestimmt"). → *Pronomen* werden bis auf wenige Ausnahmen kleingeschrieben, auch wenn es sich um Personen handelt.

> Als das Vorhaben bekannt wurde, erhoben nur **ein paar** ihre Stimme, die anderen schwiegen.

- Großgeschrieben wird dagegen das Substantiv (Hauptwort, Nomen) *Paar,* das zwei zusammengehörige Dinge oder Personen bezeichnet: *ein Paar Schuhe, ein verliebtes Paar.*

> Sie waren seit einem Jahr **ein Paar.**

Das Wort *Paar* wird im Gegensatz zum kleingeschriebenen Wort *paar* verändert (dekliniert).

> der Preis meines neuen **Paars** Schuhe

Paarformeln

Unter **Paarformeln** versteht man ein Paar von Begriffen, die (meist) mit dem Wort *und* zu einer festen Wendung verbunden werden:

> **Alt und Jung, Arm und Reich, Grund und Boden, lieb und teuer, über kurz oder lang**

- Handelt es sich um Substantive (Hauptwörter, Nomen), muss großgeschrieben werden.

(mit) **Mann und Maus,** (mit) **Kind und Kegel,** (bei) **Tag und Nacht**

- Es gibt aber auch Wendungen, die aus Adjektiven (Eigenschaftswörtern) hergeleitet werden *(arm, reich)*. Sie werden immer großgeschrieben, wenn sie sich **auf Personen** beziehen:

Alt und Jung (alte und junge Menschen), **Arm und Reich, Groß und Klein, Gleich und Gleich**

- Sonstige Wendungen mit Adjektiven werden ganz normal kleingeschrieben.

über **kurz oder lang,** von **nah und fern**

- Das folgende Verb (Tätigkeitswort) steht in der Regel im Singular (Einzahl). Hier herrscht die Vorstellung einer Einheit vor, z. B. bei *Groß und Klein* die Bedeutung „jedermann".

Groß und Klein vergnügte sich prächtig. **Gleich und Gleich** gesellt sich gern.

Pappenstiel

Woher der Ausdruck **Pappenstiel** für etwas Geringwertiges kommt, ist nicht ganz klar. Vermutlich geht er auf den Löwenzahn, auch *Pappenblume/Pfaffenblume* genannt, zurück: Sein Stängel bietet nach dem Verwehen des Samens einen eher kläglichen Anblick. Der Ausdruck hat also wohl etwas mit dem *Stiel* (Stängel) zu tun, nichts mit einem irgendwie gearteten *Stil*.

Papst

Bei dem Begriff **Papst** denkt man schnell an *Papa,* und in der Tat gibt es das lateinische *papa* für *Vater*. Erstaunlicherweise setzte sich *Papst* (mit *päpstlich*) für das Oberhaupt der katholischen Kirche erst spät durch: Erst seit dem 9. Jahrhundert darf sich nur noch der Bischof von Rom so nennen – vorher gab es mit anderen kirchlichen Würdenträgern wie Bischöfen und Äbten noch andere Personen, die „Väter" genannt wurden. Das Wort wird also keinesfalls, wie häufig zu sehen, *Pabst* geschrieben.

parallel

Das Wort **parallel** ist von der Rechtschreibung her schwierig: Wo kommt das Doppel-*l* hin? Das Problem liegt in der griechisch-lateinischen Herkunft. Hier bleibt einem nichts anderes übrig, als sich die seltsame Schreibweise zu merken.

Die gleiche Schreibung gilt für *Parallele* und *Parallelogramm*.

Partizipien und Partizipialgruppen

Das Partizip

Partizip ist ein schwieriges Wort für etwas, was wir jeden Tag benutzen: Die *Partizipien* (Mehrzahl von *Partizip*) leiten sich von Verben (Tätigkeitswörtern) ab. Es gibt sie in zwei Formen: Beim *Partizip Präsens* wird an den Verbstamm ein *-end* angefügt: *liegend* (von **lieg***en).* Das Partizip Perfekt wird mit *-ge* gebildet: *gestürzt* (von *stürzen*). Daneben gibt es bei bestimmten Verb-Arten Formen wie *erobert*.

Sie müssen die Unterschiede bei der Bildung der Partizipien nicht genau kennen. Wichtig ist in diesem Buch, dass Sie die

Wortart kennen, nicht zuletzt deswegen, weil Partizipien oft wie → *Adjektive* gebraucht werden und in diesem Zusammenhang erwähnt werden.

Partizipien bringen manchmal Probleme bei der **Rechtschreibung** mit sich. Das gilt vor allem dann, wenn ein Partizip mit einem Substantiv (Hauptwort, Nomen) einen neuen Begriff bildet.

- Die Zusammenschreibung ist hier neben der Getrenntschreibung möglich, wenn das zugrundeliegende Verb getrennt geschrieben wird.

  > **Aufsehen erregend** oder **aufsehenerregend** (von *Aufsehen erregen*), **Hilfe suchend** oder **hilfesuchend** (von *Hilfe suchen*)

- Manchmal ist es eine **Wortgruppe mit Substantiv,** die bei der Bildung des neuen Begriffs Pate stand. Wird für den neuen Begriff ein wichtiger Bestandteil weggelassen, gilt nur die Zusammenschreibung: *von Sorgen geplagt* wird zu *sorgengeplagt* (eine entsprechende Verbindung *Sorgen plagen* geht nicht). Ebenso:

  > **herzerquickend (das** Herz erquicken), **kraftstrotzend (vor** Kraft strotzen)

Ebenso können bei einigen Verben Unsicherheiten bei der Bildung des Partizips Perfekt auftreten. Das betrifft vor allem Fremdwörter, die sich noch auf dem Weg in die Eindeutschung befinden: *downgeloadet* oder *gedownloadet?* S. dazu → *Fremdwörter: Verben*.

Siehe auch → *allein*, → *allgemein*, → *hoch*, → *nicht*, → *weit*. Zu Verbindungen mit *leicht* und *schwer* → *schwer*.

Partizipialgruppen

Beide Arten von Partizipien können auch mit anderen Wörtern erweitert werden und eine sogenannte **Partizipialgruppe** bilden.

„Der Junge liegt im Gras und beobachtet die Wolken" wird zu „Im Gras liegend, beobachtet der Junge die Wolken." *Im Gras liegend* ist die Partizipialgruppe. Ebenso: „Die Frau stürzte zu Boden und wirkte benommen" wird zu „Zu Boden gestürzt, wirkte die Frau benommen." *Zu Boden gestürzt* ist die Partizipialgruppe.

Richtiger oder falscher Bezug

Die Partizipialgruppe wiederum kann als verkürzter Nebensatz fungieren. Sie hat kein eigenes Subjekt (ein Subjekt beantwortet die Frage „wer", es bezeichnet den Träger der Handlung), sondern bezieht sich auf das Subjekt des dazugehörigen Hauptsatzes. In den Beispielen sind das der Junge und die Frau.

Wird dieser Zusammenhang nicht beachtet, ist die Gefahr unfreiwilliger Komik groß.

> **Von Wölfen angefressen,** fanden **die siegreichen Schweizer** 1477 die Leiche von Karl dem Kühnen unter einem Baum.

P

Die Schweizer werden wohl kaum von Wölfen angefressen sein. Im Gegenteil: Sie hatten doch gewonnen und allen Grund zur Freude. Richtig wäre beispielsweise:

> **Von Wölfen angefressen,** lag **die Leiche** von Karl dem Kühnen unter einem Baum. So fanden ihn 1477 die siegreichen Schweizer.

Eigentlich wäre dann auch die Formulierung *Beiliegend sende ich Ihnen …* falsch. Sie wird aber akzeptiert – niemand glaubt, dass der Schreiber mit im Brief sitzt. Schöner ist allerdings: *In der Anlage übersende ich Ihnen …, erhalten Sie …*

Kommasetzung

Bei der Kommasetzung machen die Partizipien normalerweise keinen Ärger. Auch wenn sie sich am Satzanfang mit weiteren Wörtern zu einer Partizipialgruppe verbinden, **kann** man ein Komma setzen, muss das aber nicht.

Empfehlung: Setzen Sie hier ein Komma, denn es untergliedert den Satz und macht ihn damit lesbarer.

> **Auf die entsprechenden Verfassungsartikel verweisend(,)** *forderten die Demonstranten grundlegende Reformen.*
> **Von den anfänglichen künstlerischen Erfolgen beflügelt(,)** *wandte sich die Malerin anspruchsvolleren Projekten zu.*

Passus → **Lapsus.**

peripher

P

Das Adjektiv (Eigenschaftswort) **peripher** („am Rande liegend"), dazu die *Peripherie,* wird häufig falsch mit *-är* geschrieben. Diese fehlerhafte Schreibung lässt sich vielleicht auf eine vermutete Verwandtschaft mit *ungefähr* zurückführen.

Personalpronomen → **Pronomen.**

physisch – psychisch – psychologisch

Die drei Begriffe **physisch, psychisch** und **psychologisch** werden gern verwechselt.

- Das Adjektiv (Eigenschaftswort) **physisch** bedeutet „auf den Körper bezogen".

> Ein Fußballspieler sagte einmal: „Ich bin **körperlich und physisch** topfit." Seine geistigen Fähigkeiten erwähnte er nicht.

- Das Adjektiv **psychisch** heißt „auf den Geist bezogen". Es wird nicht nur gern mit dem **physisch** verwechselt, sondern auch mit dem **psychologisch.**

> **Psychische Krankheiten** nehmen immer mehr zu.

- Das Wort **psychologisch** ist auf die Wissenschaft *Psychologie* bezogen.

> Essstörungen sind keine **psychologischen Krankheiten,** sondern **psychische.**
> Jemand mit **psychischen Problemen** begibt sich in **psychologische Behandlung.**

platzieren

Bis zur Rechtschreibreform galt die Schreibung *plazieren*. Inzwischen schreibt man **platzieren,** was auch durch die Nähe zu *Platz* einfacher ist. Die Schweizer bevorzugen die Variante *placieren*.

Da stellt sich nur noch die Frage nach dem passenden Fall – Dativ (*Wem*-Fall) oder Akkusativ (*Wen*-Fall)? Die Antwort: Wie so oft geht beides, je nachdem, was ausgedrückt werden soll.

- Mit dem Dativ setzt man *platzieren,* wenn die Frage „wo" beantwortet wird.

> **An wichtigen Stellen** der Stadt hatte die Polizei Hundertschaften **platziert.**

- Mit dem Akkusativ setzt man *platzieren,* wenn die Frage „wohin“ beantwortet wird.

  Platziere deine Trophäen **auf das oberste Regalbrett,** damit man sie gut sehen kann.

pleite

- Das Adjektiv (Eigenschaftswort) **pleite** schreibt man klein.

  Die Firma ist **pleite.**

- Als Substantiv (Hauptwort, Nomen) wird das Wort großgeschrieben.

  Die Pleite hatte verheerende Folgen für die Zulieferer.

- Das Verb (Tätigkeitswort) **pleitegehen** wird zusammengeschrieben.

  Sie sind **pleitegegangen.** Die Firma ging **pleite.**

  In Verbindung mit *machen* schlägt allerdings der substantivische Charakter wieder durch: *Pleite machen*. Das gilt analog auch für *bankrott/Bankrott*.

Plenum

Das **Plenum** („Vollversammlung“) bildet den Plural (Mehrzahl) *die Plenen*.

Pogrom

Beim Wort **Pogrom** für Verfolgung einzelner Volksgruppen, besonders der Juden, ist man geneigt, am Anfang *Pro-* zu schreiben, wegen der im Deutschen häufigen Vorsilbe *pro*. In diesem Fall ist zwar auch die Herkunftssprache für die ungewöhnliche Schreibung verantwortlich, aber ausnahmsweise handelt es sich hier nicht um Griechisch oder Latein. Der Begriff wurde vielmehr aus dem Russischen *(pogróm)* übernommen.

Portfolio

Das **Portfolio** war ursprünglich eine Mappe mit Kunstwerken, jetzt auch u. a. das Gesamtangebot an Produkten einer Firma. Bei beiden Bedeutungen bildet der Begriff *Portfolio* den Plural (Mehrzahl) *die Portfolios*.

Porto

Das **Briefporto** kennt man – aber was ist mit dem Plural (Mehrzahl)? Hier gibt es zwei Möglichkeiten zur Auswahl: *die Portos* und *die Porti*.

Possessivpronomen → Pronomen.

Potential, Potenzial → -tial, -zial, -tiell, -ziell.

Praktika – Praktiken

Die **Praktika** sind der Plural (Mehrzahl) von *Praktikum*.

> In manchen Studiengängen sind mehrere **Praktika** Pflicht.

Geht es jedoch um **Praktiken,** ist der Plural des Wortes *Praktik* („Verfahrensweise") gemeint, meist im Sinne von „nicht ganz einwandfrei":

> Sie wendeten fragwürdige **Praktiken** an, um einen finanziellen Vorteil zu erzielen.

Präposition (Verhältniswort)

Als **Präposition** (das „Vorangestellte") wird ein Wort bezeichnet, das das Verhältnis verschiedener Wörter zueinander angibt, daher auch die Bezeichnung *Verhältniswort*. Häufige Präpositionen sind etwa *auf, in, mit, ohne, unter, trotz, wegen*.

Präpositionen beeinflussen das nachfolgende Wort, auf das sie sich beziehen: Sie bestimmen dessen grammatikalischen → *Fall* (Kasus), fachsprachlich: Sie *regieren* ihn. Nicht immer ist die Sachlage eindeutig: Sagt man *trotz dem Regen* oder *trotz des Regens?*

Einige Präpositionen, bei denen es vermehrt zu Unsicherheiten kommt, sind im Buch als eigene Stichwörter aufgeführt: *analog, angesichts, anhand, anstatt, aufgrund / auf Grund, außer, dank, einschließlich, entgegen, entsprechend, gegenüber, gemäß, getreu, hinsichtlich, infolge, kraft, laut, mangels, mithilfe / mit Hilfe, mittels, seit, seitens, statt, trotz, ungeachtet, während, wegen, wider, zeit, zufolge.*

Zusammentreffen mehrerer Präpositionen: mit und ohne Hunde

Bei Formulierungen wie *Spaziergänger mit und ohne Hunde* kann man schon mal ins Grübeln kommen: Es würde ja eigentlich *mit Hunde***n,** aber *ohne Hunde* heißen. Nun könnte man alles doppelt sagen – *Spaziergänger mit Hunden und Spaziergänger ohne Hunde* –, aber das wäre doch eher unschön.

Die Lösung ist einfach: Maßgeblich ist die Präposition, die dem Bezugswort (hier: *Hunde*) am nächsten steht.

> Spaziergänger **mit und ohne Hunde** waren unterwegs.

Präsens – Präsenz

Die beiden Begriffe **Präsens** und **Präsenz** werden gelegentlich verwechselt.

Das **Präsens** ist eine Zeitform des Verbs (Tätigkeitsworts) in der deutschen Sprache: die Gegenwartsform. Die Betonung liegt auf der ersten Silbe, dem *Prä-*.

> Wir **gehen.** (Präsensform von *gehen*)

Die **Präsenz** ist zunächst einmal nur die Anwesenheit. Der Begriff kann aber auch die Ausstrahlung einer Person bezeichnen. In beiden Fällen liegt die Betonung auf dem *-senz*.

> In der Corona-Pandemie war der **Präsenz-Unterricht** (in der Schule, nicht zu Hause) umstritten.
> Mit ihrer **Präsenz** auf der Bühne zog die Schauspielerin das Publikum in ihren Bann.

Preis-Leistungs-Verhältnis → Substantiv.

P

prima

Das Adjektiv (Eigenschaftswort) **prima** wird nie verändert: ein *prima* Buch, der Krimi war *prima,* ich habe mich *prima* gefühlt.

Privileg

Unter **Privileg** versteht man besondere Vorrechte für Einzelne oder bestimmte Gruppen. Als Plural (Mehrzahl) dieses Begriffs wird in der Regel *die Privilegien* genommen, seltener *die Privilege.*

Prozentzahlen → Zahlen.

projizieren

Es heißt zwar *Proj**e**kt* und *Proj**e**ktion,* aber trotz dieser Verwandtschaft schreibt man *proj**i**zieren*.

P

Pronomen

Pronomen werden im Deutschen auch *Fürwörter* genannt. In der Tat stehen sie häufig – quasi als Stellvertreter – für ein Nomen (Substantiv, Hauptwort): *pro nomen*. Beispiel: Für *die Frau* wird *sie* gesetzt. Pronomen werden bis auf wenige Ausnahmen kleingeschrieben. In diesem Buch geht es um die folgenden Arten:

Die **Demonstrativpronomen** zeigen ihren Charakter als *hinweisende Fürwörter* schon im Namen (von lateinisch *demonstrare* = „zeigen"): *der, die, das – derjenige, diejenige, dasjenige – derselbe, dieselbe, dasselbe – dieser, diese, dieses – jener, jene, jenes – solcher, solche, solches.*

> Mancher Mensch ist nach einer traumatischen Erfahrung nicht mehr **derselbe.**

Die **Indefinitpronomen** stehen, wie schon ihr Name zeigt (*indefinit* = „unbestimmt"), für etwas Unbestimmtes: *alle, etliche, manche, mehrere, viele.*

> Ich habe schon **manches** gehört, aber das hier ist einfach zu viel.

Die **Personalpronomen** sind die *persönlichen Fürwörter: ich, du, er, sie, es, wir, ihr, sie.* Bei der höflichen Anrede *Sie* wird großgeschrieben, ebenso kann man in Briefen oder Ähnlichem *Du* schreiben; das sind die angesprochenen Ausnahmen.

> Ich habe **die Aufsätze** leider nicht gelesen. → Ich habe **sie** leider nicht gelesen.

Die **Possessivpronomen** sind die *besitzanzeigenden Fürwörter* (von lateinisch *possedere* = „besitzen"): *mein, dein, sein, ihr, unser, euer, ihr.*

> Der Fuß, auf welchem du gerade stehst, ist **meiner.**

Die **Relativpronomen** sind *Fürwörter, die Bezug auf etwas nehmen* (relativ = „sich beziehend auf"), was zuvor genannt wurde, meist ein Substantiv (Hauptwort, Nomen): *der, die, das, welcher, welche, welches.*

> Die fünf Aufsätze, **die** ich gelesen habe, waren nur zum Teil hilfreich.

Punkt

Der Punkt als Satzzeichen bereitet normalerweise keinen großen Ärger. Nur in einigen besonderen Fällen ist das anders.

- Besitzt eine wörtliche Rede (mit Anführungszeichen) einen Satzschlusspunkt, fällt dieser weg, wenn ein Begleitsatz folgt. → *Anführungszeichen*.

  Sie sagte: „Ich kann das nicht glauben." → „Ich kann das nicht **glauben", sagte sie.**

- Manchmal steht eine Abkürzung, die mit einem Punkt endet, am Satzende. Dann werden nicht etwa zwei Punkte gesetzt – der Satzschlusspunkt ist dann überflüssig. → *Abkürzungen*.

  Ein Sturz bei einem Turnier veränderte **Heinrich VIII.** Er entwickelte sich zum verhassten Tyrannen.

- Bei listenartigen Aufzählungen muss am Ende kein Punkt gesetzt werden. Das gilt vor allem dann, wenn die Aufzählungspunkte kurz sind.

  Die Ziele der Weltklimakonferenzen lauten:
  – *Begrenzung der Erderwärmung auf höchstens 2 °C*
  – *Reduzierung der Treibhausgasemissionen*
  – *Schutz des Regenwaldes*

- Bei nummerierten Aufzählungen ist ein Punkt nach der Zahl in Ordnung:

  1. Anträge
  2. Diskussion
  3. Beschlussfassung

- Bei Dezimalgliederungen (1, 1.1, 1.2, 2) ist das anders. Da steht nach der letzten Gliederungsziffer nie ein Punkt. **Nie** heißt hier wirklich **nie:** auch bei der obersten Ebene nicht.

> 1 Einleitung
> 1.1 Forschungsstand
> 1.2 Methodik
> 2 Historische Herleitung

Quäntchen

Die Schreibung **Quäntchen** hat die frühere Schreibung *Quentchen* abgelöst. Diese ist nicht mehr gültig.

Die Schreibung *Quentchen* leitete sich von der alten Maßbezeichnung *Quent* ab. Die Verkleinerungsform *Quentchen* galt für sehr kleine Mengen im Bereich weniger Gramm. Der Rechtschreibrat wollte die neue Schreibung *Quäntchen* auf *Quantum* zurückführen, was aber von manchen Kritikern als falsch angesehen wird.

Quarzuhr

Das Mineral **Quarz** schrieb sich schon immer so, also *Quarzuhr* oder *Quarzglas*. Zu einiger Verwirrung dürfte die Werbung beigetragen haben, die gern ihre *Quartzuhren* anpries. Die Schreibung *Quartz* ist aber englisch.

Rad fahren

Bis zur Rechtschreibreform schrieb man *radfahren,* aber *Auto fahren*. Nachvollziehbar war dieser Unterschied nicht. Jetzt schreibt man wie beim Auto *Rad fahren*. Aber als Substantiv (→ *Substantivierung*):

> **Beim Radfahren** bekommt man viel frische Luft – je nachdem, wo man fährt.

→ *Verb*.

rational – rationell

Mit **rational** ist „vernunftbestimmt", „sinnvoll" gemeint.

> Für **rationale** Argumente waren sie einfach nicht empfänglich.

Dagegen hat **rationell** die Bedeutung „zweckmäßig", „wirtschaftlich", „effizient".

> Ziel ist es, **rationell** arbeitende, materialsparende Verfahren umzusetzen.

recht – Recht

R

Es ist nicht immer einfach zu entscheiden, ob man nun **recht** oder **Recht** schreibt. In manchen Fällen ist sogar beides möglich.

- **Kleingeschrieben** wird das von *rechts* abgeleitete Adjektiv (Eigenschaftswort): *ein rechter Winkel, auf der rechten Seite*.
- Auch Verbindungen wie *jetzt erst recht, das ist mir recht, alles, was recht ist, es geschieht ihm recht, recht und billig, wenn ich mich recht entsinne* werden kleingeschrieben.

  Hier herrscht die Bedeutung „richtig" oder „ziemlich" vor (*recht genau* ist nicht besonders genau).

- **Groß** schreibt man → *Substantivierungen: das Rechte tun, nach dem Rechten sehen, er weiß nichts Rechtes mit sich anzufangen, sie ist die Rechte* (jetzt wird geheiratet), *die Rechte* (beim Boxen, in der Politik).
- Ebenfalls groß schreibt man, wenn es um den Begriff *das Recht* geht: *von Rechts wegen, Recht sprechen, Recht* (Jura) *studieren, bürgerliches Recht, das Recht anwenden, die Rechte* (z. B. an einem Film) *erwerben, mit/ohne Recht, im Recht sein, zu seinem Recht kommen, ein Recht haben, nach Recht und Gewissen.*

  Bei solchen Ausdrücken geht es um Gesetze, Vorschriften, Berechtigungen. Daran kann man sich gut orientieren. Einen Hinweis auf die Großschreibung geben häufig auch die dazugehörigen Artikel (*der, die, das, ein, einer* usw.).

Fälle, in denen groß- oder kleingeschrieben werden kann

Manche Wörter sieht man mal klein- und mal großgeschrieben, und in der Tat ist hier beides richtig.

- *recht bekommen / Recht bekommen*
- *recht behalten / Recht behalten*
- *jemandem recht geben / jemandem Recht geben*
- *recht haben / Recht haben*
- *recht an etwas tun / Recht an etwas tun*

Die Dudenredaktion empfiehlt in diesen Fällen die Kleinschreibung. Steffi Staaden („Rechtschreibung und Zeichensetzung endlich beherrschen") hat dazu einen sehr sinnvollen Vorschlag: Man solle in diesen Fällen alles, was mit „Recht und Gesetz" zu tun hat, großschreiben, und alles, was die Bedeutung von „richtig" hat, kleinschreiben. Das würde dann bedeuten:

Vor Gericht bekommt man *Recht* (man gewinnt den Prozess), aber bekommt am Ende einer Diskussion *recht* (man hat die anderen überzeugt). Damit kommt man gut weiter.

→ *zurecht – zu Recht.*

recyceln → Fremdwörter: Verben.

Referenz – Reverenz

Die Verwechslungsgefahr bei diesen beiden Begriffen ist hoch.

Eine **Referenz** ist eine Auskunft einer wichtigen Person, die man als Empfehlung verwenden darf: in seiner Bewerbung *Referenzen* nennen. Der Begriff wird aber auch im Sinne von „Bezugspunkt", „Standard" verwendet.

> Die im Vertrag verankerten Bestimmungen wurden später als **Referenz** für die Ausgestaltung der Beziehungen zwischen beiden Ländern genommen.

Mit einer **Reverenz** bezeugt man einer anderen Person gegenüber seine Hochachtung oder Verehrung.

R

> In einer Folge der Serie *Game of Thrones* war im Hintergrund der aufgespießte Kopf von George W. Bush zu sehen. Eine **Reverenz** gegenüber dem ehemaligen amerikanischen Präsidenten war das sicher nicht: Der produzierende Sender HBO musste sich entschuldigen.

Reflexion

Der Begriff **Reflexion** ist ein ganz besonderer Fall. Er konkurriert mit der Schreibung *Reflektion,* die es sogar in hochwissenschaftliche Bücher geschafft hat. Nur – es gibt das Wort

Reflektion gar nicht. Man sagt zwar *reflektieren,* aber richtig ist einzig die Schreibweise *Reflexion*. Diese wiederum wird direkt zurückgeführt auf das französische Wort *réflexion*. Entsprechend schreibt man auch *Reflex* und *reflexhaft*.

Reihe (eine Reihe Leute glaubte/glaubten) → Gruppe.

Relativpronomen → Pronomen.

Reling

Die **Reling,** die so gern fälschlicherweise *Reeling* geschrieben wird, besitzt zwei Formen für den Plural (Mehrzahl): *Relings* und (seltener) *Relinge*.

renitent – resistent – resilient

Jemand, der **renitent** ist, ist *widerspenstig*. Das Wort wird oft in Bezug auf Kinder, in früheren Zeiten auch auf Untergebene/ Untertanen bezogen und hat einen negativen Beiklang. Das Substantiv (Hauptwort, Nomen) dazu ist die *Renitenz*.

> Die Göttinger Professoren, die 1837 gegen die Aufhebung der Landesverfassung im Königreich Hannover protestierten, galten als **renitent.**

Das Wort **resistent** dagegen bedeutet „widerstandsfähig“, wird aber auch im negativen Sinn als „uneinsichtig“ gebraucht. Das Substantiv ist die *Resistenz*.

> Das Material ist gegenüber Witterungseinflüssen **resistent.**

> Der König von Hannover erwies sich als **resistent** gegenüber den Demokratisierungsbestrebungen und entließ die Professoren.

Als **resilient** wird jemand bezeichnet, der die Fähigkeit hat, in seinem Verhalten angemessen auf Änderungen und Herausforderungen zu reagieren. Unter *Resilienz* versteht man entsprechend eine psychische Widerstandskraft.

> In der Forschung ist umstritten, welche Faktoren dazu beitragen, sich zu einem **resilienten** Menschen zu entwickeln.

Renommee

Der aus dem Französischen stammende Begriff **Renommee** in der Bedeutung „guter Ruf", „Ansehen" wird mit Doppel-*m* geschrieben. Am Ende steht ein doppeltes *e,* kein *é*. Entsprechend heißt es auch *renommiert*.

Rentier

Das **Rentier** kann zwar schnell laufen, aber mit der Bedeutung „rennen" hat das Wort nichts zu tun. Das Wort *Ren* bezeichnete schon früh im skandinavischen Sprachraum ein gehörntes Tier und wurde zum Namen für diese Hirschart.

Reparatur

Es heißt **Reparatur,** nicht *Reperatur*. Die falsche Schreibweise rührt wohl von einer nicht so genauen Aussprache her. Entsprechend schreibt man korrekt *reparieren* und *Reparation* (Kriegsentschädigung).

Rezension – Rezession

Die beiden Begriffe werden oft verwechselt. Eine **Rezension** ist die mehr oder weniger kritische Besprechung eines künstlerischen Werks, z. B. eines Buchs, eines Films, einer Theateraufführung, während mit **Rezession** ein Konjunkturrückgang bezeichnet wird.

> Eine **Rezension** ist etwas, was der Schriftsteller herbeisehnt, aber zugleich auch fürchtet.
> Eine **Rezession** ist etwas, was der Rest der Menschheit fürchtet.

Rhetorik

Rhetorik für „Redekunst" ist ein schwierig zu schreibendes Wort. Das verdanken wir seiner Herkunft aus dem Griechischen, wie beim *Rheuma* und beim *Rhinozeros*. Eine *rhetorische* Frage ist eine Frage, auf die keine Antwort erwartet wird: *Ist das denn zu fassen?*

Rhythmus

Die deutsche und die englische Sprache haben bei der Verteilung des Buchstabens *h* für dieses Wort am lautesten „hier" geschrien: Im Deutschen schreibt man **Rhythmus,** im Englischen *rhythm*. Die Franzosen haben dagegen ein *h* eingespart: *rythme,* die Italiener gleich alle: *ritmo*. Der Plural (Mehrzahl) von *Rhythmus* lautet *die Rhythmen*.

Rückgrat

Der Begriff **Rückgrat** für „Wirbelsäule" hat mit *Grad* (Temperatur oder Winkel) nichts zu tun, aber viel mit dem Begriff *Grat* für schmaler *(Berg-)Rücken,* aber auch *Stachel, Spitze*. Das Wort wird zurückgeführt auf *rucke grat* – „Erhebung(en) des Rückens". Heutzutage wird es auch bei der Bezeichnung für einen starken/schwachen Charakter verwendet: *ein Mensch mit/ohne Rückgrat*.

Der Begriff wird ebenfalls im Sinne von „eine tragende Rolle spielen" benutzt.

> Die Handelsflotte ist das **Rückgrat** der internationalen Warenflüsse.

säen – sähen

Mit **säen** beschreibt man die Tätigkeit, Pflanzensamen in die Erde zu bringen, und entsprechend auch, den Keim zu etwas zu legen: *Sie säen*.

Sähen ist der Konjunktiv (Möglichkeitsform) von *sehen*: Wir würden sehen – *wir sähen,* sie würden sehen – *sie sähen*.

> Wenn die Beteiligten genauer **hinsähen,** würden sie erkennen, dass hier versucht wird, Misstrauen zu **säen.**

Saite – Seite

Die beiden Begriffe **Saite** und **Seite** haben ganz unterschiedliche Bedeutungen.

- Unter **Saite** versteht man einen gedrehten Faden, der bei Musikinstrumenten verwendet wird: *die Saiten der Gitarre, man greift in die Saiten, das Instrument wird mit neuen Saiten bespannt*.

In übertragener, nicht wörtlicher Bedeutung *schlägt man eine Saite an* (lässt Erinnerungen anklingen), *zieht andere Saiten auf* (wird sehr energisch), *berührt eine empfindliche Saite bei jemandem* (trifft eine verletzliche Stelle), *jemand ist zartbesaitet / zart besaitet* (ist sensibel).

> „Spezialisten sind Leute, die nur eine **Saite** auf ihrer Fiedel haben." Henry Miller

- **Seite** ist ein Begriff, der ebenfalls viele Facetten hat. Man kann eine *Sache von zwei Seiten betrachten* und *Buchseiten umblättern*. *Seite* kann ebenso der Charakterzug eines Menschen sein: *sich von seiner besten Seite zeigen, ganz andere Seiten an ihm kennenlernen*.

> „Jeder ist ein Mond und hat eine dunkle **Seite,** die er niemandem zeigt." Mark Twain

scheinbar → **anscheinend – scheinbar.**

Schild

Für den Begriff **Schild** gibt es zwei Bedeutungen, die sich nach dem Artikel *(der, die, das, ein, eine)* und dem dazugehörigen Plural (Mehrzahl) unterscheiden.

S

- Am geläufigsten ist **das Schild:** eine Tafel mit einer Aufschrift, z. B. ein Straßenschild. Der Plural (Mehrzahl) *die Schilder* gilt ausschließlich für diese Bedeutung.

> Im Jahr 2000 konnte ein japanischer Tourist in Köln sein Auto nicht wiederfinden. Er hatte sich, da er **die Schilder** nicht entziffern konnte, wohlweislich den Straßennamen notiert. Der herbeigerufenen Polizei

> zeigte er dann den Zettel: „Einbahnstraße". Es ging aber gut aus – das Auto konnte gefunden werden.

- **Der Schild** (Plural: *die Schilde*) führt in die Geschichte zurück. Darunter versteht man eine (häufig leicht gewölbte) Platte, die ein Kämpfer zum Schutz vor Angreifern vor sich hält. Zur Zeit der Ritter war es üblich, dass renommierte Künstler *die Schilde* hochrangiger Persönlichkeiten bemalten – noch heute ist *Schilderij* im Niederländischen das Wort für *Gemälde*.

  Der Begriff *(der) Schild* hat dann auch Eingang in andere Bereiche gefunden, um Schutz, Abschirmung anzudeuten, etwa als Hitzeschild bei Raumfähren: Auch hier heißt es *der Schild*.

> Wenn eine Versicherung ihren Kunden ihre Leistungen anpreist, betont sie, dass sie **den besten Schutzschild** aller Zeiten bietet.

Schlafittchen

Das Wort **Schlafittchen** hat nichts mit *Schneewittchen* zu tun, es wird mit *f* geschrieben.

Fittich ist ein altes Wort für „Flügel". Das Wort *Schlafittchen* wird auf *Schlagfittich*, „Schwungfeder des Flügels", zurückgeführt. *Jemanden beim Schlafittchen kriegen* heißt also: *jemanden packen und festhalten*. Weniger handgreiflich bedeutet das dann: *ihn zur Rede stellen*.

schleifen

- Materialien kann man schleifen, also glätten – sie werden dann **geschliffen,** z. B. Messer oder eine unebene Fläche.

- Man kann aber auch eine Leiche in den Wald schleifen oder den Ehemann mit zur Schwiegermutter schleifen, im Sinne von: „etwas hinter sich herziehen" oder „jemanden sehr hartnäckig zu etwas bewegen". Dann wird der oder das (hinter sich her) **geschleift.**

  Auch für die Burg oder die Festung gilt: Wenn sie bis auf die Grundmauern zerstört wird, wird sie **geschleift.**

Schrägstrich

Der Schrägstrich erfüllt verschiedene Funktionen.

- **Ohne Abstand** links und rechts steht er, wenn er einzelne Wörter verbindet, wie etwa *km/h, Raucher/Nichtraucher, und/oder, CDU/CSU, 2020/2021*.
- **Mit Abstand** sollte man den Schrägstrich jedoch setzen, wenn mehrere einzelne Wörter vom Schrägstrich getrennt werden: *Herbst 2020 / Frühjahr 2021*.

  Der Grund: Würde man bei mehreren einzelnen Wörtern vor und nach dem Schrägstrich keinen Abstand setzen, würden Wörter eine enge Verbindung eingehen, die gar nicht zusammengehören. Das wären etwa bei *Herbst* **2020/Frühjahr** *2021* die Wörter **2020** und **Frühjahr**.

Wichtig bei beiden Formen: Der Abstand beim Schrägstrich wird immer paarig gesetzt. Links ohne Abstand und rechts mit Abstand geht gar nicht. Falsch wäre also: *CDU/ CSU*.

- Eine Ausnahme gilt bei Literaturangaben: Hier hat sich die Form *Müller, Claus/Meyer, Beate* eingebürgert.

Schuld, schuld

- Der Begriff **Schuld** ist zunächst einmal ein Substantiv (Hauptwort, Nomen) und wird deshalb großgeschrieben.

> an etwas **Schuld haben, es ist meine Schuld,** jemandem **die Schuld an etwas geben, die Schuld an etwas tragen**

- Kommt aber ein *sein* oder *werden* dazu, wird kleingeschrieben.

> **Du bist nicht schuld.**

- Getrennt oder zusammenschreiben können Sie bei *sich etwas zuschulden / etwas zu Schulden kommen lassen*.

schwer

- Die Verben (Tätigkeitswörter) *schwerfallen* in der Bedeutung „Mühe bereiten", *schwernehmen* („ernst nehmen") und sich [mit etwas] *schwertun* („nicht gut zurechtkommen") werden zusammengeschrieben.

> Das ist mir **schwergefallen.**

Aber mit anderer Betonung und der Bedeutung „schwer hinfallen":

> Sie ist **schwer gefallen** (gestürzt).

- Handelt es sich um Adjektive (Eigenschaftswörter) oder → Partizipien, wird normalerweise getrennt geschrieben:

schwer nachvollziehbar, schwer beeindruckt, schwer erziehbar, schwer beladen

Bei einigen geläufigen Begriffen bevorzugt die Dudenredaktion jedoch die Zusammenschreibung (gegenüber der auch möglichen Getrenntschreibung):

schwerbehindert, schwerbeschädigt (bei Menschen mit gesundheitlichen Schädigungen), **schwerwiegend**

Hier gilt jedoch: Werden diese Begriffe gesteigert oder erweitert, werden sie getrennt geschrieben (darauf verweist auch die Betonung):

ein **viel schwerer verletzter** Mensch als befürchtet, ein **unfassbar schwer verletzter** Mensch

Hier spricht man die Begriffe deutlich getrennt aus.

- Substantive (Hauptwörter, Nomen) schreibt man aber immer groß und zusammen: *Schwerbehinderte, Schwerbeschädigte, Schwerverletzte.*

Zu *schwer wiegende Gründe – schwerwiegendere Gründe → Steigerung*.

seid – seit

Die beiden Wörter **seid** und **seit** werden bei der Schreibung häufig verwechselt.

- **Seid** wird gebraucht, wenn man mehrere Personen anredet, es ist eine Form von *sein*.

Seid jetzt bitte mal ruhig!

- **Seit** bedeutet: „von dem Zeitpunkt an, da etwas begann". Es kann eine → *Präposition* (Verhältniswort) sein – *seit einer Woche* – oder als → *Konjunktion* (Bindewort) einen Satz einleiten:

  Seit sie mit dem Rauchen aufgehört hat, geht es ihr besser.

  Dieses Wort hat einen deutlichen Zeitbezug. Wenn Sie sich also nicht sicher sind, denken Sie, wie Steffi Staaden („Rechtschreibung und Zeichensetzung endlich beherrschen") es vorschlägt, an „**t**emporal" („zeitlich").

seit kurzem/Kurzem, langem/Langem

Man kann **seit kurzem / seit Kurzem** und **seit langem / seit Langem** schreiben. Beides ist richtig. Das Gleiche gilt für *seit längerem / seit Längerem* und auch dann, wenn man statt *seit* ein *binnen* setzt: *binnen kurzem / binnen Kurzem*.

seitens

Die → *Präposition* (Verhältniswort) **seitens** steht mit dem Genitiv (*Wes*-Fall): *seitens der Behörde, seitens interessierter Kreise.* Zur Bildung des Genitivs → *Fall.*

Leitet die Wortgruppe mit *seitens* den Satz ein, steht danach kein Komma.

Seitens der Bürgermeisterin gab es keine Bedenken.

selbständig, selbstständig

Bei der Frage, ob es **selbständig** oder **selbstständig** heißt, müssen Sie sich keine Gedanken machen: Beide Schreibweisen sind richtig. Entsprechend heißt es auch *Selbständige(r)/ Selbstständige(r)* und *Selbständigkeit/Selbstständigkeit*.

Selfie → -ys oder -ies.

selig

Bei **selig** drängt sich eine Verbindung zur *Seele* auf, aber das führt auf die falsche Fährte einer Schreibung mit zwei *e*. Das Wort bedeutete im Mittelalter – in der Schreibung *sælec* oder *sælic* – „glücklich", „gesegnet". Noch heute spricht man von *Glückseligkeit*. Im religiösen Bereich ist die gleiche Schreibung anzutreffen: Die *Seligkeit* ist die Einheit mit Gott nach dem Tod, und es heißt *Selige* und *Seligsprechung*.

separat

Aufgrund ungenauer Aussprache könnte man **separat** falsch schreiben. Es heißt aber nicht *seperat*. Beim Verb (Tätigkeitswort) *separieren* ist das deutlicher zu hören.

Seriosität

Auch wenn das Adjektiv (Eigenschaftswort) *seriös* heißt: Das Substantiv (Hauptwort, Nomen) dazu ist die **Seriosität**, abgeleitet vom lateinischen *seriositas* („Ernsthaftigkeit").

sie – Sie

Die Verwechslung von **Sie** und **sie** ist ein ausgesprochener Klassiker. Häufig gehen beide Formen munter durcheinander.

- **sie** bedeutet ganz einfach *diese, die da, jene.* Es handelt sich um ein sogenanntes Personalpronomen (ein persönliches Fürwort, das für Personen oder Dinge steht: z. B. *die Frau, die Frauen, die Uhren → sie*).

> Das wusste **sie** (die Frau) nicht. Das konnten **sie** (die Leute) sich einfach nicht erklären. Manche Uhren werden aufgezogen, damit **sie** laufen. Die Uhr wurde aufgezogen – **sie** läuft jetzt.

- Das großgeschriebene **Sie** ist die Höflichkeitsanrede (wenn man jemanden anspricht und ihn nicht duzt):

> Können **Sie** mir beschreiben, wie ich zum Bahnhof komme?

- Bei den dazugehörigen Formen wie **ihre** und **Ihre** gelten die gleichen Regeln für die Groß- oder Kleinschreibung: *Ihre* bei der Anrede, *ihre,* wenn Sie von anderen Personen/Dingen sprechen. Ausnahme: Das Wort *sich* wird immer kleingeschrieben.

S

> Wie haben **Sie** (Frau Schulze) **sich** bei **Ihrer** Entscheidung gefühlt?
> Wie haben **sie** (die Menschen) sich wohl in **ihrer** Lage gefühlt?

Wie erkennt man den Unterschied?

Wenn Sie nicht sicher sind, ob es *sie* oder *Sie* heißt, vergessen Sie einfach mal Ihre guten Manieren. Ersetzen Sie das *Sie* durch *du* oder *ihr* (und durch die entsprechenden Formen *dein, euer* usw., falls es um mehrere Personen geht). Bleibt der Sinn des Satzes erhalten – wenn auch etwas unhöflicher –, ist das *Sie* richtig.

> In früheren Zeiten bereiteten die Anschlüsse für die Feuerwehrschläuche oftmals Probleme, denn **Sie waren** nicht genormt.
> Ersetzt mit *du:* Denn **du warst** nicht genormt.

Liest das jemand in einem Text, denkt er sich: Wieso ich? Seit wann werden Menschen genormt? Es muss heißen: „Denn sie waren nicht genormt."

> Aus einem Interview: „Wie erlebten **Sie** die Zeit **Ihres** Exils?"
> Ersetzt mit *du:* „Wie **erlebtest du** die Zeit des Exils?"

Das passt.

Silikon – Silizium

Klaus Lage sang 1985 mit seiner Band das Lied „Monopoly", in dem es um Roboter und Digitalisierung geht:

Wann hast du jemals richtig Urlaub gemacht?
Dein ganzes Leben für'n Betrieb mitgedacht.
Deinen Job macht jetzt ein Stück Silikon.
Wen juckt das schon?
Wen juckt das schon?

S

Silizium (auch: *Silicium*) ist ein Halbmetall, das insbesondere für die Herstellung von Halbleitern wichtig ist. Das englische Wort für *Silizium* ist *silicon* – es ist vor allem durch die Bezeichnung *Silicon Valley* bekannt. Das hat viele Menschen dazu gebracht, das englische *silicon* fälschlicherweise mit *Silikon* zu übersetzen; es handelt sich um einen sogenannten *false friend*. **Silikon** (englisch *silicone*) ist aber eine chemische Verbindung des *Siliciums* – *Silikone* dienen u. a. als Dichtungsmasse. Besonders bekannt sind sie als Material für Implantate („Silikonbusen").

Klaus Lage meinte also wohl *Silizium,* das, verarbeitet in einem Chip, den Arbeiter seinen Job kostete. Aber *Silikon* reimte sich natürlich besser.

Silvester

Die Bezeichnung **Silvester** für den letzten Tag des Jahres geht wie so vieles auf den kirchlichen Bereich zurück. Der im 4. Jahrhundert n. Chr. amtierende Papst *Silvester I.* war der zuständige Heilige für diesen Tag. Bei den männlichen Vornamen gibt es allerdings zwei Schreibweisen: *Silvester* und *Sylvester*. *Sylvester Stallone* darf also seinen Vornamen behalten.

Siphon

Der **Siphon,** den man aus dem Badezimmer kennt, schreibt sich nicht *Syphon.* Der Begriff geht auf das Französische zurück, hier auf *siphon* – daraus leitet sich die Schreibung ab.

Sisyphus – Syphilis

- Der **Sisyphos** aus der griechischen Mythologie (später auch **Sisyphus**) hatte es nicht leicht: Immer wieder musste er einen Stein einen Berg hinaufwälzen, der dann jedes Mal kurz vor dem Ziel wieder hinunterrollte. *Sisyphos* musste wieder von vorn anfangen. Aus dieser Geschichte leitet sich die *Sisyphusarbeit* ab. Immerhin wird der Begriff nicht mehr nur im Sinne von „ziellose Anstrengung" verwendet, sondern auch für eine elende Plackerei, die aber letztlich doch noch zum Ziel führt.

Die Schwierigkeit bei der Schreibung liegt wie auch bei *Libyen* an der ungewohnten Reihenfolge: erst das *i,* dann das *y*.

> Nach dieser **Sisyphusarbeit** konnten wir endlich unser fertiges Produkt in der Hand halten.

- Die **Syphilis** dagegen ist eine Geschlechtskrankheit.

> Die Behandlung der **Syphilis** mit Quecksilber brachte den Kranken in früheren Zeiten häufig nicht die erhoffte Heilung, sondern bescherte ihnen vielmehr eine Schwermetallvergiftung.

Skript

In universitären Kreisen ist es bestens bekannt: das **Skript,** das seinen Namen von *manu scriptum*, „mit der Hand geschrieben", herleitet. Aber auch bei Dreharbeiten für Filme ist ein *Skript* notwendig. Der Plural (Mehrzahl) lautet *die Skripte, die Skripten* und, von den Filmleuten bevorzugt, *die Skripts*.

skurril

Die Schreibung des Wortes **skurril** – es bedeutet „sonderbar" – ist nicht ganz einfach. Sie geht auf den lateinischen Ausdruck *scurrilis* zurück. Das nützt Ihnen wahrscheinlich aber wenig – Sie werden sich die Schreibung einfach merken oder im Bedarfsfall nachsehen müssen. Das Gleiche gilt für das Substantiv (Hauptwort, Nomen) *Skurrilität*.

sodass – so dass

Die → *Konjunktion* (Bindewort) **sodass (so dass)** in der Bedeutung „mit dem Ergebnis", „als Folge" kann zusammen- oder getrennt geschrieben werden. Sie leitet meist einen Nebensatz ein (Nebensätze sind nicht selbstständig, sondern abhängig von anderen Sätzen).

> Die Katze hat zu viel gefressen, **sodass (so dass)** ihr nun schlecht ist.

Das **so** in der Bedeutung „dermaßen" kann aber auch als Ergänzung zu **dass** auftreten. In diesem Fall spricht man das auch deutlich getrennt aus.

> Die Katze ist **so** dick geworden, **dass** sie nicht mehr durch die Katzenklappe passt. Sie maunzt aber **so, dass** ich ihr vielleicht doch noch etwas gebe.

sogenannt – so genannt

Wird das Wort **sogenannt** als Adjektiv (Eigenschaftswort) verwendet, steht es also vor einem Substantiv (Hauptwort, Nomen), kann es getrennt oder zusammengeschrieben werden: *so genannt* oder *sogenannt*. Die Abkürzung *sog.* gilt in beiden Fällen.

> Das **sogenannte (so genannte)** „Flat Iron Building" in New York ist eine Attraktion für Touristen.

Trifft aber das **so** als Umschreibung für „auf solche Art und Weise", „derart", „mit diesen Worten" mit **nennen** zusammen, wird getrennt geschrieben.

Das Gebäude wurde schon kurz nach seiner Fertigstellung **so genannt,** weil sein dreieckiger Grundriss an ein Bügeleisen erinnert.

solange – so lange

Solange als → *Konjunktion* (Bindewort) bedeutet „für eine bestimmte Zeitdauer": *solange das der Fall ist*. Häufig steht es als Einleitung eines Nebensatzes. (Nebensätze sind nicht selbstständig, sondern abhängig von anderen Sätzen.)

Ein beliebter Spruch lautet: „**Solange** mir der Schal passt, mache ich keine Diät."

In allen anderen Fällen wird getrennt geschrieben, z. B. wenn es um die Bedeutung „in solchem Maße" geht: *so lange*. Hier hört man auch beim Sprechen eine deutliche Pause, und beide Teile werden betont.

„Solange mir der Schal passt, **so lange** mache ich keine Diät."

soviel – so viel

Soviel als → *Konjunktion* (Bindewort), die in der Regel einen Nebensatz einleitet, bedeutet „nach dem aktuellen Kenntnisstand". Das Wort drückt eine Einschränkung aus: Man ist sich nicht sicher, ob das, was man weiß, auch den tatsächlichen Gegebenheiten entspricht. In dieser Funktion wird das Wort zusammengeschrieben. (Nebensätze sind nicht selbstständig, sondern abhängig von anderen Sätzen.)

Soviel ich weiß [nach den mir vorliegenden Informationen], ist in dieser Sache noch nichts entschieden worden.

Ansonsten gilt die Getrenntschreibung.

So viel – oder eigentlich: **so wenig** – ist also ein Menschenleben wert.

Hier handelt es sich einfach um ein Zusammentreffen der Wörter *so* und *viel*. Beide werden getrennt gesprochen und auch geschrieben.

soweit – so weit

Die → *Konjunktion* (Bindewort) **soweit** zeigt wie → *soviel* eine Einschränkung an. Sie leitet meist einen Nebensatz ein und wird deutlich als ein Wort gesprochen. (Nebensätze sind nicht selbstständig, sondern abhängig von anderen Sätzen.)

Soweit ich weiß [nach meinem Erkenntnisstand], wird das Treffen nicht stattfinden.

Alle anderen Formen schreibt (und spricht) man getrennt, als zwei Wörter.

Die Teilnehmer sind **so weit**. Das ging **so weit,** dass ich weder ein noch aus wusste.

sowie – so wie

- Das zusammengeschriebene Bindewort **sowie** hat die Bedeutung „und". Es eignet sich gut dafür, ein zu häufiges *und* zu vermeiden.

Sie erörterten die Vorteile **und** möglichen Nachteile **sowie** die Kosten.

Das Wort *sowie* steht umgangssprachlich zudem für *sobald:*

Sowie ich reinkam, begrüßte mich mein Hund.

- Das getrennt geschriebene **so** gehört zum Vergleich mit **wie.**

Es ist alles **so, wie** die Gäste es gern hätten.

sowohl … als auch

Einem **sowohl** folgt normalerweise ein **als auch,** ein **wie auch** geht ebenfalls. Es handelt sich hier letztlich um eine Art mehrteiliges *und,* bei dem beide Teile besonders betont sind.

- Das Verb (Tätigkeitswort) kann dabei im Singular (Einzahl) oder Plural (Mehrzahl) stehen:

Sowohl Hitler **als auch** Stalin **wurde (wurden)** dem Nobelpreiskomitee für den Friedensnobelpreis vorgeschlagen – Hitler 1939, Stalin 1945. Beide haben ihn nicht bekommen.

- Bei *sowohl – als auch* sollten beide Begriffe dieselbe Ebene bezeichnen. Besser nicht:

Die beschlossenen Maßnahmen waren **sowohl** zum Nutzen der Kinder **als auch** der Eltern.

Hier gehört das *sowohl* zum Nutzen, aber das *als auch* bezieht sich auf die Eltern. Deutlicher wäre:

Die beschlossenen Maßnahmen waren **sowohl** zum Nutzen der Kinder **als auch zu dem** [dem Nutzen] der Eltern.

Wenn das zu umständlich wird, formuliert man besser um:

Die beschlossenen Maßnahmen nutzten **sowohl** den Kindern **als auch** den Eltern.

spartanisch – sporadisch

Die beiden Adjektive (Eigenschaftswörter) **spartanisch** und **sporadisch** werden gelegentlich miteinander verwechselt. Sie haben beide mit Griechenland zu tun, aber damit erschöpfen sich schon die Gemeinsamkeiten.

- Das Wort **spartanisch** in der Bedeutung „karg", „anspruchslos" geht auf den altgriechischen Stadtstaat *Sparta* und seine Kriegerklasse zurück, die für eine sehr anspruchslose Lebensweise bekannt war. Heute verwendet man die Bezeichnung insbesondere für eine Ausstattung, die sich auf das Nötigste beschränkt.

  Die **spartanische** Möblierung mit Bett, Tisch und Stuhl wirkte nicht gerade einladend.

- Mit **sporadisch** meint man „vereinzelt vorkommend", „selten". Der Begriff geht auf das griechische *sporadikós,* „verstreut", zurück. So heißen auch zwei griechische Inselgruppen mit zahlreichen Inseln *Sporaden*.

  Seine anfangs **sporadischen** Besuche blieben irgendwann ganz aus.

spitze

In der Verbindung mit den Verben *bleiben, sein* und *werden* gilt **spitze** als sogenanntes verblasstes Substantiv. Derartige Wörter werden nicht mehr als Substantive (Hauptwörter, Nomen) verstanden und deshalb kleingeschrieben.

> Die Schauspielerin ist und bleibt in ihrem Auftreten **spitze.**

Aber bei einem substantivischen Gebrauch (→ *Substantivierung*), zu erkennen am veränderten (deklinierten) Hinweiswort *einsame:*

> Die Vorstellung war **einsame Spitze.**

ß – ss

Immer noch wird bisweilen behauptet, die neue Rechtschreibung habe das *ß* abgeschafft. Das ist aber ein Irrtum: Das *ß* blieb erhalten.

Die Schweizer haben das Problem *ss* oder ß ganz elegant gelöst: Sie kennen schon seit langem kein *ß* mehr, sondern nur *ss*.

Wenn also die Schweizer Bank, die Ihr (hoffentlich gut gefülltes) Konto führt, ihren Sitz in der *Züricher Strasse* hat, ist das vollkommen in Ordnung.

S

WEISSRUSSLAND – „ß" bei Großbuchstaben

- Bei der Großschreibung aller Buchstaben eines Wortes bleibt das *ß* nicht stehen, sondern wird aufgelöst in *SS* (nicht in *SZ*).

> GRÜSSEN, BUSSE, HEISSEN, WEISSRUSSLAND

- Das gilt ebenfalls, wenn *ß* und *s* zusammentreffen, z. B. bei dem Wort *Maßstrich*. Bei einer Schreibung in Großbuchstaben wird aus dem *ß* ein *SS*, und das dritte *S* bleibt erhalten:

  MASSSTRICH

- Wenn Ihnen das zu unübersichtlich erscheint, können Sie einen Bindestrich zwischen die beiden Bestandteile des Wortes setzen:

  MASS-STRICH

- **Ausnahme:** Bei Eigennamen können Sie das *ß* auch bei Großbuchstaben verwenden, weil so die Schreibweise des Namens klar wird – im Gegensatz zu sonstigen Wörtern, bei denen die Schreibung festgelegt ist.

  Beispiel: MUßMEIER. Bei einer Schreibweise nur in Großbuchstaben wäre nicht zu erkennen, ob der Name *Mussmeier* oder *Mußmeier* lautet.

Inzwischen wurde ein Großbuchstabe ẞ eingeführt. Er sieht aus wie ein Mitteldding zwischen dem kleingeschriebenen *ß* und dem großgeschriebenen *B*. Die Ersatzschreibung mit *SS* gilt aber nach wie vor – das ist von Vorteil, wenn dieser neue Buchstabe noch nicht verfügbar ist, z. B. auf der Tastatur fehlt.

Stadium

Der Plural (Mehrzahl) des Begriffs **Stadium** in der Bedeutung „Entwicklungsstufe" lautet *die Stadien.* Damit trifft er sich mit dem Plural (Mehrzahl) von *Stadion,* der ebenfalls *Stadien* heißt. Das ist kein Zufall: Beide Begriffe haben eine gemeinsame griechisch-lateinische Herkunft.

Stand

Bei etlichen Verbindungen mit **Stand** haben Sie die Wahl zwischen Getrennt- und Zusammenschreibung. Das jeweils dazugehörige Verb (Tätigkeitswort) wird aber immer getrennt hiervon geschrieben.

imstande / im Stande sein, **außerstande / außer Stande** sein, **instand** halten / **in Stand** halten (setzen), **zustande / zu Stande** bringen

Das Wort *standhalten* wird aber zusammengeschrieben.

Standard

Der Begriff **Standard** (mit *d* am Ende), der etwas Durchschnittliches, Grundlegendes bezeichnet, hat mit der *Standarte,* einer kleinen Fahne, nichts zu tun. Der Plural (Mehrzahl) *Standards* hilft auch nicht weiter, wenn es um das Erkennen der richtigen Schreibweise mithilfe der Aussprache geht. Einen Ausweg bietet aber das Verb (Tätigkeitswort): Es heißt *standardisieren* – nun erkennt man die Schreibung mit *d.*

Stängel

Der **Stängel,** ein Teil der Pflanze, wird seit der Rechtschreibreform nur noch in dieser Form mit *ä* (an *Stange* erinnernd) geschrieben, *Stengel* ist nicht mehr zulässig. So richtig durchgesetzt hat sich diese Schreibung laut Rechtschreibrat zwar noch nicht, aber sie wurde – bislang jedenfalls – nicht zurückgezogen.

Start-up

Diese Bezeichnung für ein neu gegründetes Unternehmen wird **Start-up** geschrieben – der Genitiv (*Wes*-Fall) lautet: des *Start-ups,* der Plural (Mehrzahl): die *Start-ups*. Der Bindestrich ist notwendig, denn der Begriff ist zusammengesetzt aus *Start* und *up,* ähnlich wie bei *Make-up* (das würden Sie auch nicht fälschlicherweise *Makeup* schreiben). Die häufig anzutreffende Schreibung *Start-Up* ist falsch.

statt

- Die → *Präposition* (Verhältniswort) **statt** wird immer kleingeschrieben, auch in den Ausdrücken *an Kindes statt* und *an seiner statt.*

  Das *statt* steht mit dem Genitiv (*Wes*-Fall): *statt einer Entschuldigung, statt langer Erklärungen.* Auf den Dativ (*Wem*-Fall) weicht man aus, wenn der Genitiv formal nicht erkennen ist: *statt Büchern,* nicht: *statt Bücher.*

  Der Dativ (*Wem*-Fall) kann auch dann gebraucht werden, wenn zwei Genitive aufeinandertreffen.

  > statt **des Berichts** der Präsidentin → **statt dem Bericht** der Präsidentin
  > **statt** Müllers **erwarteten Sieges** → **statt** Müllers **erwartetem Sieg**

S

  Leitet die Wortgruppe mit *statt* den Satz ein, steht danach kein Komma.

  > **Statt konkreter Aussagen** erhielten sie nur ausweichende Antworten.

- Das Wort *statt* kann auch eine → *Konjunktion* (Bindewort) darstellen. Der folgende Fall richtet sich dann nach dem

Verb (Tätigkeitswort). Das hört sich kompliziert an, daher ein Beispiel:

> Mit seinen Argumenten **wollte** er **sie** statt **ihn** überzeugen. Frage: *Wen* wollte er überzeugen?
> Er **gab seiner Freundin** statt **seinem Bruder** das Geschenk. Frage: *Wem* gab er das Geschenk?

Zur Bildung des Genitivs und des Dativs → *Fall*.

stattdessen

Das Wort **stattdessen** (es handelt sich um ein sogenanntes → *Adverb*) muss je nach Bedeutung zusammen- oder getrennt geschrieben werden.

- Lässt sich für das **stattdessen** ein *dafür* einsetzen, wird zusammengeschrieben.

> Der Vorsitzende konnte das nicht selbst erledigen, und so schickte er **stattdessen** seinen Stellvertreter.

- Kann man den Begriff mit *für den* oder *für das* ersetzen, schreibt man getrennt: **statt dessen**.

> Der Vorsitzende, **statt dessen** die Stellvertreterin erschienen war, hat einen vollen Terminkalender.

Status quo

Das *quo* bei **Status quo** („derzeitiger Zustand") wird immer kleingeschrieben. Verwechseln Sie das nicht mit der britischen Rockband *Status Quo* (wobei der Ausdruck auch im Englischen *Status quo* heißt).

Ebenfalls klein schreibt man in *Status quo ante* (der Zustand vor dem jetzigen) und *Status quo minus* (Verschlechterung gegenüber dem gegenwärtigen Zustand). Groß allerdings schreibt man den *Status Nascendi,* den Zustand chemischer Stoffe bei ihrem Entstehen (zu *nasci,* „geboren werden").

Der Plural (Mehrzahl) lautet ebenfalls die *Status quo,* die *Status quo ante* usw. Wenn Sie es ganz korrekt machen wollen, sprechen Sie dann das *u* wie in der ursprünglichen lateinischen Pluralform lang aus.

Stegreif

Der Begriff **Stegreif** ist sicherlich ungewöhnlich – häufig wird er falsch *Stehgreif* geschrieben. Er hat allerdings weder etwas mit „stehen" noch irgendwie mit Greifvögeln zu tun. *Stegreif* geht auf das althochdeutsche Wort *stegareif* („Steigbügel") zurück. Jemand, der etwas *aus dem Stegreif* tut, steigt nicht mehr oder weniger umständlich vom Pferd ab, um etwas zu tun, handelt also spontan und schnell.

Steigerung

Es gibt im Deutschen drei Vergleichsformen: *schnell* (Positiv) – *schneller* (Komparativ) – *schnellste / am schnellsten* (Superlativ).

Unsicherheiten treten häufig insbesondere bei der **Groß- oder Kleinschreibung** des Superlativs auf.

- **der schnellste Sprinter**
  Steht der Komparativ oder Superlativ vor einem dazugehörigen Substantiv (Hauptwort, Nomen), wird kleingeschrieben. Das bereitet meistens keine Probleme.

Sie war die **umgänglichere** Chefin.
Usain Bolt war lange Zeit **der schnellste Sprinter** der Welt.

- Hat der Superlativ in der Nähe ein Bezugswort im Satz, das zum Vergleich dient, wird ebenfalls kleingeschrieben.

„Gib jedem Tag die Chance, **der schönste** [Tag] deines Lebens zu werden." Mark Twain

Fehlt ein solcher Bezugspunkt, schreibt man groß. Es handelt sich dann um eine → *Substantivierung.*

Sie war **die Schönste** im ganzen Land, bis Schneewittchen kam.

- **am schnellsten / am Nötigsten**
  Wird mit „wie" nach dem Superlativ gefragt, wird kleingeschrieben.

Er lief **am schnellsten**. Frage: *Wie lief er?*
Es ist jetzt **am nötigsten,** sofort zu handeln. Frage: *Wie müssen wir jetzt handeln?*

Kann man nach dem Superlativ mit „woran" oder „worauf" fragen, wird großgeschrieben, denn es handelt sich dann um ein Substantiv (Hauptwort, Nomen).

S

Es fehlt ihnen **am Nötigsten.** Frage: *Woran fehlt es ihnen?*
Wir sind **auf das Beste** angewiesen. Frage: *Worauf sind wir angewiesen?*

- **aufs schärfste / aufs Schärfste**
  Steht der Superlativ mit *aufs / auf das* und kann der Ausdruck ebenfalls mit „wie" erfragt werden, geht beides: groß oder klein.

  > Er hat das **aufs schärfste** oder **aufs Schärfste** verurteilt. Frage: *Wie hat er es verurteilt?*

Ist eine Steigerung der Steigerung möglich?

- Eine Steigerung des Superlativs (doppelter Superlativ) ist normalerweise nicht möglich. Es heißt also nicht *höchstklassigst* (nur: *höchstklassig*), *schnellstmöglichst* (nur: *schnellstmöglich*) oder *weitestgehendst* (nur: *weitestgehend*).
  Vielen ist auch nicht bekannt, dass *optimal* schon *am besten* oder *best-* bedeutet. Es heißt also nicht *optimalst,* sondern nur *optimal* – besser geht es nicht.

  > Der Trainer spricht: „Bei einer *optimalsten* (richtig: **optimalen** = bestmöglichen) Chancenverwertung hätten wir ein Tor mehr gemacht und gewonnen."

- Einige andere Wörter, die ebenfalls schon einen geringsten oder höchsten Grad bezeichnen, werden häufig dennoch gesteigert. Das gilt insbesondere für *extrem, minimal* und *voll*.
  Bei **extremst** geht man von möglichen Abstufungen bei *extrem* aus.

  > Seine Rede zeigte die **extremste** Ausprägung dieser Weltanschauung.

  Die Form **minimalst** wird gern in der Bedeutung „besonders wenig" verwendet.

Unser Verfahren zeichnet sich durch **minimalsten** Ausschuss aus.

Die sprachlich unschöne Bezeichnung **vollste Zufriedenheit,** wie sie in Arbeitszeugnissen zu finden ist, geht auf ein Urteil des Bundesarbeitsgerichts zurück, nach dem derartige Zeugnisse u. a. „wohlwollend" zu formulieren sind.

Sie arbeitete stets zu unserer **vollsten** Zufriedenheit (Note 1).

Etwas knifflig: die Steigerung bei Zusammensetzungen
Bei zusammengesetzten Wörtern wie etwa *schwerwiegend* (→ *Partizipien*) hat man die Wahl – je nachdem, was man ausdrücken will. Die Betonung hilft in diesen Fällen weiter.

- Wird das Wort als Ganzes gesteigert, schreibt man zusammen: *schwerwiegendere Indizien*.
- Bezieht sich die Steigerung auf den ersten Bestandteil, wird getrennt geschrieben: *noch schwerer wiegende Indizien*. Hier wird wieder deutlich getrennt gesprochen.
- Ist allerdings der gesteigerte erste Bestandteil allein nicht lebensfähig, wie bei *best-* und *meist-,* funktioniert dieses Prinzip nicht. Dann schreibt man doch zusammen – *das meistverkaufte Buch* – oder weicht auf *am meisten* aus: *das am meisten verkaufte Buch*. Dem entspricht auch jeweils die Betonung.
- Bei einer Steigerung mit **mehr** schreibt man getrennt: *das mehr gekaufte Buch* (aber besser: *das häufiger gekaufte Buch*).

Zu *weitreichend, weitreichender → weit*.
Zu *größer als → als – wie*.

Stiel – Stil

Mit dem Begriff **Stiel** wird der Stängel einer Pflanze bezeichnet (deshalb: *etwas mit Stumpf und Stiel ausrotten*), daneben auch ein länglicher Griff.

> Den **Pfannenstiel** fest umklammernd, überlegte sie, ob sie deutlich machen sollte, was sie von einer Pfanne als Geburtstagsgeschenk hielt.

Der **Stil** dagegen ist eine Art und Weise, wie etwas gestaltet ist – etwa eine *Stilrichtung* in der Malerei oder ein persönlicher *Stil* bei der Kleidung. Auch das Verhalten eines Menschen kann *Stil* haben – oder eben nicht.

> Den Wählern vor der Wahl etwas versprechen, obwohl man genau weiß, dass es undurchführbar ist, zeugt von schlechtem politischem **Stil.**

Stillleben

Bis zur Rechtschreibreform galt die Regel, dass bei drei gleichen Konsonanten (Mitlauten: *b, c, d, f, g, h, j, k, l, m, n, p, q, r, s, t, v, w, x* und *z*) der dritte wegfiel, wenn ein Vokal (Selbstlaut: *a, e, i, o, u, ä, ö, ü* und *y*) folgte: *Bettuch*, von *Bett* und *Tuch*. Stand nach den drei Konsonanten ein weiterer Konsonant, passierte nichts: *Betttruhe*, von *Bett* und *Truhe*.

Diese (zu) wenig bekannte Regel führte häufig zu Missverständnissen. Ein gutes Beispiel ist das **Stillleben,** das sich eigentlich aus *still* und *Leben* zusammensetzt: Aus *Stillleben* wurde *Stilleben*. Gemeint ist aber ein Kunstwerk, das unbelebte Dinge zeigt – Blumen, Obst, tote Tiere. Mit der neuen, einfachen Regel (es fällt nichts mehr weg) und der Schreibung *Stillleben* sollte die falsche Annahme, das Wort habe etwas mit dem *Stil* zu tun, langsam, aber sicher verschwinden.

Stopp

Im Deutschen wird dieser Begriff für das Anhalten oder für eine Unterbrechung mit Doppel-*p* geschrieben: **Stopp,** entsprechend auch *stoppen*. Das gilt ebenso für das *Stoppschild*. Dass oft die falsche Schreibung *Stopschild* anzutreffen ist, liegt möglicherweise an der Aufschrift STOP auf diesem Schild. In diesem Fall handelt es sich aber um den englischen, international gebrauchten Begriff *Stop* – das Schild soll auch für Fremde verständlich sein.

streifen

Man sagt nicht: „Das entgegenkommende Auto *striff* meins." Entsprechend heißt es auch nicht *gestriffen,* sondern **gestreift.**

> Mit dem Seitenspiegel hat er den Laternenpfahl **gestreift.**

Das gilt auch für Bedeutung „mehr oder weniger ziellos umherwandern", dann mit *sein:*

> Wir sind durch die Berge **gestreift.**

Subjekt: mehrere Teile (Fiffi und Waldi bellen)

Das Subjekt ist der Teil des Satzes, der den Träger der Handlung („wer") bezeichnet: Im Satz *Der Zug fährt* ist *der Zug* das Subjekt.

Probleme können sich ergeben, wenn das Subjekt aus mehreren Teilen besteht. Setzt man dann das Verb (Tätigkeitswort) in den Plural (Mehrzahl) oder in den Singular (Einzahl)?

- Handelt es sich um mehrere gleichrangige Teile, steht das Verb in der Regel im Plural.

  Fiffi und Waldi bellen.
  Die Planung und die Durchführung wurden intensiv diskutiert.

- Ein solches mehrteiliges Subjekt wird aber auch gelegentlich als Einheit aufgefasst. Das zeigt sich besonders dann, wenn der zweite Artikel eingespart wird. In diesem Fall kann das Verb sowohl im Plural als auch im Singular stehen.

  Die Planung und Durchführung **wurden (wurde)** intensiv diskutiert.

- Die beiden Teile des Subjekts können auch einen Satzteil gemeinsam haben: In den folgenden Beispielen sind das *des Vorhabens* und *langwierige*. Dann kann das Verb im Singular oder im Plural stehen.

  Die Planung und die Durchführung **des Vorhabens wurde (wurden)** intensiv diskutiert.
  Die **langwierige** Planung und Durchführung **wurde (wurden)** intensiv diskutiert.

S

- Sie haben ebenfalls die Wahl zwischen Singular und Plural, wenn bei zwei Subjektteilen ein Wortteil eingespart wurde. Im folgenden Beispiel ist das *-abschluss,* das einmal durch den Ergänzungsstrich ersetzt wurde.

  Der Bachelor- und Masterabschluss ist (sind) im Zuge des Bologna-Prozesses eingeführt worden.

Substantiv (Hauptwort, Nomen)

Zusammen oder getrennt?

Substantive (Hauptwörter, Nomen) werden zusammengeschrieben – so lautet die einfache Regel. Das gilt auch für zusammengesetzte Substantive.

An ihrer Zusammensetzung können ganz verschiedene Wortarten beteiligt sein: Aus *Computer* und *Programm* wird das *Computerprogramm,* aus *laufen* und *Pensum* wird das *Laufpensum,* aus *kleiner Staat* der *Kleinstaat.*

Das Prinzip bei der Zusammensetzung geht so: Dem Grundwort werden Ergänzungen hinzugefügt; dieses Grundwort ist immer das letzte Wort in der Zusammensetzung. Es ist entscheidend für alles Weitere. Ein Beispiel:

> **Der Hund**
> **Die Hundehütte:** Das Grundwort ist **Hütte.** Das **Hunde-** ist eine Ergänzung, die die Hütte näher beschreibt.
> **Der Hundehüttenverkäufer:** Das Grundwort ist **Verkäufer.** Das **Hundehütten-** ist eine Ergänzung, die näher beschreibt, was der Mann verkauft.

Solche Begriffe können ohne Weiteres einfach zusammengeschrieben werden. Manchmal wird es aber schwierig. So können etwa gleich mehrere einzelne Bestimmungswörter mit einem Grundwort zusammengehen – etwa der *Hals,* die *Nase,* die *Ohren* mit dem *Arzt.* Das neue Wort kann auch problematische Bestandteile wie Abkürzungen enthalten – etwa *IT,* was mit der *Architektur* verbunden werden soll. Schließlich kann das neue Wort – etwa die *Biomasseheizkraftanlage* – auch einfach zu unübersichtlich werden. Hier kommt der Bindestrich ins Spiel. Er ist in diesen Fällen der Klebstoff, der das neue Gebilde zusammenhält.

In den folgenden zwei Fällen kann das Prinzip der Zusammenschreibung ausschließlich mit dem Bindestrich gewahrt werden: Er **muss** hier gesetzt werden.

- **Der Bindestrich bei Aneinanderreihungen und Zusammensetzungen mit Wortgruppen: *Kosten-Nutzen-Analyse***
  Der Bindestrich **muss** gesetzt werden, wenn vor dem Grundwort mehrere Bestimmungswörter stehen, die für sich allein keinen neuen, zusammengesetzten Begriff bilden können.
  So können etwa *Kosten* und *Nutzen* im Beispiel *Kosten-Nutzen-Analyse* nicht zu *Kostennutzen* werden – die erläuternden Begriffe vor dem Grundwort *Analyse* bleiben eigenständig. Mit Bindestrichen werden sie dann an das Grundwort gekettet; man nennt das „durchkoppeln".

  Friedrich-Schiller-Universität, Hals-Nasen-Ohren-Arzt, Mund-zu-Mund-Beatmung, Ad-hoc-Gruppe, Annette-von-Droste-Hülshoff-Straße, Preis-Leistungs-Verhältnis

  Stehen die erläuternden Begriffe in Anführungszeichen vor dem Grundwort, muss nicht vollständig durchgekoppelt werden.

  Die **„Du kommst aus dem Gefängnis frei"-Karte** oder die **Du-kommst-aus-dem-Gefängnis-frei-Karte**

  Durchkoppeln oder zusammenschreiben muss man auch Aneinanderreihungen mit einem sogenannten substantivierten Infinitiv: *das Inkrafttreten oder In-Kraft-Treten* (→ *Substantivierung*).

S

- **Der Bindestrich bei besonderen Zusammensetzungen: IT-Architektur**

Der Bindestrich **muss** gesetzt werden, wenn einzelne oder alle Teile der Zusammensetzung abgekürzt werden. Das Gleiche gilt, wenn diese Teile aus einzelnen Buchstaben, Ziffern oder Formelzeichen bestehen:

Ich-AG, IT-Architektur, Dipl.-Ing.
6-Zylinder, ¾-Mehrheit, 17-Jähriger, y-Achse, A-Nationalmannschaft, E-Commerce-Expertin

In anderen Fällen **kann** der Bindestrich eingesetzt werden, um die Lesbarkeit eines Wortes zu erhöhen.

- **Der Bindestrich bei unübersichtlichen Wortzusammensetzungen: *Biomasseheizkraftanlage***

Mit dem Bindestrich **können** Sie lange, unübersichtliche Wortgebilde gliedern: *Biomasseheizkraftanlage* → *Biomasse-Heizkraftanlage.*

Achten Sie aber beim Setzen des Bindestrichs immer darauf, welche Teile der Zusammensetzung zusammengehören:

Biomasse-Heizkraftanlage, nicht **Bio-Masseheizkraftanlage** – denn es handelt sich um eine Heizkraftanlage, die Biomasse verwendet.
Plüsch-Autowäsche – bei einer **Plüschauto-Wäsche** könnten Kinder fragen, ob denn hier ihre Plüschautos gewaschen werden.

Unterschätzen Sie allerdings das menschliche Auge nicht: Es schafft ohne Weiteres auch Wörter wie *Atomwaffenarsenal*. Bei überschaubaren Begriffen wie *Arbeitstheorie* besteht erst recht kein Grund, daraus *Arbeits-Theorie* zu machen.

Treffen **drei gleiche Buchstaben in einem Wort** zusammen, werden sie alle gesetzt.

Kaffeeersatz, Kongressstadt

Man kann bei solchen Begriffen einen Bindestrich setzen, um sie übersichtlicher zu machen.

Kaffee-Ersatz, Kongress-Stadt

Bei **Gesetzesnamen** gilt nur die Schreibweise wie im Bundesgesetzblatt – auch wenn gerade Gesetzesbezeichnungen die schönsten Beispiele für Wortungetüme sind. Daran ist aber nichts zu ändern. Also nur *Unfallversicherungsmodernisierungsgesetz*.

- **Der Bindestrich bei Eigennamen in Zusammensetzungen: Chaucer-Erzählungen**
  Ist der erste Teil einer Zusammensetzung ein Personenname, wird im Allgemeinen zusammengeschrieben:

  Hermannsdenkmal, Marshallplan, Röntgenstrahlen

  Solche Zusammensetzungen können aber auch mit einem Bindestrich geschrieben werden, wenn der Name hervorgehoben werden soll. Das ist besonders dann zu empfehlen, wenn es sich um einen fremdsprachlichen Namen handelt.

  Chaucer-Erzählungen, Labour-Regierung, Kaposi-Sarkom

  Das Gleiche gilt, wenn nach dem Namen ein zusammengesetzter Begriff (wie *Klavierabend*) folgt:

  Beethoven-Klavierabend, Tolkien-Fanclubtreffen, Verdi-Streikaufruf

- **Der Bindestrich bei möglichen Missverständnissen: Politikersatz**
  Wenn Sie wirklich glauben, dass eine Zusammensetzung nicht eindeutig ist, können Sie den Bindestrich setzen. Allerdings geht der Sinn meist aus dem Zusammenhang hervor.

  Politik-Ersatz oder **Politiker-Satz**

Fehlende Zusammenschreibung
Immer häufiger ist zu beobachten, dass die Bestandteile eines zusammengesetzten Substantivs einfach unverbunden nebeneinandergesetzt werden: *Computer Programm*. Diese Schreibweise wird auf das Englische zurückgeführt – dort ist das Nebeneinandersetzen von Substantiven die normale Schreibweise: *computer program*. Offenbar ist der Einfluss der vielen englischen Begriffe im Alltagsleben so groß, dass diese Schreibweise fälschlicherweise auch auf deutsche Begriffe übertragen wird. Es heißt aber *Computerprogramm* oder *Computer-Programm*.

Manchen geht das so gegen den Strich, dass sie dafür die Bezeichnung *Deppenleerzeichen* (nicht: *Deppen Leer Zeichen*) geprägt haben. Das ist sicherlich ein wenig unfair, wenn man bedenkt, wie häufig man so (falsch) geschriebenen Begriffen begegnet – sogar bei Namen von Institutionen, die es besser wissen müssten.

Klassik Stiftung Weimar statt (richtig) **Klassik-Stiftung Weimar**
Robert Koch-Institut statt (richtig) **Robert-Koch-Institut**
Johann Wolfgang Goethe-Universität statt (richtig) **Johann-Wolfgang-Goethe-Universität**

Versuchen Sie, in Ihren Texten die Zusammenschreibung von Substantiven zu wahren. Wenn es aber um Eigennamen geht, die falsche Schreibung also die offizielle Schreibweise ist, müssen Sie sie übernehmen. Machen Sie also nicht aus dem *Robert Koch-Institut* eigenmächtig das *Robert-Koch-Institut.*

Groß oder klein?

Substantive (Hauptwörter, Nomen) schreibt man groß: *das Kind*.

Die Schwierigkeit liegt darin, dass die Zugehörigkeit zu einer Wortart im Deutschen auch wechseln kann: Aus einem Adjektiv (Eigenschaftswort) kann beispielsweise ein Substantiv werden, und ein Substantiv kann umgekehrt seine Eigenschaft als Substantiv verlieren.

Da aber die Groß- oder Kleinschreibung davon abhängt, ob es sich um ein Substantiv handelt oder nicht, ist es wichtig zu wissen, woran man denn nun diese Wortart erkennt.

Welche Eigenschaften machen ein Wort zu einem Substantiv?

- Das Wort hat einen bestimmten oder unbestimmten Artikel bei sich (*der, die, das* bzw. *ein, eine, eines*).

  das Haus, **die** Schönheit, **ein** Blau

- Dem Wort geht eine → *Präposition* (Verhältniswort wie *auf, in, mit, ohne, unter*) voran.

  mit Getöse

- Dem Wort geht eine Verschmelzung aus → *Präposition* und Artikel (z. B. *in dem = im, zu dem = zum*) voran. Das ist quasi ein versteckter Artikel.

  im Lachen, **ins** Blaue, **beim** Arbeiten, **zum** Kaputtlachen

- Das Wort steht mit einem Hinweiswort wie *sein, dieses* oder *kein.*

dieses Auto, **sein** Haus, **kein** Geld

- Dem Wort ist ein verändertes (dekliniertes) Adjektiv beigefügt, welches sich auf das Substantiv bezieht.

das **fröhliche** Geschrei, **laute** Musik

- Das Wort wird verändert (dekliniert) wie ein Substantiv und ist nicht einem anderen Substantiv zugeordnet. Hinweise sind Endungen wie *-e, -en, -es.*

Vergessenes (von: **das** Vergessene)

- Das Wort folgt auf *allerlei, alles, etwas, genug, nichts, viel, wenig* und ist verändert (dekliniert).

nichts Interessant**es, alles** Wichtig**e, wenig** Neu**es**

- Das Wort ist ein illustrierendes Beispiel zu einem Substantiv.

Tätigkeiten **wie** Putzen

- Das Wort hat eine Ergänzung im Genitiv (*Wes*-Fall).

das Weinen **des** Kindes

- Das Wort hat eine Ergänzung mit *von.*

das Lachen **von** Kindern

Hier wird immer großgeschrieben.

Verblasste Substantive

Es gibt verschiedene Substantive, die normalerweise großgeschrieben werden *(jemand hat Angst),* aber in der Verbindung mit den Verben *sein, bleiben* und *werden* als „verblasst" gelten – sie werden nicht mehr als Substantive verstanden und deshalb kleingeschrieben. Das führt oft zu Unsicherheiten bei der Schreibung. Besonders häufige Verbindungen dieser Art sind → *angst,* → *bange, recht* (→ *Recht – recht),* → *klasse* und → *spitze*.

Substantivierung

Die sogenannte **Substantivierung,** die Wandlung einer anderen Wortart zum Substantiv, gehört zu den schwierigsten Gebieten der Rechtschreibung.

Unter → *Substantiv* haben Sie gesehen, welche Merkmale die Substantive auszeichnen. Nun können wir uns die wichtigsten Wortarten ansehen – wann werden sie zum Substantiv mit notwendiger Großschreibung?

Beginnen wir mit den besonders häufigen Fällen: den Adjektiven (Eigenschaftswörter, „fröhlich") und den sogenannten Partizipien („lachend", „gestürzt"). Später geht es um die Verben (Tätigkeitswörter, „lachen") mit dem sogenannten substantivierten Infinitiv (das Immer-auf-seiner-Meinung-Beharren) und zum Schluss um weitere Wortarten.

Zur Groß- und Kleinschreibung bei den *Zahlen* („drei", „der Dritte") → *Zahlen,* bei den *Wochentagen* und *Tageszeiten* („Montag Morgen") → *Wochentage und Tageszeiten* und bei der *Uhrzeit* („Viertel vor acht") → *Uhrzeit*.

Das Gute – ein Adjektiv/Partizip wird zum Substantiv

Adjektive und Partizipien werden normalerweise kleingeschrieben.

das **kleine** Haus, die **lachende** Frau, die **gefühlte** Temperatur

Sie können aber zu Substantiven werden und müssen dann großgeschrieben werden.

Schau mir in die Augen, **Kleines.**
Dir wird **das Lachen** noch vergehen.
Nicht immer entspricht **Gefühltes** der Realität.

Anhaltspunkte dafür, ob es sich um einen solchen Wandel zum Substantiv handelt, sind die von oben bekannten Charakteristika (sie können auch kombiniert vorkommen):

- Das ursprüngliche Adjektiv/Partizip ist mit einem Artikel zusammengegangen.

  „**Das Neue** daran ist nicht gut, und **das Gute** daran ist nicht neu." Gotthold Ephraim Lessing

- Dem Wort geht als „versteckter Artikel" eine Verschmelzung aus Artikel und → *Präposition* voran.

  Jetzt wird sich alles **zum** (= zu dem) **Guten** wenden.
  Wir unternahmen eine Fahrt **ins** (= in das) **Blaue**.

- Das ursprüngliche Adjektiv/Partizip hat ein Hinweiswort bei sich.

  Dieses Blau steht dir einfach nicht. **Dieses Erreichte** steht in keinem Verhältnis zum Aufwand.

- Das ursprüngliche Adjektiv/Partizip wird verändert (dekliniert) wie ein Substantiv.

> Es ist nicht leicht, immer **Gutes** zu tun. Harry Potter ist **„Unerwünschter Nr. 1“**.

- Das ursprüngliche Adjektiv/Partizip steht nach einem Wort wie *allerlei, alles, etwas, genug, nichts, viel, wenig* und ist verändert (dekliniert).

> Der Schlammteufel, eine Salamanderart, mag keinen Schlamm und hat **nichts Diabolisches** an sich.

- Manche Wörter können, von Ausnahmen abgesehen, diese Umwandlung nicht mitmachen und werden in der Regel kleingeschrieben: → *alle, alles;* → *anderer, andere, anderes;* → *beide, beides;* → *dasselbe;* → *ein, einer, eines;* → *einige, einiges;* → *einzige;* → *etwa;* → *jeder;* → *jemand;* → *keiner, keine, kein;* → *mancher, manche, manches;* → *nichts;* → *niemand;* → *viel, viele, vieles.*

Das Schreiben – ein Verb wird zum Substantiv

Verben (Tätigkeitswörter) werden normalerweise kleingeschrieben, können aber auch wie Substantive gebraucht werden.

> Die Studentin **schreibt.** → **Das Schreiben** einer Arbeit ist nicht einfach.

S

Das Substantiv wird aus der Grundform des Verbs, dem *Infinitiv,* gebildet *(schreiben)*. Entsprechend heißt diese Form *substantivierter Infinitiv*. Fehler bei seiner Schreibung – nämlich die falsche Kleinschreibung – stehen in der Hitliste der häufigen Fehler ganz weit oben. Es wird aber großgeschrieben.

Hier kommen wieder die Kriterien von oben (→ *Substantiv*) zum Einsatz. Es gelten die folgenden Möglichkeiten für den substantivierten Infinitiv:

- Er hat einen Artikel bei sich.

„Oft ist **das Denken** schwer, indes, **das Schreiben** geht auch ohne es." Wilhelm Busch

- Ihm geht eine Verschmelzung aus → *Präposition* und Artikel (z. B. *bei dem = beim, zu dem = zum*) voran.

Beim Lesen entdecke ich manchmal Dinge, die **zum Nachdenken** anregen.

- Er steht mit einem Hinweiswort wie *sein, dieses* oder *kein.*

Dieses Warten ist schlimm, und **sein Schweigen** macht es nicht besser. **Kein Zureden** kann hier helfen.

- Ihm ist ein verändertes (dekliniertes) Adjektiv beigefügt.

Auf das **fröhliche Musizieren** folgte **beschwingtes Tanzen.**

- Er wird verändert (dekliniert) wie ein Substantiv. Hinweise sind Endungen wie *-e, -en, -es*.

Die Folgen **des Abholzens** wurden erst spät deutlich.

- Ihm geht eine → *Präposition* voran.

Mit Schreien erreicht man gar nichts, **durch Nachdenken** viel mehr.

- Er folgt auf *allerlei, alles, etwas, genug, nichts, viel, wenig*.

Alles Reden bewirkte leider gar nichts.

- Er ist ein illustrierendes Beispiel zu einem Substantiv.

> **Tätigkeiten wie Kochen, Putzen und Bügeln** sind nicht jedermanns Geschmack.

- Er hat eine Ergänzung im Genitiv (*Wes*-Fall).

> **Das Umstellen der Zeit** zweimal im Jahr macht vielen Menschen Probleme.

- Er hat eine Ergänzung mit *von.*

> **Das Reparieren von** kleinen Elektrogeräten lohnt sich oft nicht.

Es gibt aber Fälle, in denen jeglicher Hinweis darauf fehlt, ob das Verb zum Substantiv mutiert ist oder nicht – kein Artikel oder Ähnliches. Das tritt besonders häufig bei Tätigkeiten auf. Hier kann man groß- oder kleinschreiben:

> Die Kinder lernten **schwimmen / Schwimmen.**
> Heutzutage ist [das] **Alleinsein / allein sein** [allein zu sein] für viele Menschen schwierig geworden.

In diese Kategorie fällt auch die Formulierung

> Weil **Geben / geben** seliger ist denn **Nehmen / nehmen.**

Kein Grund, sich zu streiten: Beide Schreibweisen sind richtig.

Der substantivierte Infinitiv mit Erweiterungen: das Immer-auf-seiner-Meinung-Beharren

Den nächsten Schwierigkeitsgrad bilden Substantivierungen, die aus mehreren Bestandteilen bestehen. Sie wollen zum Beispiel *das Beharren,* das Sie schon richtig als substantivierten Infinitiv identifiziert haben, mit *immer auf seiner Meinung* ergänzen. Dann gehen Sie am besten in mehreren Schritten vor (die Reihenfolge ist hier nur ein Vorschlag).

1. Sie schreiben zunächst das Grundwort (den Infinitiv selbst) groß: **Beharren.**
2. Sie setzen die Ergänzungsworte ganz normal groß und klein davor: **immer auf seiner Meinung.**
3. Sie versehen alles mit Bindestrichen und schreiben das neu entstandene Wort – das ja als Substantiv gilt – am Anfang groß: das **Immer-auf-seiner-Meinung-Beharren.**

Es wird aber zu Recht davor gewarnt, solche Formen zu oft einzusetzen. Bei manchen kürzeren Zusammensetzungen ist auch die Zusammenschreibung erlaubt.

> **das In-Kraft-Treten** oder **das Inkrafttreten**

In Fällen wie

> **das Keine-Ahnung-haben-aber-zu-allem-seinen-Senf-dazugeben-müssen-Prinzip** mancher Menschen

können Sie aber nicht mehr zusammenschreiben: Das wäre unlesbar. Solche Wortungetüme sind aber auch mit Bindestrich alles andere als angenehm zu lesen. Sie können versuchen, das anders zu formulieren, je nach Kontext eventuell mit einer Ergänzung.

> Manche Menschen scheinen dem **Prinzip zu folgen, zwar keine Ahnung zu haben, aber zu allem ihren Senf dazugeben zu müssen.**

Haben Sie es mit einem Text zu tun, den Sie nicht auf diese Weise umformulieren wollen oder dürfen, können Sie als Notmaßnahme den Teil vor dem Grundwort in Anführungszeichen setzen. Dann fallen zumindest schon mal fast alle Bindestriche weg.

Das **„Keine Ahnung haben, aber zu allem seinen Senf dazugeben müssen"-Prinzip** mancher Menschen kann sehr lästig sein.

Weitere Wortarten, die zum Substantiv werden können

Die genannten Regeln für die Großschreibung bei Substantivierung gelten auch bei anderen Wortarten. Sie erinnern sich: Man kann fast jedes Wort substantivieren, also auch etwa Adverbien (s. → *Adverb*) wie *heute*.

Das Heute ist die Vergangenheit **des Morgen.**
„Das echte Gespräch bedeutet: **aus dem Ich** heraustreten und an die Tür **des Du** klopfen." Albert Camus

subsumieren

Die Schreibung von **subsumieren** („unter einem Thema zusammenfassen") mit Doppel-*m* wegen einer vermeintlichen Verwandtschaft mit „Nummer" oder „Summe" liegt nahe, ist aber falsch. Das Verb (Tätigkeitswort) wird *subsumieren* geschrieben. Das Substantiv (Hauptwort, Nomen) ist noch schwieriger: Es lautet *Subsumtion*. Sie können aber auch auf *Subsumierung* ausweichen.

super

Das Wort **super** ist zwar ein Adjektiv (Eigenschaftswort) wie *schön*, aber es wird nie verändert. Man sagt also *eine schöne Vorstellung*, aber nur *eine super Vorstellung*. Etwas ist dann also auch *super gelaufen*, oder *man fühlt sich super*.

Sympathie

Der Begriff lautet **Sympathie,** nicht *Symphatie*. Entsprechend schreibt man auch *Antipathie.* Die Adjektive (Eigenschaftswörter) heißen *sympathisch* und *antipathisch* (auch wenn man dann eher von einer *Antipathie* spricht, die man jemandem entgegenbringt). Vergleichbar ist die *Empathie,* das Mitfühlen (→ *empathisch – emphatisch).*

Szenario

Das **Szenario,** das man sich gelegentlich ausmalt, wartet mit zwei Formen für den Plural (Mehrzahl) auf: *die Szenarios* und *die Szenarien.*

Tablet → Tapet: etwas aufs Tapet bringen.

Tablett → Tapet: etwas aufs Tapet bringen.

Tageszeiten → Wochentage und Tageszeiten.

Tapet: etwas aufs Tapet bringen

Wohin bringt man das Thema? Trägt man es auf einem *Tablett* herein? Speichert man es auf dem *Tablet?* Oder hängt man es an ein *Trapez?* Aber warum sollte man das tun? Der richtige Begriff ist **Tapet,** und damit ergibt das Ganze einen Sinn. Dieses französische Wort bezeichnet den Stoffbelag von Konferenztischen. **Etwas aufs Tapet bringen** bedeutet also: „etwas auf die Tagesordnung einer Konferenz setzen", in übertragener, nicht wörtlicher Bedeutung: „etwas zur Sprache bringen".

Teil

Der Begriff **Teil** bereitet manchmal Schwierigkeiten, weil es sowohl *der Teil* als auch *das Teil* heißen kann. Der Artikel richtet sich nach der Bedeutung.

- Ist bei *Teil* der Bezug zum Ganzen gemeint, heißt es **der Teil.**

  Wir arbeiten **einen großen Teil** des Jahres für das Finanzamt.

- In der Bedeutung „einzelnes Stück", „Einzelteil" (auch beim *Ersatzteil* und dem *Oberteil*) heißt es **das Teil.**

  Jedes **Teil** war beschädigt.

- In manchen Redewendungen ist beides gebräuchlich.

  Ich für **mein (meinen) Teil** halte mich da zurück. Sie trugen zwar **ihr (ihren) Teil** dazu bei, haben sich aber **ihr (ihren) Teil** gedacht.

Teilzeit

Bei den Begriffen **Teilzeit** (und entsprechend *Vollzeit*) gilt die Großschreibung: *Teilzeit arbeiten.* Aber: *teilzeitbeschäftigte Personen, Teilzeitbeschäftigte.*

tendenziell – tendenziös

Das Adjektiv (Eigenschaftswort) **tendenziell** bedeutet „eine Tendenz widerspiegelnd".

> **Tendenziell** werden die Geräte immer kleiner und zugleich leistungsfähiger.

Tendenziös ist dagegen ein sehr negativer Begriff, der den Vorwurf der Einseitigkeit in sich trägt. Er deutet darauf hin, dass mehr oder weniger unterschwellig eine bestimmte Sicht vermittelt werden soll.

> In diesem nur als **tendenziös** zu bezeichnenden Artikel wurden Einschätzungen, die zu einem anderen Ergebnis kamen, nicht einmal erwähnt.

Tenor – Tenor

Beide Begriffe werden gleich geschrieben, und es heißt auch jeweils **der Tenor.** Der Unterschied liegt in der Betonung.

- Als **Tenor** mit der Betonung auf dem *-nor* bezeichnet man eine Stimmlage und den Sänger, der sie besitzt. Der Plural (Mehrzahl) lautet *die Tenöre*.

  > Der **Tenor** riss das Publikum zu Beifallsstürmen hin.

- Der **Tenor** dagegen, Betonung auf dem *Te-*, ist eine grundsätzliche Ausrichtung, eine Grundstimmung:

  > Der **Tenor** seiner Rede war eindeutig: nur keine Beteiligung von Laien!

  Bei diesem Wort gibt es keinen Plural.

Terabyte

Geläufige metrische Einheiten wie *Kilo…* bieten normalerweise keine besonderen Schwierigkeiten bei der Rechtschreibung. Auch *Mega…* und *Giga…* kennt man inzwischen aus dem Computerbereich.

Das Wort **Tera…** für 10^{12} wird allerdings häufig auch *Terra…* geschrieben: Das ist falsch, einen Zusammenhang mit *terra* („Erde") gibt es nicht. Das Wort geht vielmehr auf das griechische *téras,* „Ungeheuer", zurück.

Noch größer sind *Peta…* (10^{15}, nicht *Peter…*!), *Exa…* (10^{18}), *Zetta…* (10^{21}) und *Yotta…* (10^{24}). Besonders klein wird es mit *Nano…* (10^{-9}), *Piko/Pico…* (10^{-12}), *Femto…* (10^{-15}), *Atto…* (10^{-18}), *Zepto…* (10^{-21}) und *Yokto…* (10^{-24}). Ein Ende ist hier noch nicht in Sicht.

Terminus

Der **Terminus,** der (Fach-)Begriff, besitzt als Plural (Mehrzahl) *die Termini* – ganz klassisch nach der lateinischen Pluralbildung. Entsprechend wird auch der Plural von *Terminus technicus* gebildet: die *Termini technici.*

Thema

Das **Thema** kommt im Plural (Mehrzahl) als *die Themen* oder *die Themata* daher.

-tial und -zial / -tiell und -ziell

Bei Wörtern wie **Potential** bestand die Schwierigkeit, dass sie „Potenzial" ausgesprochen werden: eine Fehlerquelle. Im Zuge der Rechtschreibreform wurde zusätzlich die Schreibung mit *z* eingeführt. Sie hat sich auch gut durchgesetzt, besonders dann, wenn ein Bezug zu einem Substantiv (Hauptwort, Nomen) mit *z* vorhanden ist – etwa *existenziell* zu *Existenz*.

Sie können also schreiben:

Differential / Differenzial – differentiell / differenziell
existentiell / existenziell
justitiell / justiziell
Potential / Potenzial – potentiell / potenziell
sequentiell / sequenziell
substantiell / substanziell

Man schreibt allerdings nur *exponentiell* (zu *Exponent*).

Tipp

Tipp – als „Wink", „Andeutung", beim Sport (Wetten) auch als „Vorhersage" – wurde lange *Tip* geschrieben. Das widersprach aber der vermuteten Schreibung aufgrund der Aussprache dieses Wortes. Seit der Rechtschreibreform gilt nur noch *Tipp*. Das passt auch viel besser zu *tipptopp* für „tadellos", das schon immer so geschrieben wurde.

tod- oder tot-

- Mit **tod-** werden Wörter geschrieben, die auf das Substantiv (Hauptwort, Nomen) *(der) Tod* abzielen. Häufig wird das *tod-* benutzt, um etwas als besonders schwerwiegend zu kennzeichnen: *todgeweiht* (dem Tod geweiht), *todtraurig, todkrank* (dem Tod nahe), *todmüde* (sehr, sehr müde), *todernst, todsicher,* als Substantive auch *Todfeind, Todsünde*.
- Mit **tot-** schreibt man Wörter, die mit dem Zustand *tot* zu tun haben: *totgeboren, totgesagt, sich totlachen* (so hef-

T

tig lachen, dass man fast tot ist). Das gilt auch für Verben (Tätigkeitswörter), die darauf abzielen, jemanden zum Tod zu befördern: *totschießen, totschlagen*.

tolerant

Das Wort **tolerant** hat nichts mit dem deutschen *toll* (alte Bezeichnung für „verrückt", siehe die *Tollwut*) zu tun, sondern geht wie so viele Fremdwörter auf das Lateinische zurück. Hier ist es das Verb (Tätigkeitswort) *tolerare* in der Bedeutung „etwas dulden". Entsprechend schreibt man *Toleranz* und *tolerieren*.

Tollpatsch

Der **Tollpatsch** für einen ungeschickten Menschen hat nichts mit *toll* (altes Wort für „verrückt", noch zu erkennen in *Tollwut*) zu tun, aber auch nichts mit dem Wort *toll* für „klasse", „prima".

Das Wort geht vielmehr auf das ungarische *Tolbatz* zurück, die Bezeichnung für einen Fußsoldaten, der anstelle der Schuhe mit Schnüren befestigte Sohlen trug. Das waren keine stolzen Krieger, sondern eher bemitleidenswerte Gestalten. *Tolbatz* wurde dann übertragen auf jemand, der in vielem, was er tut, eher unbeholfen ist.

Diesen Zusammenhang kannte außer ein paar Sprachwissenschaftlern jedoch niemand mehr. So schrieben die meisten Leute – eben in Anlehnung an *toll* – dann auch *Tollpatsch*. Diese Schreibung ist seit der Rechtschreibreform die einzige korrekte Form, entsprechend auch *tollpatschig*.

Trapez → Tapet: etwas aufs Tapet bringen.

Trennstrich

Der kurze Strich, wie er auf der Tastatur zu finden ist, fungiert nicht nur als Bindestrich, sondern auch als **Trennstrich** am Ende einer Zeile, um einen Zeilenumbruch zu erzeugen. Wird ein Wort, das schon einen Bindestrich enthält, etwa *Chaucer-Erzählung,* an genau dieser Stelle getrennt, steht kein doppelter Strich.

Chaucer-
Erzählung

Triage

Die **Triage,** vor allem bekannt als das Auswählen/Selektieren von Personen nach der Schwere ihrer Krankheiten oder Verletzungen, bildet den Plural (Mehrzahl) *die Triagen*.

Trilogie

Eine **Trilogie** (nicht: *Triologie!*) bezeichnete zunächst eine Reihe von drei (*tri* = „drei") selbstständigen Werken aus dem Bereich Literatur (von griechisch *logos* = „Wort", „Rede"). Inzwischen wird der Begriff aber auch für andere Bereiche verwendet, wie in der Musik oder im Film: siehe die *Film-Trilogie* „Der Herr der Ringe".

Triumph – Trumpf

Ein **Triumph** ist ein großer Erfolg, eine besondere Genugtuung.

„Die Zweitehe? Der **Triumph** der Hoffnung über die Erfahrung." Samuel Johnson

Der **Trumpf** dagegen ist eine Farbe im Kartenspiel, die die anderen Farben sticht *(Pik ist Trumpf),* oder auch ein Vorteil, den man hat – etwas, mit dem man punkten kann.

Als **Trumpf** macht sie ihre jahrelange Erfahrung auf diesem Gebiet geltend.

trotz

Die → *Präposition* (Verhältniswort) **trotz** bedeutet: „ungeachtet von". Sie wird immer kleingeschrieben und steht meist mit dem Genitiv (*Wes*-Fall): *trotz der Einwände.* Der Dativ (*Wem*-Fall) ist üblich in Süddeutschland, Österreich und der Schweiz: *trotz dem Vorgehen, trotz ihren Bemühungen.* Zur Bildung des Genitivs und des Dativs → *Fall.*

- Der Dativ kommt neben dem Genitiv häufig vor, wenn der Artikel fehlt: *trotz großem Einsatz.* Auch im Plural (Mehrzahl) nimmt man meist den Dativ, wenn das Wort allein steht: *trotz Bedenken.*

  Ein weiteres Einsatzgebiet: Der Dativ wird verwendet, wenn zwei Genitive aufeinandertreffen und der Genitiv zu *trotz* an zweiter Stelle steht.

T

trotz des Vorsitzenden **ausführlichen Memorandums** → **trotz** des Vorsitzenden **ausführlichem Memorandum**

Steht der zu *trotz* gehörende Genitiv an erster Stelle und damit direkt bei *trotz,* bevorzugt man zwei Genitive.

trotz **des Memorandums des Vorsitzenden**

- Leitet die Wortgruppe mit *trotz* den Satz ein, steht danach kein Komma.

Trotz gegenteiliger Beweise glaubte man ihr nicht.

- Das Substantiv (Hauptwort, Nomen) *Trotz* wird großgeschrieben.

Den **Trotz** kleiner Kinder müssen alle Eltern aushalten.

über Dreijährige → **-jährig.**

überschwänglich

Die Schreibweise **überschwänglich** – statt früher *überschwenglich* – stellt den Bezug zu *Überschwang* her. Das hat die Akzeptanz dieser seit 1996 allein gültigen Schreibweise sicherlich gefördert – sie hat sich zumindest etabliert, wenn auch noch nicht vollständig durchgesetzt (die Schreibweise *überschwenglich* hält sich noch tapfer).

Uhrzeit

Die Angaben bei der **Uhrzeit** sind knifflig, vor allem dann, wenn noch *ein (drei) viertel / Viertel* hinzukommt.

- Die Zahl bei der Uhrzeit schreibt man klein (das manchmal mögliche *Uhr* wird oft weggelassen).

Es ist schon **acht** (Uhr). Es ist nun **Punkt acht** (Uhr). Es ist schon **halb acht.** Die Uhr zeigt **zwanzig** (Minuten) **vor / nach acht.**

- Bei dazukommendem *Viertel* schreibt man folgendermaßen: Kommt ein *vor* oder *nach* dazu, wird *Viertel* großgeschrieben.

  Die Uhr zeigt **(ein) Viertel vor, nach acht.**

- Direkt vor der Zeitangabe, ohne *vor* oder *nach,* schreibt man in der Regel klein: *viertel.*

  Der Temin ist um **viertel eins.**

- Bei Verbindungen von *drei* mit *Viertel* gilt:

  Es ist **drei viertel acht.** Wir kommen **in drei viertel Stunden** oder **in drei Viertelstunden.**

umso – um so

Die Satzeinleitung (→ *Konjunktion*) **umso** ist daran zu erkennen, dass sie auf dem *um-* betont wird:

Je weniger ich esse, **umso** dicker werde ich. Die Waage spinnt.

Das Wort **so** kann aber auch auf ein **um** folgen. In diesem Fall sind beide Wörter betont:

Ich lasse jetzt die Süßigkeiten weg, **um so** (auf diese Weise) endlich Erfolg zu haben.

ungeachtet

Die → *Präposition* (Verhältniswort) **ungeachtet** wird immer kleingeschrieben. Sie steht mit dem Genitiv (*Wes*-Fall): *un-*

geachtet seines Scheiterns, ungeachtet aller Bedenken. Zur Bildung des Genitivs → *Fall*.

Leitet die Wortgruppe mit *ungeachtet* den Satz ein, steht danach kein Komma.

> **Ungeachtet aller Proteste wurde** er festgenommen.

Universum

Das **Universum** hat als Plural (Mehrzahl) nur *die Universen*.

unter Dreijährige → -jährig.

updaten → Fremdwörter: Verben.

vage

Das Adjektiv (Eigenschaftswort) **vage** hat nichts damit zu tun, etwas zu „wagen". Die Bedeutung „ungewiss", „unbestimmt" gibt schon einen Hinweis: Das Wort geht letztlich zurück auf das lateinische Wort *vagus:* „umherschweifend", „unstet". In diesen Zusammenhang gehören auch die im Mittelalter anzutreffenden *Vaganten* – vor allem umherziehende Studenten und Mönche.

> Außer **vagen** Verdächtigungen hatte er nichts zu bieten.

Verb (Tätigkeitswort)

Die Verben werden auch als Tätigkeitswörter bezeichnet: *lachen, laufen*. Eine Besonderheit, auf die man achten sollte, sind die sogenannten *trennbaren Verben.*

Die trennbaren Verben

Im Deutschen fallen manche Verben in bestimmten Zeitformen auseinander. Diese sogenannten **trennbaren Verben** werden nur im Infinitiv *(ankommen),* als → *Partizip (ankommend, angekommen)* und wenn sie am Ende eines Nebensatzes stehen (*als ich ankam, du ankamst* usw.) zusammengeschrieben. In der Gegenwartsform und in der Vergangenheitsform fallen sie auseinander: *Ich komme an, ich kam an.* Als Muttersprachler macht man das meist automatisch richtig.

Zwischen den Bestandteilen kann ein mehr oder weniger langer Einschub stehen:

Ich nehme an der Veranstaltung **teil.**

Beim Partizip dieser Verben wird das *-ge* in die Mitte gesetzt, nicht an den Anfang: *Ich bin angekommen, ich habe teilgenommen.*

Probleme entstehen dann, wenn ein **trennbares Verb am Satzanfang** steht. Es wird dann auch getrennt geschrieben. Besonders bei *hinzukommen* wird dies jedoch oft nicht beachtet.

Hinzu kommt, dass der Autor ...

Im Folgenden, wenn es um die Zusammen- oder Getrenntschreibung von Verben geht, wird der Infinitiv, die Grundform, angegeben: *teilnehmen.* Handelt es sich um ein trennbares Verb, ist es wichtig, dass die Kleinschreibung erhalten bleibt: *Ich nehme teil.* Anderes Beispiel: *pleitegehen – er ging pleite.*

Zusammen oder getrennt?

Die Frage, ob ein Verb zusammen- oder getrennt geschrieben wird, ist nicht immer einfach zu beantworten.

Hilfreich beim Erkennen einer Zusammenschreibung kann zunächst einmal die Betonung des ersten Bestandteils sein: *vorankommen, überhandnehmen, wettmachen*. Bei Verben mit *fest, tot* und *voll* wird nur zusammengeschrieben: *festhalten, totschlagen, volltanken*. Es handelt sich hier um trennbare Verben: *Ich komme voran.*

Die Betonung hilft nicht so recht weiter bei *abhandenkommen, vonstattengehen, zugutehalten, zugutekommen, zugutetun, zunichtemachen, zupasskommen, zustattenkommen* und *zuteilwerden*. Das hängt damit zusammen, dass diese Wörter erst seit der Rechtschreibreform zusammengeschrieben werden.

Schwierig kann es auch bei anderen Verbkombinationen werden.

spazieren gehen

Verben können mit anderen Verben eine Verbindung eingehen. Dann gilt:

- Bei Verb und Verb schreibt man in der Regel getrennt.

schreiben lernen, spazieren gehen

- Verbindungen mit **sein** werden *immer* getrennt geschrieben.

da sein, zurück sein

- Bei Verbindungen mit **lassen** und **bleiben** ist neben der Getrenntschreibung auch die Zusammenschreibung möglich, wenn es um eine übertragene, nicht wörtliche Bedeutung geht.

sitzen bleiben und **sitzenbleiben** (nicht versetzt werden), **liegen bleiben** und **liegenbleiben** (unerledigt sein)

- Auch bei **kennen lernen** und **kennenlernen** haben Sie die Wahl.

leer essen und **leeressen**

Bei Verbindungen eines Verbs mit einem Adjektiv oder Partizip gilt häufig beides, zusammen oder getrennt.

- Sowohl getrennt als auch zusammengeschrieben ist es richtig, wenn das Adjektiv *(leer)* oder Partizip *(lachend, gestürzt)* das Ergebnis eines Vorgangs bezeichnet.

den Teller leer essen oder **leeressen** (der Teller ist dann *leer*)

- Die Wahl zwischen Getrennt- und Zusammenschreibung haben Sie auch, wenn die betroffene Person oder Sache bedingt durch die Tätigkeit eine neue Eigenschaft besitzt.

die Wand **gelb streichen** oder **gelbstreichen** (die Wand ist dann *gelb*)

Entsprechend auch: eine Zwiebel *klein schneiden* oder *kleinschneiden* (die Zwiebel besteht dann aus kleinen Stücken), *etwas kaputt machen* oder *kaputtmachen* (das Gerät ist kaputt).

- Die Betonung hilft insbesondere in den folgenden Fällen weiter, in denen man **immer getrennt** schreibt:

  – *Es handelt sich nicht um ein einfaches Adjektiv (wie etwa gelb): die Wand* **ockergelb** *streichen, die Wand* **leuchtend gelb** *streichen*

- *Das Verb hat schon einen Verbzusatz: die Wand grün* **an***streichen*
- *Das Adjektiv ist erweitert oder gesteigert: eine Zwiebel* **sehr klein** *schneiden, eine Zwiebel* **kleiner** *schneiden*
- *Der erste Bestandteil ist ein* **Partizip:** *sich* **schlafend** *stellen, jemanden* **gefangen** *nehmen*

- **Achtung: übertragene, nicht wörtliche Bedeutung**
  Entsteht aber eine andere Bedeutung, wird nur zusammengeschrieben: *eine Behauptung richtigstellen* (berichtigen).

> So kann man einen Pudding **kalt stellen / kaltstellen.** Ein Parteivorsitzender wird einen unliebsamen Konkurrenten aber nicht **kalt stellen** (in den Kühlschrank stellen), sondern **kaltstellen** (entmachten).

Anderes Beispiel: Eine übertragene Bedeutung liegt vor bei *ein Schiff klarmachen* („fertigmachen zum Auslaufen") oder *jemandem etwas klarmachen,* im Sinne von „einen Sachverhalt klarstellen".

Ebenso: die Tür *offen lassen* (sie steht offen) und eine Frage *offenlassen* (nicht beantworten).

Die **Betonung** liegt bei den Verben mit übertragener Bedeutung oft deutlich auf dem ersten Bestandteil. Daran können Sie sich gut orientieren. Zu Wörtern in dieser Kategorie zählen u. a. *krankschreiben, heimlichtun, schwerfallen*.

Gelegentlich ist unklar, ob ein Verb übertragen gebraucht wird oder nicht, wie etwa bei *verloren gehen / verlorengehen*. In solchen Fällen können Sie getrennt oder zusammenschreiben.

Rad fahren und **standhalten**

Verbindet sich ein Substantiv mit einem Verb, kommt es darauf an, ob das Substantiv noch deutlich seine Selbstständigkeit bewahrt hat.

- Wenn ja, dann schreibt man getrennt.

> **Auto fahren, Gefahr laufen, Karten spielen, Maschine schreiben, Rad fahren, Schlange stehen, Ski laufen, Sorge tragen, Zeitung lesen**

- Wird das Substantiv dagegen nicht mehr als solches wahrgenommen, schreibt man zusammen, etwa bei

> **eislaufen** (sie **laufen eis**), **kopfstehen** (er **steht kopf**), **standhalten** (sie **hat standgehalten**)

- Es gibt weitere Fälle, bei denen man getrennt oder zusammenschreiben kann: → *achtgeben* und *Acht geben,* → *danksagen* und *Dank sagen,* → *gewährleisten* und *Gewähr leisten.* Ebenso haben Sie die Wahl bei → *haltmachen* und *Halt machen,* → *maßhalten* und *Maß halten,* → *marathonlaufen* und *Marathon laufen.*

zusammenarbeiten, zusammen arbeiten

→ **Adverbien** sind die zahlreichen unveränderlichen Wörter, die gern gebraucht werden, aber kaum auffallen: *gern* und *kaum* sind Adverbien. Manche wie *davon, wieder* oder *zusammen* können Verbindungen mit Verben eingehen. Hier kann entweder nur das Verb betont werden oder beides, Adverb und Verb. Das eröffnet große Möglichkeiten, je nachdem, was man ausdrücken will. Die Betonung zeigt dann an, ob getrennt oder zusammengeschrieben wird.

- Wenn bei einer Verbindung eines Verbs mit einem Adverb die Betonung auf dem Adverb liegt (also bei *zusammen-*

arbeiten auf dem *zusammen*), gilt die Zusammenschreibung.

Wir wollen **zusammenarbeiten.**
Wir haben unsere Wettbewerbsfähigkeit in diesem Sektor **wiederhergestellt.**

Hier liegen die Bedeutungen „kooperieren" und „in einen früheren Zustand versetzen" vor.

- Man kann die Betonung aber auch auf das Verb oder auf beide Teile verschieben.

Ich habe mit ihm **zusammen gearbeitet** (wir waren in einer Abteilung).
Seit einigen Jahren wird dieses Produkt aufgrund zahlreicher Kundenanfragen **wieder hergestellt.**

Gemeint ist hier die Bedeutung „gemeinsam" bzw. „erneut produzieren", die getrennte Betonung der jeweiligen Begriffe ist ganz deutlich.

- Auch bei Wörtern wie *da, dahin, daran, darauf* führen diese Möglichkeiten zu verschiedenen Formen (und größerer Unsicherheit bei der Schreibung). Zu erkennen ist die richtige Schreibung jeweils an der Betonung:

Weil die Jahre nur so **dahinfliegen** („vergehen", Betonung auf dem *dahin*).
Er soll einfach **dableiben** (Betonung auf dem *da*).

Aber:

Er will **dahin fliegen** („zu einem bestimmten Ort fliegen", Betonung auf beiden Wörtern).

Sie soll einfach **da bleiben,** wo sie gerade ist (Betonung auf beiden Wörtern).

Wenn Sie unsicher sind, ob Sie es mit einem Adverb zu tun haben: Nur bei Verbindungen mit Adverbien kann man auch zwischen Adverb und Verb eine Ergänzung einschieben und die Betonungsmöglichkeiten nutzen, z. B. bei *wiederkommen: Wir sind wieder* **nach Hause** *gekommen*.

- Manchmal werden die Wörter auch einfach getrennt betont (und dann auch getrennt geschrieben), wenn eins oder beide zu lang sind.

rückwärts einparken (aber: *rückwärtsfahren*), **hinterrücks angreifen**

- Manche Adverbien bestehen aus mehr als einem Wort, man bezeichnet sie als *adverbiale Fügungen*. Auch wenn Sie diesen Begriff nicht kennen, sind Sie diesen Wörtern doch sicher schon begegnet – sie können mächtig Ärger machen. Der Grund ist, dass hier unklar ist, ob die Substantive noch selbstständig sind. Daher gelten zwei Schreibweisen als richtig: Das Substantiv wird als selbstständig empfunden – *zu Rate ziehen* – oder als verblasst angesehen – *zurate ziehen*. Man schreibt diese Fügungen aber grundsätzlich vom folgenden Verb getrennt: also nur *instand halten* oder *in Stand halten,* niemals *instandhalten*.

  Das gilt insbesondere für die Begriffe *außerstande / außer Stande* sein, *imstande / im Stande* sein, *infrage / in Frage* stellen, *instand / in Stand* setzen (halten), *zugrunde / zu Grunde* gehen (liegen, richten), *zumute / zu Mute* sein, *zunutze / zu Nutze* machen, *zurande / zu Rande* kommen, *zurate / zu Rate* ziehen, sich etwas *zuschulden / zu Schulden* kommen lassen, *zustande / zu Stande* bringen, *zutage / zu Tage* fördern (treten), *zuwege / zu Wege* bringen.

Schreibung bei Verben mit „zu“: sicherzustellen

Schreibt man das Verb in der Grundform (Infinitiv) zusammen, wird das **zu** einfach mit hineingesetzt.

sicherstellen → sicherzustellen, wiederherstellen → wiederherzustellen

Schreibt man das Verb in der Grundform getrennt, bleibt auch das **zu** allein stehen.

schreiben üben → schreiben zu üben, wieder herstellen → wieder herzustellen

Verdienst

Hier verweisen unterschiedliche Artikel auch auf unterschiedliche Bedeutungen.

- **Der Verdienst** ist das Einkommen (Lohn, Gehalt).

  Der Verdienst, den sie für ihre anstrengende Tätigkeit erhielt, war eindeutig zu niedrig.

- **Das Verdienst** ist etwas, was man zum Wohle anderer getan hat. Das Wort wird auch häufig im Plural (Mehrzahl) gebraucht: *ihre Verdienste um die gute Sache.*

  Das große Verdienst, das er sich im karitativen Bereich erworben hatte, war unbestritten.

verloren gehen, verlorengehen

Sie können **verloren gehen** oder **verlorengehen** schreiben: Beides ist richtig. Also auch: *das verloren gegangene* oder *verlorengegangene Geld*.

verpönt

Das Wort **verpönt** für „missbilligt“, „verachtet“ hat nichts mit *föhnen* oder dergleichen zu tun, was die falsche Schreibung mit *h* als *verpöhnt* rechtfertigen könnte. Es ist vielmehr verwandt mit dem mittelhochdeutschen Begriff für „Strafe“, nämlich *pene*. Auch die *Pein* und *peinlich* gehören in diesen Zusammenhang.

versprechen

Beim Verb (Tätigkeitswort) **versprechen** ergibt sich je nach der Kommasetzung eine andere Bedeutung.

> Mit Komma: **Die Vorsitzende versprach,** den Mitgliederentscheid zu akzeptieren.

Sie gab das Versprechen ab, den Mitgliederentscheid zu akzeptieren.

> Ohne Komma: **Die Vorsitzende versprach** eine fähige Organisatorin zu werden.

Es sah so aus, als würde sie eine fähige Organisatorin werden.

viel, viele, vieles

V

- Das Wort *viel (viele* usw.) zählt zu den sogenannten *Indefinitpronomen*, die etwas Unbestimmtes angeben (*indefinit* = „unbestimmt“). → *Pronomen* werden bis auf wenige Ausnahmen grundsätzlich kleingeschrieben.

  > Nach diesen Vorkommnissen hat er uns **vieles** zu erklären.

Das gilt auch dann, wenn es sich auf Personen bezieht.

> Leider waren immer noch **viele** von seinen Lügengeschichten beeindruckt.

Nur in Ausnahmefällen ist auch die Großschreibung möglich, so etwa: *die Meinung der Vielen* im Sinne von „die Meinung der breiten Masse".

- Verbindet sich *viel* mit einem Partizip (*lachend, geliebt*), kann getrennt oder zusammengeschrieben werden: *viel versprechend* oder *vielversprechend, viel zitiert* oder *vielzitiert*.

  Wird das ganze Wort gesteigert, gilt die Zusammenschreibung: *(noch) vielversprechendere Aussichten*. Wenn Sie nur das *viel* steigern wollen, müssen Sie mit *mehr* und *meist* agieren → *Steigerung*.

vielmehr – viel mehr

Spricht man **vielmehr** als ein Wort aus, mit der Betonung auf dem *viel-*, steht es für „im Gegenteil".

> Die Studie weist keine neuen Erkenntnisse auf – **vielmehr** ist sie eine Zusammenstellung bereits bekannter Zusammenhänge.

Das Wort **viel mehr** bedeutet ganz einfach *vieles mehr, eine Menge mehr*. Hier spricht man beide Wörter getrennt aus.

> Im Interview erklärte die Informantin, sie habe noch **viel mehr** brisantes Material.

Virus

Im Zusammenhang mit der Medizin heißt es **das Virus.** Daneben hat sich die Form **der Virus** im Computerbereich für Schadsoftware eingebürgert. Der Plural (Mehrzahl) bei beiden lautet *die Viren*.

Visum

Das mehr oder weniger schwierig zu erlangende **Visum** für die Einreise in ein anderes Land bildet den Plural (Mehrzahl) *die Visa*. Die Form *die Visen* ist ebenfalls korrekt, aber selten.

vollkommen

Bei dem Adjektiv (Eigenschaftswort) **vollkommen** gibt es zwei Bedeutungen, die sich auch in der Betonung zeigen.

- **Vollkommen** als „ohne Fehler", „makellos" wird auf den beiden letzten Silben, dem *-kommen,* betont.

  Das Kunstwerk war **vollkommen.**

- *Vollkommen* als „völlig", „vollständig" wird auf der ersten Silbe, dem *voll-,* betont. Diese Verwendung des Begriffs ist umgangssprachlich.

  Sie hatten **vollkommen** vergessen, wie hungrig sie waren.

Vollzeit → Teilzeit.

Volumen

Das **Volumen** bildet den Plural (Mehrzahl) *die Volumen* und *die Volumina*.

von nahem, von Nahem

Sie können **von nahem** schreiben oder **von Nahem.** Beides ist richtig. Nur kleingeschrieben wird in der Wendung *von nah und fern*.

von neuem, von Neuem → neu

von seiten, von Seiten → aufseiten, auf Seiten.

von … über … bis

Bei einer Aufzählung, die mit *von … über … bis* gestaltet wird, steht kein Komma, auch nicht beim *über.*

> **Von** der Frühjahrsmüdigkeit über den Urlaubsstress (Kofferpacken!) **und** den Novemberblues **bis** zum Schneeschippen im Winter: Manche Menschen haben an jeder Jahreszeit etwas auszusetzen.

vonstattengehen

Die Zusammenschreibung **vonstattengehen** aufgrund der Rechtschreibreform war zunächst gewöhnungsbedürftig, das ähnliche *vor sich gehen* mag da eine Rolle gespielt haben. Die Schreibweise setzt sich aber langsam durch.

Das Verfahren muss schnell **vonstattengehen.**

voraus

Das → *Adverb* **voraus** schreibt man klein.

Sie gingen **voraus.**

In der Wendung **im Voraus** schreibt man das Wort jedoch groß (→ *Substantivierung*).

Die Kaution musste **im Voraus** bezahlt werden.

Voraussetzung

Man schreibt *im Voraus,* nicht *im Vorraus*. Also gibt es auch keinen Grund, fälschlicherweise *Vorraussetzung* (mit Doppel-*r*) zu schreiben. Die richtige Schreibung ist **Voraussetzung.**

während

Die → *Präposition* (Verhältniswort) **während** steht in der Regel mit dem Genitiv (*Wes*-Fall): *während des Vortrags, während ihrer Aufenthalte*.

- Der Dativ (*Wem*-Fall) wird verwendet, wenn zwei Genitive aufeinandertreffen und der Genitiv zu *während* an zweiter Stelle steht.

  während des Herrschers langen Feldzugs → **während** des Herrschers **langem Feldzug**

- Steht der zu *während* gehörende Genitiv an erster Stelle und damit direkt beim *während,* bevorzugt man zwei Genitive.

> **während des langen Feldzugs** des Herrschers

Zur Bildung des Genitivs und des Dativs → *Fall*.

Leitet die Wortgruppe mit der Präposition *während* den Satz ein, steht kein Komma.

> **Während der ermüdenden Verhandlungen** wollten manche Unterhändler schon aufgeben.

Von der Präposition *während* zu unterscheiden ist die häufig gebrauchte → *Konjunktion* (Bindewort) **während** im Sinne von „in der Zeit, als" oder „dagegen", die einen Nebensatz einleitet. Dann muss ein Komma stehen, weil Nebensätze (nicht selbstständige Sätze) immer mit Komma abgetrennt werden.

> **Während** wir nicht zu Hause waren, wurde eingebrochen.
> Ich arbeite viel, **während** dein Pensum doch eher überschaubar ist.

Waise – Weise

Die beiden Wörter **Waise** und **Weise** werden gleich ausgesprochen, haben aber verschiedene Bedeutungen. Das führt manchmal zu Verwechslungen.

Eine **Waise** ist ein Kind, dessen Elternteile verstorben sind, eine *Halbwaise* hat Vater oder Mutter verloren. Bei der Person heißt es immer *die Waise,* auch wenn es sich um einen Jungen handelt.

Erwachsene, die ihre (betagten) Eltern verlieren, gelten nicht als Waisen.

Der Begriff **Weise** hat dagegen mehrere Bedeutungen.

- *Weise* ist eine alte Bezeichnung für einen klugen Menschen – eben jemand mit viel *Weisheit:* also *der Weise (ein weiser Mann)* oder *die Weise (eine weise Frau).*

  Hägar trifft den **Weisen vom Berg.**

- *Weise* ist auch eine Angabe für eine Art des Handelns, also wie etwas erledigt wird: die *Art und Weise*.

  Die **Weise,** wie hier vorgegangen wurde, lässt sämtliche Alarmglocken klingeln.

- Weniger gebräuchlich ist inzwischen die Bezeichnung *Weise* für eine Melodie.

  Es erklang eine schöne **Weise.**

was

Einen Nebensatz mit *was* zu beginnen, ist in manchen Fällen keineswegs umgangssprachlich, sondern sogar üblich, nämlich

- nach Begriffen, die etwas Unbestimmtes ausdrücken, wie *alles, etwas, vieles, manches*

  Alles, was er sagte, wurde zurückgewiesen.

- nach Superlativen

Das war **das Beste, was** in der Krise zu tun war.

- nach einem ganzen Satz, auf den Bezug genommen wird

Damit eine Kernfusion stattfindet, muss beim Annähern zweier Atomkerne die abstoßende Coulomb-Kraft überwunden werden, **was** sehr hohe Energien erfordert.

Was du nicht willst, dass man dir tu …

Schwierigkeiten bei der Rechtschreibung bereitet die beliebte Redensart

Was du nicht willst, **dass** man dir tu, **das** füg auch keinem andern zu.

Das *was* am Anfang – **was** *du nicht willst* – findet seine Ergänzung im **das** *füg nicht zu.* Das ist noch verständlich.

Schwieriger wird es beim eingeschobenen Satz *dass man dir tu* – er bedeutet eigentlich: *dass man* **es** *dir tu,* und damit ist hier die Satzeinleitung *dass* notwendig.

Website

Eine **Website** ist die gesamte Webpräsenz im Netz, die unter einer URL aufgerufen werden kann: Eine *Site* bedeutet im Englischen „Standort". Offenbar verleitet die sprachliche Nähe zum deutschen Wort *Seite* zur Bildung des Begriffs *Webseite*. Eine *Webseite* ist jedoch nur ein Teil einer *Website,* nämlich eine einzelne Seite oder ein Dokument innerhalb der Webpräsenz.

weder … noch

Bei Sätzen mit mehreren Subjekten (Subjekt = Träger der Handlung, „wer?"), die mit **weder … noch** verbunden sind, richtet sich die Form des Verbs (Tätigkeitsworts) in der Regel nach seiner Stellung: Kommt zuerst das mehrteilige Subjekt, folgt das Verb normalerweise im Plural (Mehrzahl).

> **Weder die Rede noch die anschließende Fragerunde konnten (konnte)** überzeugen.

Bei der umgekehrten Reihenfolge steht das Verb eher im Singular (Einzahl).

> Erhellend **war (waren) weder die Rede noch die anschließende Fragerunde.**

Aber das ist in beiden Fällen kein Muss.

wegen

Nach der → *Präposition* (Verhältniswort) **wegen** steht der Genitiv (*Wes*-Fall): *wegen des Unfalls, wegen der Ereignisse.* Der *Wem*-Fall Dativ *(wegen dem Unfall)* gilt als umgangssprachlich. Zur Bildung des Genitivs und des Dativs → *Fall.*

- Nur im Plural (Mehrzahl) bei allein stehenden Wörtern wird standardsprachlich der Dativ (*Wem*-Fall) herangezogen, wenn der Genitiv nicht zu erkennen ist.

> **wegen Ausnahmefällen**

- Eine weitere Besonderheit: Steht ein Wort allein im Genitiv, wird die Endung *-s* oft weggelassen.

wegen Personalwechsels → wegen Personalwechsel

- Der Dativ wird auch verwendet, wenn zwei Genitive aufeinandertreffen und der Genitiv zu *wegen* an zweiter Stelle steht.

wegen des Spielers **lustlosen Auftritts → wegen** des Spielers **lustlosem Auftritt**

- Steht der zu *wegen* gehörende Genitiv an erster Stelle und damit direkt beim *wegen,* bevorzugt man zwei Genitive.

wegen des lustlosen Auftritts **des Spielers**

Leitet die Wortgruppe mit *wegen* den Satz ein, steht danach kein Komma.

Wegen dieser Lügen traute man ihm auch später nicht mehr.

Werktitel

Bei Werktiteln (von Büchern, Theaterstücken, Filmen) im Plural (Mehrzahl) kommt manchmal die Frage nach dem folgenden Verb (Tätigkeitswort) auf.

- Das Verb kann hier im Plural, aber auch im Singular (Einzahl) stehen, je nachdem, ob man das Stück als Einheit auffasst oder eher nach dem konkreten Titel geht.

„Ladykillers“ haben (hat) uns gefallen.

- Bei einem Titel mit **und** setzt man jedoch das Verb in den Singular.

> **„Harry Potter und der Feuerkelch“** ist der vierte Band der Serie.

Weihnachten

Der Begriff **Weihnachten** ist nicht ganz so einfach. Gelegentlich wird er im Singular (Einzahl) gebraucht:

> Wir hatten **ein schönes Weihnachten.**

Häufig aber verwendet man das Wort ohne Artikel:

> **Weihnachten** kommt immer so plötzlich.

Den Plural (Mehrzahl) gibt es in Wendungen wie *fröhliche Weihnachten* und *weiße Weihnachten.* Die Form *die Weihnacht – ich wünsche dir eine frohe Weihnacht* – kommt dagegen seltener vor.

Das Ganze ist so kompliziert, weil sich *Weihnachten* aus einem Plural (Mehrzahl) entwickelt hat – *ze den wīhen nahten* („in den heiligen Nächten“) –, aber auch der Singular (Einzahl) vorkam, weil man an das *Weihnachtsfest* dachte. Es ist also sinnvoll, *Weihnachten* mit weiteren Begriffen zu ergänzen, wenn man sich unsicher ist:

> Wir wünschen euch **ein schönes Weihnachtsfest und geruhsame Weihnachtstage.**

weismachen

Das Verb (Tätigkeitswort) **weismachen** hat nichts mit der Farbe *Weiß* zu tun, aber umso mehr mit *weise* und *Weisheit*. Entsprechend steht hier ein einfaches *s*. Das Wort bedeutet „jemandem etwas Unwahres als Wahrheit verkaufen". Damit verwandt ist auch der Begriff *wohlweislich,* der für „aus gutem Grund" steht.

weit

Etliche Wörter mit **weit,** die wie Adjektive (Tätigkeitswörter) benutzt werden, können getrennt oder zusammengeschrieben werden. Die Dudenredaktion empfiehlt hier die Zusammenschreibung: *weitgehend, weitreichend, weitverbreitet, weitverzweigt,* bei *weit gereist* dagegen die Getrenntschreibung.

Bei **Steigerungen** gibt wieder die Betonung einen wichtigen Hinweis. Wird das ganze Wort gesteigert, schreibt man zusammen. Getrennt schreibt man, wenn nur der erste Bestandteil *weit* gesteigert wird. Bei manchen Begriffen sind beide Steigerungsformen möglich, aber laut Duden 9 sind nicht alle geläufig:

- **weitgehend** – eine *weitgehendere Forderung* und eine *weiter gehende Forderung,* die *weitestgehende Forderung* und die *am weitesten gehende Forderung*. Aber in der Bedeutung „fast vollständig" nur Zusammenschreibung: *Die Sache ist weitgehend/weitestgehend geklärt.*
- **weitreichend** – *weitreichendere Maßnahmen* und *weiter reichende Maßnahmen,* die *weitreichendsten Maßnahmen* und die *am weitesten reichenden Maßnahmen*.
- **weitverbreitet** – gebräuchlich sind die *weiter verbreiteten Vorstellungen* und die *am weitesten verbreiteten Vorstellungen*.

- **weitverzweigt** – gebräuchlich sind eine *weiter verzweigte Familie* und die *am weitesten verzweigte Familie*.
- **weit gereist** – nur: die *weiter gereisten Touristen* und die *am weitesten gereisten Touristen*.

Probleme bereitet daneben die Fügung **bei weitem / bei Weitem.** Hier gibt es eine salomonische Lösung: Beides ist richtig. Das Gleiche gilt auch für *von weitem / von Weitem*.

Nur in Kleinschreibung existieren: *weit und breit* und *so weit, so gut;* nur in Großschreibung: *das Weite suchen* (→ *Substantivierung).*

wider – wieder

- Das Wort **wider** bedeutet „dagegen“: *widerlegen, widerlich, widerrufen, widersprechen, widerspenstig sein.* Als → *Präposition* steht *wider* mit dem Akkusativ (*Wen*-Fall).

> Er sagte das **wider** besseres Wissen.

- Das → *Adverb* (Umstandswort) *wieder* hat die Bedeutung „zurück“ oder „nochmals, erneut“: *wiederkommen, wiederbringen, wiederholen, wiederverwerten*.

> Ich komme bald **wieder.** Die **Wiederverwertungsquote** lag noch unter dem Wert des Vorjahrs.

Diese Bedeutungsdifferenzierung bestand nicht immer. Vielmehr weiß das *Etymologische Wörterbuch des Deutschen* (*etymologisch* = „sich mit der Herkunft und der Entwicklung der Wörter befassend“) zu berichten, dass sie auf eine „gelehrte Unterscheidung“ im 17./18. Jahrhundert zurückgeht. Das erklärt vielleicht manches.

So gibt es ein Verb (Tätigkeitswort), bei dem offenbar viele nicht wissen, wozu es gehört: die Sache mit dem Spiegel und dem Spiegeln. Die Lösung ist **widerspiegeln** im Sinne von „reflektieren", auch im übertragenen, nicht wörtlichen Sinne.

> In vielen New Yorker Hochhäusern **spiegelt** sich die 1916 erlassene Verordnung **wider,** dass sich diese Gebäude, um nicht zu viel Tageslicht wegzunehmen, nach oben verjüngen mussten.

wie viel, wie viele

Man schreibt immer getrennt: **wie viel** und **wie viele.**

> **Wie viel** Literatur gibt es zum Thema?

Daneben schreibt man *wievielmal / wie viel(e) Mal(e).*

> **Wievielmal** wurde England Fußballweltmeister?

Auch das Wort *wievielte,* in der → *Substantivierung (der, die, das) Wievielte,* wird zusammengeschrieben.

> Dein **wievielter** Versuch war das doch gleich?
> Den **Wievielten** [des Monats] haben wir?

willen

In der Formulierung *um … willen* schreibt man das **willen** klein.

> Warum **um** Himmels **willen** hast du das getan?

Es steht immer mit dem Genitiv (*Wes*-Fall). Zur Bildung des Genitivs → *Fall*.

Um deiner selbst **willen** solltest du das noch einmal überdenken.

Es gibt aber auch das Substantiv (Hauptwort, Nomen) *der Willen / der Wille,* das großgeschrieben wird, etwa in *mein letzter Wille.*

Lass dem Kind doch **seinen Willen.**

Wochentage und Tageszeiten

Bei den **Wochentagen** wie auch den **Tageszeiten** spielt es eine große Rolle, ob ein bestimmter Wochentag / eine bestimmte Tageszeit gemeint ist oder ob es um eine Regelmäßigkeit geht. Das ist schon mal ein erster Zugang zur richtigen Schreibweise.

Die Wochentage – Montag, montags

- **Bedeutung: Einzelfall**
  Den **Wochentag** als Substantiv (Hauptwort, Nomen), etwa mit *der, die, das, ein* usw., schreibt man groß: *der Montag, am Montag, die Montage*.

  Der Montag ist ein schrecklicher Tag: der Anfang einer langen Arbeitswoche.

- **Bedeutung: Regelmäßigkeit**
  Findet etwas regelmäßig statt, wird kleingeschrieben und ein *-s* angehängt: *montags.*

  Manche Menschen haben **montags** schlechte Laune, weil das Wochenende vorbei ist.

Die Tageszeiten – am Morgen, morgens

Entscheidend ist auch bei den **Tageszeiten,** ob es um eine Regelmäßigkeit geht oder nicht.

- **Bedeutung: Einzelfall**
  Groß schreibt man das Substantiv (Hauptwort, Nomen), also etwa *der Morgen, ein herrlicher Morgen, vom Morgen bis zum Abend, an diesem Morgen, am Morgen, jeden Morgen (an jedem Morgen), die Morgen* (nicht: *die Morgende*).

> „Ein Stellvertreter ist jemand, der sich **jeden Morgen** nach unserem Befinden erkundigt und sehr enttäuscht ist, wenn man gut geschlafen hat." Charles de Gaulle

- **Bedeutung: Regelmäßigkeit**
  Klein schreibt man *morgens* in der Bedeutung *am Morgen* (zu dieser Tageszeit). Hier wird ausgedrückt, dass es nicht um einen bestimmten Morgen geht.

> „Der Schlaf **morgens** ist der gesündeste." Alte Weisheit der Morgenmuffel

- **Bedeutung: Tag in Bezug zum jetzigen**
  Klein schreibt man ebenfalls *morgen,* wenn damit der folgende Tag gemeint ist (analog zu *gestern*):

> „Verschiebe nicht auf **morgen,** was auch bis **übermorgen** Zeit hat." Mark Twain

In übertragener Bedeutung wird damit auch die Zukunft bezeichnet: *die Welt von morgen*.

Kombination Wochentag und Tageszeit

Etwas knifflig kann es werden, wenn zu den **Wochentagen** eine **Tageszeitangabe** hinzukommt.

- **Bedeutung: Einzelfall**
  Auch hier gilt: Ist das so entstehende Wort ein Substantiv (Hauptwort, Nomen), etwa mit *der* oder *ein,* wird es auch so behandelt und groß- wie auch zusammengeschrieben: *der Montagabend, am Montagabend, eines unvergesslichen Montagabends, meine Montagabende.*

  > „Workaholics: Menschen, für die der **Montagmorgen** der höchste Genuss ist." National Enquirer

  Kommt zu der Kombination Wochentag und Tageszeit ein Wort hinzu, wird ebenfalls groß- und zusammengeschrieben.

  > **Am Montagmorgen** haben wir wieder ein Meeting.

  Steht eine solche Kombination aber allein, kann daneben auch getrennt geschrieben werden. Dann wird die Tageszeit großgeschrieben.

  > **Montag Morgen** haben wir wieder ein Meeting.

- **Bedeutung: Regelmäßigkeit**
  Um eine Regelmäßigkeit anzuzeigen, wird ein *-s* angehängt: *montagmorgens* oder *montags morgens.* Das bedeutet: an jedem wiederkehrenden Montag zur Morgenzeit.

  > Die langweiligen Meetings **montagmorgens (montags morgens)** regen mich auf.

Das immer allein stehende und immer kleingeschriebene *früh* wird meist angehängt, manchmal aber auch vorangestellt.

Montagmorgen früh – der Wecker klingelt. Es ist ein Graus.
Ich werde früh am Montagmorgen wach – der Wecker gibt einfach keine Ruhe.

Die Wendung *in der Früh* ist dagegen eine → *Substantivierung.*

- **Bedeutung: Tag in Bezug zum jetzigen**
  Wird an das Wort **morgen,** das analog zu *heute, gestern* oder *übermorgen* gebraucht wird, die Tageszeit angehängt, schreibt man diese groß. Mark Twains Zitat könnte man dann also so umformulieren:

  „Verschiebe nicht auf **morgen Abend,** was auch bis **übermorgen Abend** Zeit hat."

  Aber mit *früh* (immer klein):

  „Verschiebe nie etwas auf **morgen früh,** weil kein Mensch um die Uhrzeit schon denken kann."

Wörter – Worte

Manchmal spricht man von **Wörtern,** manchmal von **Worten.**

- Der Plural (Mehrzahl) **Wörter** bezieht sich auf Einzelwörter, insbesondere im sprachlichen Zusammenhang.

  Manche **Wörter** aus dem Deutschen haben es in andere Sprachen geschafft. Bei einem Wettbewerb zum schönsten ausgewanderten Wort wurde der Begriff „Kaffepaussi" zum Sieger gekürt. Er wurde 2005 in Finnland auf einer automatisierten Anzeige eines Linienbusses gefunden und bedeutete tatsächlich „Pause" oder „außer Betrieb".

- Als **Worte** werden dagegen zusammenhängende Äußerungen wie etwa eine Rede bezeichnet.

In wohlgesetzten **Worten** erläuterte die Bürgermeisterin die Gründe, die zur Ablehnung des Antrags geführt hatten.

Worttrennung

Ursprünglich musste man *Heliko-pter* trennen, weil sich nämlich darin das griechische *pterón* für *Flügel* versteckt. Inzwischen kann – neben der Trennung nach den alten, vielfach unverständlichen Regeln – auch ganz normal nach Sprechsilben getrennt werden: also auch *Helikop-ter*.

Die automatische Worttrennung von Word kann hilfreich sein, aber Sie sollten sich nicht allein auf sie verlassen. Korrigieren Sie, wenn nötig, falsche Trennungen, die das Programm vorgenommen hat.

Sind Sie unsicher, wie ein einzelnes Wort getrennt werden kann, sehen Sie einfach im Rechtschreibwörterbuch oder online beispielsweise auf www.duden.de nach. Die Trennmöglichkeiten sind mit einem senkrechten Strich angezeigt: *Wort|tren|nung*.

Grundlegendes zur Worttrennung

- In der Regel wird nach Silben getrennt – so, wie es sich beim langsamen Lesen ergibt:

le-sen, ge-hen, Ba-sel, er-ken-nen, her-bei-schaf-fen, an-stren-gend

- Zusammengesetzte Wörter und Wörter mit Zusätzen werden nach ihren Bestandteilen getrennt.

Ker-zen-schein, Be-lus-ti-gung, Ge-stal-tung, Re-prä-sen-ta-ti-on, an-kom-men, ver-tre-ten

- Die Buchstabenverbindungen *ck, ch* und *sch* werden nicht getrennt. Das Gleiche gilt für die Doppellaute *(au, äu, ei, ai, eu, iu, oi)*.

Zu-cker, ma-chen, wa-schen, Mau-er, Kai-ser, be-äu-gen

- Die Kombinationen *rh, th* und *ph* werden nicht getrennt, wenn sie eine Einheit bilden. Das gilt nicht, wenn die beiden Buchstaben in einem zusammengesetzten Wort einfach aufeinandertreffen.

Rhom-bus, aber: **Con-tai-ner-hafen** – **Ma-the-ma-tik,** aber: **Not-halt** – **Fran-ko-phi-lie,** aber: **Top-hit**

- Die Buchstabenverbindung *st* darf getrennt werden. Der Satz „Trenne nie ‚st', denn es tut ihm weh" gilt nicht mehr. Achten Sie aber darauf, dass es Wörter gibt, bei denen das *st* zusammengehört (das hören Sie an den Sprechsilben):

Kis-te, meis-tens, aber: **in-sta-bil, Zu-stand**

- Einzelne Vokale werden nicht abgetrennt.

Nicht **Waldu-hu,** sondern **Wald-uhu,** nicht **Ruma-roma,** sondern **Rum-aroma,** nicht **A-bend,** sondern **Abend** (nur ungetrennt)

Möglicherweise schlägt Ihr Textverarbeitungsprogramm aber genau diese Vokal-Abtrennung vor. In der Tat gab es beim Hin und Her der Rechtschreibreform eine Zeit, in der diese Trennung zulässig war. Verpönt war sie allerdings immer – seit 2006 gilt sie auch offiziell als nicht mehr erlaubt.

- Für Wörter, die nur in Großbuchstaben (VERSALIEN oder KAPITÄLCHEN) geschrieben sind, gelten die gleichen Trennregeln. Wird ein *ß* in *SS* aufgelöst, trennt man zwischen den beiden *S*.

> **GRÜS-SEN, BUS-SE, HEIS-SEN**

- Zusammensetzungen, die nicht mehr als solche erkannt werden, können wie einfache Wörter getrennt werden – siehe das Beispiel *Helikopter*. Die früheren Trennungen sind aber nach wie vor korrekt.

> **Alex-an-der,** auch: **Ale-xan-der**
> **Psych-ia-ter,** auch: **Psy-chi-ater**
> **in-ter-es-sant,** auch: **in-te-res-sant**

- Auch bei manchen deutschen Wörtern wie *warum* ist die ursprüngliche Zusammensetzung nicht mehr erkennbar. Hier kann man ebenfalls nach Sprechsilben trennen.

> **war-um,** auch: **wa-rum**
> **her-an,** auch: **he-ran**
> **ein-an-der,** auch: **ei-nan-der**

- Vermeiden sollten Sie Trennungen, die zwar erlaubt sind, aber den Sinn entstellen. Auch ein Trennen nach der Silbe *li* ist alles andere als schön.

> Nicht **Verbundei-genschaften,** sondern **Verbund-eigenschaften,** nicht **Wundin-fektion,** sondern **Wund-infektion,** nicht **herzli-che,** sondern **herz-liche**

-ys oder -ies

Bei geläufigen Fremdwörtern mit *y* am Ende, die aus dem Englischen stammen, wurde häufig (wie man es vom Englischunterricht her kannte) auch im Deutschen der Plural (Mehrzahl) mit *-ies* gebildet: *Babies, Hobbies.* Seit der Rechtschreibreform ist das nicht mehr erlaubt: Es wird grundsätzlich einfach ein *-s* angehängt, also: **Babys, Hobbys, Dummys.**

Bei den **Selfies** liegt der Fall anders: *Selfie* besitzt schon im Singular (Einzahl) das *-ie*. Es wird also ganz einfach ein Plural-*s* angehängt: *Selfies*.

Zahlen

Grundzahlen

- Die Grundzahlen **unter einer Million** schreibt man normalerweise klein: *nur ein Sieg, zwei Leser, drei Mathematikaufgaben.* Das gilt auch für die Zahl *null: 20 Grad unter null.*

  > **Zwei** Juristen – **drei** Meinungen. Sie hatten schon wieder verloren, jetzt **drei** zu **null**. Schon mit **fünf** (Jahren) konnte sie lesen. Es ist schon **sechs** (Uhr).

  Auch in verschiedenen Wendungen wie *alle viere von sich strecken* und *fünf(e) gerade sein lassen* schreibt man klein.

- Werden die **Zahlwörter** als **Substantive** (Hauptwörter, Nomen) verwendet (→ *Substantivierung*), schreibt man sie groß.

  > Der Trainer beschwor die Mannschaft: Die **Null** muss stehen!
  > Ihre **Zwei** in Mathematik erfreute sie sehr.

Auch in der Redewendung *mein Ein und Alles* wird entsprechend großgeschrieben.

- Die Zahlwörter **hundert** und **tausend** bieten eine Besonderheit.

  Als einfache Zahlwörter werden sie kleingeschrieben:

  > an die **tausend** Besucher

  Bezeichnet *hundert* oder *tausend* eine unbestimmte, nicht genau definierte Menge, kann man groß- oder kleinschreiben.

  > **mehrere hundert/Hundert** Zuschauer, **viele tausende/Tausende** Betroffene

  Bei der Umwandlung in ein Substantiv (→ *Substantivierung*) wird aber großgeschrieben.

  > Kaiser Karl V. hatte eine entsetzlich schlechte Handschrift. Jetzt müssen sich die Historiker durch die **Zehntausende** von Dokumenten quälen.

  Ebenso schreibt man groß *ein halbes Hundert* und *fünf von Hundert* (Abkürzung: *v. H.*).

- Die Zahlen **Million, Milliarde, Billion** usw. sind grundsätzlich Substantive und werden großgeschrieben.

  > **dreißig Milliarden** Euro, die Impfung von **Millionen** Menschen, **mehrere Millionen** Mal

Z

Ordnungszahlen

- Ordnungszahlen wie **erste, zweite** usw. schreibt man klein, wenn sie vor einem Substantiv (Hauptwort, Nomen) stehen, also wie ein Adjektiv (Eigenschaftswort) gebraucht werden. Bildet man sie mit einer Ziffer, steht ein Punkt: *1.*, *2.* usw., nicht etwa *2te*.

> das **vierte** Stück Torte, der **zweimillionste** Besucher
> Der Film **„Der dritte Mann"** spielt im Wien der unmittelbaren Nachkriegszeit.
> Sie feierten seinen **50.** (oder **fünfzigsten**) Geburtstag.

- Bezieht sich die Ordnungszahl auf einen **kurz zuvor genannten Begriff,** wird kleingeschrieben.

> Ein verstorbener Schotte hat darum gebeten, dass bei seiner Beerdigung seine drei besten Freunde jeweils eine Pfundnote auf den Sarg legen. Nachdem die **ersten** beiden Freunde das mit großem Bedauern getan haben, kommt sein allerbester Kumpel als **dritter** [Freund] hinzu, legt einen Scheck über drei Pfund hinein und nimmt die beiden Pfundnoten wieder heraus.

- Wird die Zahl jedoch als **Substantiv** benutzt und bezieht sie sich nicht auf einen vorangegangenen Begriff, wird sie auch wie ein Substantiv großgeschrieben:

> **Jeder Fünfte** zeigte sich unzufrieden. Es gebe zu viele Maßnahmen auf Kosten **unbeteiligter Dritter.**
> Sie kam **als Zweite** über die Ziellinie.
> Der Redner kam wirklich vom **Hundertsten** ins **Tausendste.**

- Wenn mit *zu* und einer Zahl angegeben wird, wie viele Menschen eine Gruppe umfasst, wird immer kleingeschrieben.

  Wir waren **zu dritt.**

  Zur Schreibung von *Ersterer und Letzterer* → *Ersterer, Erstere, Ersteres – Letzterer, Letztere, Letzteres.*

Bruchzahlen und Prozentzahlen

Am einfachsten verhält es sich mit geläufigen Bruchzahlen wie *Drittel* oder *Viertel,* die mit einem Substantiv (Hauptwort, Nomen) zusammengeschrieben werden.

das **Viertelfinale,** eine **Achtelnote**

In Fällen wie **zwei Drittel des Arbeitspensums / ein drittel Würstchen** wird es etwas kniffliger. Der Duden-Newsletter (1.6.2015) hat für diese Fälle einen guten Trick parat: Wenn man jeweils das Wort *Hälfte* einsetzen kann, schreibt man die Bruchzahl groß. Passt es nur mit dem Wort *halb,* schreibt man sie klein.

- Beim **Arbeitspensum** funktioniert das Ersetzen mit *zwei Hälften:*

  zwei Hälften des Arbeitspensums → **zwei Drittel** des Arbeitspensums

- Ebenso ergibt sich beim Würstchen nur mit *halb* ein sinnvoller Satz:

  ein **halbes** Würstchen → ein **drittel** Würstchen

  Klein schreibt man Ausdrücke wie *drei viertel voll,* groß aber *zu drei Vierteln gefüllt.*

Ein Viertel der Bewohner ist / sind?
Bei Bruchzahlen und Prozentzahlen ergeben sich manchmal Unsicherheiten, ob das dazugehörige Verb (Tätigkeitswort) im Singular (Einzahl) oder Plural (Mehrzahl) steht. Hier gibt es verschiedene Möglichkeiten.

Zunächst schaut man nach der Form der Bruchzahl oder Prozentzahl – geht es hier um den Singular *(ein Viertel, 1 %)* oder um ein Vielfaches *(drei Viertel, 90 %)?*

Dann ist der folgende Ausdruck entscheidend, der die Gesamtheit bezeichnet – er steht überwiegend im Genitiv (*Wes*-Fall), selten auch im Nominativ (*Wer*-Fall). Zu unterscheiden sind also die folgenden Fälle:

Steht die **Bruchzahl oder Prozentzahl im Singular**, richtet sich die Form des Verbs nach dem folgenden Ausdruck für die Gesamtheit.

- Folgender Ausdruck für die Gesamtheit (Genitiv) im **Singular:** Verb im Singular.

> *Ein Drittel* **der Bevölkerung wohnt** in Städten.
> *1 %* **der Bevölkerung wird** *jährlich befragt.*

- Folgender Ausdruck für die Gesamtheit (Genitiv) im **Plural:** Verb im Singular oder Plural.

> *Ein Viertel* **der Beschäftigten ist (sind)** im Agrarsektor **tätig.**
> *1 %* **der Bewohner gab (gaben)** Auskunft.

Geht es bei der **Bruchzahl oder Prozentzahl um ein Vielfaches,** richtet sich die Form des Verbs ebenfalls nach dem folgenden Ausdruck für die Gesamtheit.

- Folgender Ausdruck für die Gesamtheit (Genitiv) im **Singular** oder **Plural:** Verb im Plural.

> *Drei Viertel (75 %)* **der Wartezeit sind** verstrichen.
> *Drei Viertel (75 %)* **der Werke sind** signiert.

- Folgender Ausdruck für die Gesamtheit (Nominativ) im **Singular:** Verb im Singular oder Plural.

> *Zwei Fünftel (20 %)* **Strömungsverlust steht (stehen)** zu Buche.

Zu *Viertel vor acht* → *Uhrzeit*.

Zaum – Zaun

Der **Zaum** (auch *das Zaumzeug*) wird Pferden angelegt, um sie zu lenken. Daraus entstanden die Redewendungen *jemanden im Zaum halten* („bändigen") und *das Pferd von hinten aufzäumen* („eine Sache sehr umständlich angehen").

> Ist jemand außer sich, kann er sich nicht **im Zaum halten.**

Der **Zaun** ist eine Umzäunung, Abgrenzung. Einen Streit **vom Zaun brechen** bedeutet: „unvermittelt eine Auseinandersetzung beginnen" (so schnell, wie man eine Latte als Waffe aus dem Zaun herausbricht).

> Ein schnell vom **Zaun** gebrochener Streit kann in einen langwierigen Rechtsstreit münden.

Zeit, zeit

Das Substantiv (Hauptwort, Nomen) **Zeit,** das großgeschrieben wird, kennt jeder.

> Wenn man beim Zahnarzt im Wartezimmer sitzt, scheint die **Zeit** gar nicht vergehen zu wollen.

Seltener ist die kleingeschriebene → *Präposition* (Verhältniswort) **zeit** in der Bedeutung „für die Dauer". Sie hat Einfluss auf das folgende Substantiv: Dieses steht im Genitiv (*Wes-*Fall). Besonders häufig ist die Wendung mit *Leben*.

> Er war **zeit seines Lebens** (sein ganzes Leben lang) **krank.**

Beim Ausdruck *zeitlebens* wird immer zusammengeschrieben.

> Er war **zeitlebens** krank.

Eine Zeitlang können Sie auch *eine Zeit lang* schreiben.

S. auch → *zurzeit, zur Zeit*.

Zitate

In wissenschaftlichen Arbeiten werden schon vorhandene Erkenntnisse, Theorien usw. herangezogen, die entsprechend dargestellt werden müssen: Man fängt nicht bei null an.

Es kann *wörtlich* oder *indirekt* zitiert werden. Gegenüber den indirekten Zitaten sind die wörtlichen Zitate eher selten; sie werden in Anführungszeichen gesetzt. Wie man die richtigen Anführungszeichen hinbekommt, erfahren Sie unter → *Anführungszeichen*.

Wörtliche Zitate

Probleme bereitet bei den wörtlichen Zitaten gelegentlich die Frage, wie man hier mit **Auslassungen und Ergänzungen** umgeht – wie sehr man also das wörtliche Zitat verändern darf. Hier werden in der Regel eckige Klammern gesetzt.

- Es sollen Ergänzungen des Schreibers / der Schreiberin in einem wörtlichen Zitat gekennzeichnet werden. Hier werden zusätzlich die Initialen oder „Anm. d. Verf." angegeben.

> „Das lasse ich mir von denen **[den Journalisten, B. A.]** nicht gefallen", polterte der Präsident. „Mit denen **[den Journalisten, Anm. d. Verf.]** rede ich gar nicht mehr." Mit solchen Äußerungen brachte der Präsident deutlich seine Haltung der Presse gegenüber zum Ausdruck.

- Bei Hervorhebungen im Zitat, z. B. Kursivschrift oder Fettdruck, hat der Leser / die Leserin das Recht zu erfahren, ob diese schon ursprünglich gesetzt waren oder nicht. Bei der Wiedergabe des Zitats ist es nicht erforderlich, genau die Art der Hervorhebung nachzuahmen – wenn im Original ein Teil in Fettdruck stand, kann man das auch mit Kursivschrift verdeutlichen.

  Standen die Hervorhebungen schon im Original, kennzeichnet man das mit dem Zusatz „Herv. i. Orig.".

> „Einen wesentlichen Faktor stellen eben nicht nur die Inhalte, sondern auch deren *Vermittlung in den Medien* dar" (Müller 2020: 3, **Hervorh. i. Orig.**).

Wurde die Hervorhebung nachträglich eingesetzt, um auf etwas besonders hinzuweisen, wird ein „Hervorh. d. Verf." gesetzt, wahlweise auch die Initialen.

„Von Bedeutung ist nicht nur, was man *tun,* sondern auch, was man *lassen* soll" (Schmidt 2015: 20, **Hervorh. d. Verf.**). Oder: (Schmidt 2015: 20, **Hervorh. T. B.**).

- Es soll auf offenkundige Schreibfehler hingewiesen werden; dazu wird ein (sic!) eingefügt.

„Konkrete Maßnahmen gegen die Erdwärmung **(sic!)** müssen jetzt getroffen werden, nicht irgendwann später", mahnt der Initiator des Appells in seiner Presseerklärung.

- Häufig sind Zitate zu lang. Wenn man Teile auslässt, wird das mit drei Auslassungspunkten in eckigen Klammern gekennzeichnet. Initialen sind hier nicht erforderlich.

Die Prämisse der Machttheorie lautet, dass „bei wirtschaftlichen Handlungen, **etwa beim Zustandekommen des Preises,** nicht nur Angebot und Nachfrage entscheidend sind, sondern auch die Marktmacht eines Unternehmens zu berücksichtigen ist."

Mit Auslassung:

Die Prämisse der Machttheorie lautet, dass „bei wirtschaftlichen Handlungen **[...]** nicht nur Angebot und Nachfrage entscheidend sind, sondern auch die Marktmacht eines Unternehmens zu berücksichtigen ist."

Die Kürzung darf aber nicht den Sinn entstellen.

„Der keltische Barde sang **den antiken Autoren zufolge** Lob- und Spottlieder."

Wird das „den antiken Autoren zufolge" weggelassen, wird unterschlagen, dass man die Art der keltischen Lieder nicht wirklich kennt, sondern auf die Berichte fremder Beobachter angewiesen ist.

„Der keltische Barde sang **[...]** Lob- und Spottlieder."

Indirekte Zitate

Der Regelfall sind **indirekte Zitate.**

Hier kommt der **Konjunktiv** ins Spiel, der gegenüber dem *Indikativ* (Wirklichkeitsform – *sie ist, sie hat*) durchaus seine Tücken hat. Das liegt vor allem daran, dass gar nicht genug Konjunktivformen zur Verfügung stehen – sie sind teilweise identisch mit Formen des Indikativs.

Der Konjunktiv besitzt zwei Formen: den **Konjunktiv I (sie habe)** und den **Konjunktiv II (sie hätte)**. Beim Zitieren in wissenschaftlichen Arbeiten spielt vor allem der Konjunktiv I eine Rolle.

Der Autor **bemängelte,** dass diese neue Theorie zu wenig untermauert **sei.**

Wie erzeugt man die Formen des Konjunktivs I?

Der Konjunktiv I wird bei den sogenannten **schwachen Verben** (sie bilden die Vergangenheitsform mit *-te: machen – ich mach**te***) erzeugt, indem man an den Wortstamm (die Grundform ohne *-en,* bei *machen* also *mach-*) eine passende Endung anhängt. Das ergibt bei den für das Zitieren wichtigen Formen *er/sie/es* die Form *er/sie/es mach**e***. Bei *sie* im Plural (Mehrzahl) – die Dinge, die Personen – ergibt sich *sie mach**en***. Das ist aber von der Gegenwartsform im Indikativ nicht zu unterscheiden.

Z

Beim Konjunktiv II sind die Formen identisch mit denen der Vergangenheitsform: *er/sie/es mach**te**, sie mach**ten**.*

Die sogenannten **starken Verben,** die die Vergangenheitsform nicht mit *-te* bilden *(ich bin – ich war),* besitzen häufig spezielle Formen für den Konjunktiv I und II. Allerdings ist das eben nur häufig der Fall. Vielfach sind die Formen nicht eindeutig. Schauen wir uns im Folgenden die Formen für die in der Praxis besonders wichtigen Verben *haben, sein* und *werden* an.

- Bei **sein** sind alle Formen für den Konjunktiv I und II vorhanden: *er/sie/es sei (wäre) – sie seien (wären).*
- Bei den Verben **haben** und **werden** ist nicht immer klar, ob es sich um das Präsens (Gegenwartsform) oder den Konjunktiv I handelt.

  Er/sie/es habe (hätte) ist eindeutig Konjunktiv, nicht dagegen *sie haben.*

  Ebenso: *Er/sie/es werde* ist eindeutig Konjunktiv, nicht dagegen *sie werden.*

Im Zweifelsfall kann man auf die Konjunktiv-II-Formen ausweichen.

Ein Beispiel. Der Ausgangssatz lautet:

> Die Angeklagten behaupten: „Wir **haben** das nicht getan."

In indirekter Rede mit dem **Konjunktiv I** ergibt sich kein eindeutiges Bild, denn *sie haben* kann sowohl Präsens (Gegenwartsform) als auch Konjunktiv I sein:

> Die Angeklagten behaupten, **sie haben** das nicht getan.

Der **Konjunktiv II** ist hier mit *hätte* und *würde* dagegen unproblematisch. Also weicht man auf ihn aus.

Die Angeklagten behaupten, **sie hätten** das nicht getan.

Der Begleitsatz

Das, was jemand anderes gesagt/geschrieben hat und was nun wiedergegeben wird, wird normalerweise mit einem Begleitsatz eingeleitet.

Er betont: „Die Datenlage ist unzureichend."
Er betont, dass die Datenlage unzureichend **sei.**

- Keine Rolle bei der Wahl der Konjunktivform spielt die **Zeitform im Begleitsatz.** So muss etwa eine Vergangenheitsform im Begleitsatz keineswegs unbedingt mit dem Konjunktiv II stehen. Das sind ganz verschiedene Dinge.

Sie sagt: „Die Behauptung ist falsch." – Sie **sagt (sagte, hat gesagt, hatte gesagt),** dass die Behauptung falsch **sei.**

- Die fremde Aussage kann auf verschiedene Art und Weise **mit dem Begleitsatz verbunden** werden. Die wiedergegebene Aussage kann
  - *einfach angehängt werden*

Er glaubt, **er habe etwas Falsches getan.**

  - *als dass-Satz formuliert werden*

Sie erzählte, **dass sie in der Einführungsveranstaltung gewesen sei.**

  - *in umgekehrter Reihenfolge gesetzt werden*

Sie sei in der Einführungsveranstaltung gewesen, erzählte sie.

- *vom Einleitungssatz unterbrochen werden*

> **Sie sei,** erzählt sie, **in der Einführungsveranstaltung gewesen.**

- *als Frage gebildet werden*

> **Ob mein Thema auch so viele Facetten habe,** fragte sie.

Indirektes Zitieren – immer mit dem Konjunktiv?
Beim indirekten Zitieren ist **nicht immer ein Konjunktiv** notwendig. Einleitungen wie *berichten, feststellen* oder *sagen* sind eher neutral – man bezieht keine Stellung zum Wiedergegebenen, sondern referiert ganz sachlich – und werden gern mit dem Indikativ verbunden. Das ist vollkommen korrekt.

> Die Autorin **stellt fest,** dass die unzureichende Datenlage valide Ergebnisse nahezu unmöglich gemacht **hat.**

Ein zu häufiger Konjunktiv kann sogar übertrieben genau und schlimmstenfalls einschläfernd wirken. Wollen Sie einen (längeren) Gedankengang einer anderen Person darstellen, können Sie die Passage in den Indikativ setzen. Um anzugeben, dass es sich um fremdes Gedankengut handelt, können Sie mit Formulierungen arbeiten wie „Im Folgenden soll die Theorie von Schulz dargestellt werden".

Wichtig ist es, immer zu verdeutlichen, wer gerade spricht – ist es jemand, den Sie zitieren, oder sind Sie es selbst in Ihrer Arbeit?

Missverständlich wäre im folgenden Beispiel der Folgesatz:

> Der Bericht **kritisiert** die derzeitige Situation. Eine Reihe einander widersprechender Verordnungen **erschwert** den Betroffenen die Übersicht.

Hier ist unklar, ob der zweite Satz Ihre Bewertung ist. Wird er in den Konjunktiv gesetzt, ist es klar, dass das Zitat fortgesetzt wird, es sich also um die Einschätzung im Bericht handelt.

> Der Bericht **kritisiert** die derzeitige Situation. Eine Reihe einander widersprechender Verordnungen **erschwere** dem Verbraucher die Übersicht.

Oder mit einer erläuternden Formulierung:

> Der Bericht **kritisiert** die derzeitige Situation. Eine Reihe konkurrierender Qualitätssiegel **erschwert, so die Autoren,** dem Verbraucher die Übersicht.

Grundsätzlich kein Konjunktiv steht bei bestimmten Begriffen, die schon deutlich machen, dass es um eine fremde Aussage geht.

> **Laut** Müller **ist** …
> Meyer **zufolge ist** …
> **Gemäß** dieser Theorie **ist** …
> **Aus Sicht von** Evolutionsbiologen **ist** …
> **Nach Auffassung/Einschätzung/Ansicht** von Schulz **ist** …

Immer mit Konjunktiv: Steht schon im direkten Zitat der Konjunktiv II, muss er auch im Zitat gesetzt werden.

> Die Oppositionsführerin sagte: „Wenn die Behörden schneller reagiert **hätten, wären** nicht so viele Opfer zu beklagen."

Als indirektes Zitat:

> Die Oppositionsführerin sagte, **dass** nicht so viele Opfer zu beklagen **wären,** wenn die Behörden schneller reagiert **hätten.**

Zucchini

Man schreibt nach wie vor **Zucchini,** mit der ungewohnten Buchstabenkombination *cch*. Der Singular (Einzahl) im Italienischen lautet *der Zucchino,* aber das hat sich hierzulande nicht eingebürgert, üblich ist *die Zucchini*. Auch beim Plural (Mehrzahl) sagt man *die Zucchini*.

zu Ende – zuende

Die Bezeichnung **zu Ende** bedeutet genau das, was sie angibt: „Das Ende ist gekommen." Die häufig anzutreffende Schreibung *zuende = zünde* würde nur dann passen, wenn bei der Aufforderung „zuende (das Streichholz) an" die Taste für das *ü* klemmt.

> Die Zeit der Kartelle ging mit der Gesetzesänderung **zu Ende.**
> **Zünde** in diesem Bereich kein Feuer an.

zufolge

Die → *Präposition* (Verhältniswort) **zufolge** steht mit dem Dativ (*Wem*-Fall): *einem Gerücht zufolge, neuen Statistiken zufolge.* Zur Bildung des Dativs → *Fall*.

Leitet die Wortgruppe mit *zufolge* den Satz ein, steht danach kein Komma.

> **Seinen Aussagen zufolge ist** er an dem Tag ganz woanders gewesen.

Das Wort *zufolge* hat wie das → *laut* den Vorteil, dass kein (oft schwieriger) Konjunktiv (mit *sei* usw.) notwendig ist: Es gibt schon an, dass etwas wiedergegeben wird (→ *Zitate*).

Der Regierungssprecherin zufolge ist noch keine Entscheidung getroffen worden.

zugrunde, zu Grunde gehen

Sie können sowohl **zugrunde** als auch **zu Grunde gehen** schreiben. Beides ist korrekt. Das Gleiche gilt auch für die Verbindungen mit den Verben (Tätigkeitswörtern) *legen, liegen* und *richten*.

Beachten Sie, dass das jeweilige Verb immer getrennt vom Ausdruck mit *zugrunde / zu Grunde* geschrieben wird.

Dieser Vorfall kann ihn **zugrunde (zu Grunde)** richten.

Beim → *Partizip* gibt es gleich drei mögliche Schreibweisen: *zugrunde liegend, zu Grunde liegend* und *zugrundeliegend*.

zugunsten, zu Gunsten

Sie können **zugunsten** oder **zu Gunsten** schreiben – beides ist korrekt.

Nach *zugunsten / zu Gunsten* steht der Genitiv (*Wes*-Fall):

Sie wollten ihr Testament **zugunsten (zu Gunsten) einer Stiftung** machen.

Zur Bildung des Genitivs → *Fall*.

zugutehalten, -kommen, -tun

Die Zusammenschreibung dieser Begriffe wurde mit der Rechtschreibreform eingeführt. In älteren Texten ist entsprechend noch die Schreibweise *zugute halten* usw. anzutreffen. Es heißt nun aber:

> Das wollen wir dir **zugutehalten**, das haben wir dir **zugutegehalten.**

Entsprechendes gilt für *zugutekommen* und *zugutetun.*

zu Hause, zuhause oder Zuhause

- Die Begriffe **zu Hause / zuhause** (auch **nach Hause / nachhause**) antworten auf die Fragen „wo?" bzw. „wohin?".

> Ich bin hier **zu Hause (zuhause).** Ich gehe **nach Hause (nachhause).**
> Im Home-Office arbeitet man **von zu Hause (von zuhause)** aus.

  Nur groß und getrennt schreibt man *außer Haus sein*.
- Das Substantiv (Hauptwort, Nomen) **Zuhause** antwortet auf die Frage „was?".

> Jedes Tier im Tierheim wünscht sich **ein gutes Zuhause.**

zulasten, zu Lasten

Sie können **zulasten** oder **zu Lasten** schreiben. Beide Schreibweisen sind richtig.

Nach *zulasten / zu Lasten* steht der Genitiv (*Wes*-Fall), ersatzweise eine Konstruktion mit *von*.

> eine Überweisung **zulasten (zu Lasten)** des angegebenen Empfängers

> Maßnahmen **zulasten (zu Lasten)** von ärmeren Kindern

Zur Bildung des Genitivs → *Fall*.

zuleide, zu Leide → Leid, leid.

zumindest

Es gibt die Begriffe **zumindest** und **mindestens**. Die Mischung allerdings geht nicht: Es heißt also nicht *zumindestens* – das ist zu viel des Guten.

> Der Betriebsleiter dankte der Belegschaft mit warmen Worten für ihren Einsatz. Den Beschäftigten wäre eine Lohnerhöhung, **zumindest** aber eine einmalige Prämie, lieber gewesen.

zumute, zu Mute sein

Sie können **zumute sein** und **zu Mute sein** schreiben: Beides ist korrekt.

zunichtemachen

Seit der Rechtschreibreform wird **zunichtemachen** zusammengeschrieben. Das entspricht auch der Betonung und ist nachvollziehbar. Man schreibt also:

> Das wollte er **zunichtemachen.**

zunutze, zu Nutze machen

Beide Formen, **zunutze machen** und **zu Nutze machen,** sind korrekt.

zupasskommen

Seit der Rechtschreibreform gilt für **zupasskommen** („gelegen kommen“) die Zusammenschreibung.

> Das wird uns sehr **zupasskommen.**

zurande, zu Rande kommen

Beide Schreibweisen, **zurande kommen** und **zu Rande kommen,** sind korrekt.

zurate, zu Rate ziehen

Sie können sowohl **zurate ziehen** als auch **zu Rate ziehen** schreiben. Beides ist richtig.

zurecht – zu Recht

Bei **zurecht** handelt es sich nicht um ein eigenständiges Wort, sondern um einen Wortteil. Die Wörter mit *zurecht* gehören zu den sogenannten trennbaren Verben (Tätigkeitswörtern) wie *ankommen* oder eben *zurechtkommen.* Diese Verben werden so genannt, weil sie in manchen Formen getrennt geschrieben werden: *Er kommt zurecht*. Im Infinitiv *(zurechtkommen)* liegt die Betonung auf dem *zurecht*.

Du wirst doch wohl damit **zurechtkommen?** Nein, ich **komme** damit überhaupt nicht **zurecht.**

Zusammen schreibt man entsprechend: *zurechtbiegen, zurechtfinden, zurechtlegen, zurechtmachen, zurechtrücken, zurechtstutzen, zurechtweisen.*

Dagegen wird **zu Recht** deutlich getrennt ausgesprochen. Es bedeutet „mit Recht".

Sie hat dieses Ansinnen **zu Recht** zurückgewiesen.

zurzeit, zur Zeit

Mit **zurzeit** (Abkürzung *zzt.*) wird angegeben: *jetzt, im Augenblick, derzeit.* Das kann sich aber auch wie in *zurzeit geschlossen* auf etwas längere Zeiträume beziehen.

„Es wird **zurzeit** (derzeit) keine stärkere Belebung auf dem Arbeitsmarkt erwartet", so die Arbeitsministerin.

Mit **zur Zeit** (Abkürzung *z. Zt.*) nimmt man Bezug auf eine bestimmte (vergangene) Zeit.

Die deutsche Rechtschreibung war **zur Zeit** Goethes noch nicht einheitlich geregelt.

zuschulden, zu Schulden → Schuld, schuld.

zusehends

Das → *Adverb* **zusehends** in der Bedeutung „rasch", „beim Zusehen" hat zwar mit „zusehen" zu tun, aber vergessen Sie trotzdem das *d* nicht: *zusehen**d**s.*

zustande, zu Stande bringen → **Stand.**

zustattenkommen

Hier gilt seit der Rechtschreibreform die Zusammenschreibung.

> Das wird uns **zustattenkommen.**

zutage, zu Tage fördern (treten)

Beide Schreibweisen, **zutage** und **zu Tage,** sind richtig.

zuteilwerden

Seit der Rechtschreibreform gilt hier die Zusammenschreibung.

> Das soll ihr **zuteilwerden,** ist ihr **zuteilgeworden.**

zuwege, zu Wege bringen

Sie können sowohl **zuwege bringen** als auch **zu Wege bringen** schreiben. Beides ist korrekt.

zu zweit → **Zahlen.**

zwar … aber, und zwar

Vergessen Sie bei der Einschränkung **zwar** … **aber** das *aber* nicht. Für das *aber* können Sie auch *doch* oder *jedoch* sagen.

> Die Zahlen sind **zwar** für sich genommen eindrucksvoll, **aber** nicht statistisch signifikant.

Die Form **und zwar** wird für eine nachgestellte Erläuterung verwendet. Davor steht immer ein Komma.

> Die näheren Umstände kann man durchaus erläutern, **und zwar** im Vorwort.

zwischen … und (oder)

Man kann bei der Angabe eines Raums oder einer Zeitspanne nur **zwischen … und** sagen: *zwischen dem Schrank und der Tür, zwischen 8 und 12 Uhr*. Auch bei der Angabe von Alternativen wird das *und* empfohlen (das *oder* ist hier aber auch möglich):

> die Wahl zwischen **Pest und Cholera** (auch: **Pest oder Cholera**)

Dagegen ist *zwischen … bis* falsch: Das *bis* gehört zur Wendung *von … bis*.

Normalerweise steht nach *zwischen* der Dativ (*Wem*-Fall).

> die Konkurrenz **zwischen den Städten** Brügge und Gent

Zyklus

Der **Zyklus** bildet den Plural (Mehrzahl) *die Zyklen.*

Wo finden Sie …

Im Folgenden finden Sie einige Hinweise, wo Sie nachsehen können, wenn sich das passende Stichwort nicht sofort erschließt.

Agnes-Bernauer-Straße oder **Agnes Bernauer Straße?** → Namen – Straßennamen

auf Französisch oder **auf französisch?** → Deutsch

bedrückt sein – das Gefühl des Bedrückt-Seins → Substantivierung

das Grafikbüro Meyer GbR → Firmennamen

die zue Tür oder **die geschlossene Tür?** → Adverb (Umstandswort)

eine Fülle von Vorschlägen wurde/wurden vorgebracht → Gruppe

1 kg Erdbeeren ist (sind) teuer → Maßangaben: Euro, Kilo, Meter …

Goethesche Gedichte oder **Goethe'sche Gedichte?** → Adjektiv (Eigenschaftswort)

Leute mit und ohne Kindern oder **mit und ohne Kinder?** → Präposition

Monagassen oder **Monegassen?** → Namen – Ländernamen

geliked oder **gelikt?** → Fremdwörter: Verben

Computer Programm oder **Computerprogramm** → Substantiv (Hauptwort, Nomen)

Strasse oder **Straße?** → ß – ss und → Straßennamen

über / unter Dreijährige oder **Über-Dreijährige/Unter-Dreijährige?** → -jährig

Kleines Glossar wichtiger Fachbegriffe

Adjektiv: Eigenschaftswort: *das kleine Kind*

Adverb („zum Verb gehörend"): unveränderliches Umstandswort – z. B. *jetzt, gestern* (zeitlich), *hier, dort* (räumlich), *gern, beinahe* (Art und Weise)

Akkusativ → *Fall*

Apposition: meist nachgetragene Erläuterung: *von Einstein, dem Begründer der Relativitätstheorie*

Artikel (Geschlechtswort): *der, die, das* – *ein, einer, eines*

Dativ → *Fall*

deklinieren: grammatikalisch verändern/anpassen: *das Kind, des Kindes*

Doppellaut (Diphthong): aus zwei → *Vokalen* gebildeter Doppellaut: *ai, au, äu, ei, eu, iu, oi*

Durchkopplung: Verbinden mehrerer Wörter mittels eines Bindestrichs: *eine All-inclusive-Reise*

Fall (Kasus): Fachbegriff für den grammatikalischen Fall:

- Nominativ (*Wer*-Fall): *Der Hund bellt.*
- Genitiv (*Wes*-Fall): *Das Bellen des Hundes war laut.*
- Dativ (*Wem*-Fall): *Ich begegnete dem Hund.*
- Akkusativ (*Wen*-Fall): *Ich streichelte den Hund.*

Genitiv → *Fall*

Hauptsatz: eigenständiger Satz: *Der Hund bellt*. Gegensatz → *Nebensatz*

Imperfekt (Präteritum): Vergangenheitsform: *Der Hund bellte.*

Indikativ: Wirklichkeitsform: *Ich bin froh.* Gegensatz → *Konjunktiv*

Infinitiv: Grundform des → *Verbs*: *bellen*

Infinitivgruppe: erweiterter → Infinitiv, häufig mit *zu:* <u>*einen Roman zu schreiben*</u>

Kasus: Fachbegriff für → *Fall*

Komparativ: 1. Vergleichsform: <u>*schneller*</u>

Konjunktion: Bindewort: <u>*und*</u>, <u>*oder*</u> (als Verbindung von Gleichrangigem) – *als, bevor, da, dass, falls, insofern, nachdem, obwohl, seit, sodass, um zu, weil, während, wenn* usw. (als Satzeinleitung)

Konjunktiv: Möglichkeitsform. Konjunktiv I: *Ich hörte, er* <u>*sei*</u> *frei.* Konjunktiv II: *Ich* <u>*wäre*</u> *darüber froh.* Gegensatz → *Indikativ*

Konsonant: Mitlaut. Konsonanten sind *b, c, d, f, g, h, j, k, l, m, n, p, q, r, s, t, v, w, x* und *z.* Gegensatz → *Vokal*

Nebensatz: von einem anderen Satz abhängiger Satz: *Ich hoffe,* <u>*dass du kommst*</u>. Gegensatz → *Hauptsatz*

Nominativ → *Fall*

Partizip: Mittelwort, Form des → *Verbs*. Partizip I: <u>*lachend*</u>, von *lachen,* Partizip II: <u>*gestürzt*</u>, von *stürzen*

Partizipialgruppe: Erweitertes → *Partizip*, oft als verkürzter Nebensatz. <u>*Im Gras liegend*</u>, *beobachtet der Junge die Wolken.* <u>*Zu Boden gestürzt*</u>, *wirkte die Frau benommen.*

Plural: Mehrzahl: <u>*die Hunde*</u>

Prädikat: Satzteil in Form eines → *Verbs*, der die Handlung angibt: *Der Hund* <u>*bellt*</u>.

Präposition: Verhältniswort: z. B. <u>*auf*</u>, <u>*in*</u>, <u>*mit*</u>, <u>*ohne*</u>, <u>*unter*</u>, <u>*trotz*</u>, <u>*wegen*</u>

Präsens: Gegenwartsform. *Der Hund* <u>*bellt*</u>. Gegensatz → *Imperfekt*

Pronomen: Fürwort

- **Demonstrativpronomen:** hinweisendes Fürwort: *der, die, das – derjenige, diejenige, dasjenige – derselbe, dieselbe, dasselbe – dieser, diese, dieses – jener, jene, jenes – solcher, solche, solches*

- **Indefinitpronomen:** unbestimmtes Fürwort: *alle, etliche, manche, mehrere, viele*
- **Personalpronomen:** persönliches Fürwort: *ich, du, er, sie, es, wir, ihr, sie*
- **Possessivpronomen:** besitzanzeigendes Fürwort: *mein, dein, sein, ihr, sein, unser, euer, ihr*
- **Relativpronomen:** Fürwort, das einen Bezug (zu etwas Vorangegangenem) herstellt: *der, die, das, welcher, welche, welches*

Relativsatz: → *Nebensatz*, bei dem ein vorangegangener Begriff (des → *Hauptsatzes*) aufgenommen wird: der Hund, *der*

Singular: Einzahl: *der Hund*
Subjekt: Satzteil, der den Träger der Handlung angibt: *Der Hund bellt.*
Substantiv: Hauptwort, Nomen: *Hund*
Substantivierung: Umwandlung in ein Substantiv: *bellen* → *das Bellen*
Superlativ: 2. Vergleichsform (höchste Stufe): *am schnellsten*

Verb: Tätigkeitswort: *bellen*
Vokal: Selbstlaut. Vokale sind *a, e, i, o, u, ä, ö, ü* und *y*. Gegensatz → *Konsonant*

Nachschlagewerke

Das amtliche Regelwerk des Rats für deutsche Rechtschreibung finden Sie unter **https://rechtschreibrat.com.**

Zuverlässige Hilfestellung bekommen Sie auf der Duden-Website **www.duden.de.** Das Gleiche gilt für **www.korrekturen.de** – hier finden Sie auch eine Übersicht über die gültigen Schreibweisen in den verschiedenen Phasen der Rechtschreibreform: bis 1996, 1996 bis 2004/2006 sowie derzeit.

Empfehlenswert sind auch die Duden-Wörterbücher, neben dem **Rechtschreibwörterbuch** (Duden 1) insbesondere der Duden **Richtiges und gutes Deutsch – Das Wörterbuch der sprachlichen Zweifelsfälle** (Duden 9). Er geht auf die Anfragen zurück, mit denen die Duden-Sprachberatung tagtäglich zu tun hat, und bildet auf diese Weise die häufigsten Unsicherheiten bei der deutschen Sprache ab.

Weiter nützlich

Balcik, Ines/Röhe, Klaus: **Deutsche Grammatik und Rechtschreibung.** Stuttgart 2020
Das Buch bietet eine informative Übersicht über die Regeln der Rechtschreibung und Grammatik.

Duden-Newsletter: *Der monatlich erscheinende Newsletter beschäftigt sich mit ausgewählten Schwierigkeiten im Deutschen – verständlich und oft auch amüsant. Wer sich für den Umgang mit der deutschen Sprache interessiert, wird hier fündig und erweitert fast spielerisch seine Kenntnisse.*

Mackowiak, Klaus: **Die 101 häufigsten Fehler im Deutschen und wie man sie vermeidet.** München 2009
Das Buch ist eher für Kenner geeignet. Der Autor, u. a. Duden-Sprachberater, geht auf Unsicherheiten ein, die die „versierten Schreiber" – so seine Zielgruppe – besonders häufig plagen.

Rechtschreibrat: Die Berichte des **Rechtschreibrats** über die Akzeptanz der Rechtschreibreform sind zu finden unter:

https://www.rechtschreibrat.com/DOX/bericht2010.pdf, https://www.rechtschreibrat.com/DOX/rfdr_Bericht_2011-2016_Dokumentenband.pdf

Staaden, Steffi: **Rechtschreibung und Zeichensetzung endlich beherrschen.** 2. Aufl., Paderborn 2016 (UTB 4400)
Das Buch bietet einen einfachen Zugang zur Rechtschreibung und Zeichensetzung. Nützlich sind die vielen Übungen zur Vertiefung des Gelernten.

Schneider, Wolf: **Deutsch für Profis. Wege zu gutem Stil.** Mit Illustrationen von Luis Murschetz. Ersterscheinung Hamburg 1986
Ein Klassiker, der bereits zahlreiche Auflagen erlebt hat: Der Autor richtet sich vor allem an Journalisten und zeigt ihnen Wege auf, wie man sein Deutsch verbessern kann.

Sick, Bastian: **Der Dativ ist dem Genitiv sein Tod.** *Folgen 1 bis 5. Köln 2006 ff.*
Der Autor spießt auf amüsante Art und Weise verschiedene Schwierigkeiten der deutschen Sprache auf. Die Bücher gehen auf die Zwiebelfisch-Kolumnen bei Spiegel online zurück.

Stang, Christian/Heyl, Julian von: **Richtig schreiben – kurz gefasst.** Mannheim 2006
Das Buch stellt in leicht verständlicher Art 111 häufige Rechtschreibfehler vor.

Was ist mit der Rechtschreibprüfung?

Ist die Word-Rechtschreibprüfung nützlich? Die Antwort ist ein entschiedenes *Jein*. Die Rechtschreibprüfung ist eine nützliche Ergänzung, mehr nicht.

Die Rechtschreibprüfung ist bei einfachen Tippfehlern gut: So findet sie den Buchstabendreher *udn* statt *und*. Dagegen schlägt sie vor, aus dem korrekten *anonymisierbar (die Daten können anonymisiert werden)* das Wort *anonymisier Bär* zu machen. Das ist lustig, zeigt aber, dass man der Rechtschreibprüfung nicht vorbehaltlos trauen kann. Bei inhaltlichen Verwechslungen muss sie ganz passen: Es ist ihr egal, ob man in die *Kirche* statt in die *Küche* geht und sich ein Spiegelei brät – schließlich sind ja beide Wörter richtig geschrieben.

Schließlich gibt es auch noch die **Profis:** Es gibt tatsächlich Leute, die professionell Texte auf Rechtschreibung, Zeichensetzung und Grammatik überprüfen. Wird mehr als diese reine Korrektur verlangt, machen sie – im sogenannten *Lektorat* – auch noch mehr: Sie machen auf Widersprüche im Text aufmerksam, verbessern schräge Formulierungen usw. Sie finden diese Menschen unter www.vfll.de.

Zusätzlich beim Schreiben dieses Buches verwendete Literatur

Etymologisches Wörterbuch des Deutschen. Erarbeitet unter der Leitung von Wolfgang Pfeifer. Lizenzausgabe für die Edition Kramer, Lahnstein 2018

Romanillos, Pere: *Die großen Irrtümer der Menschheit.* Darmstadt 2015

Tange, Ernst G.: *Der boshafte Zitatenschatz.* Edition Kramer, Berlin 2012